LES MARINS
DU XVᵉ ET DU XVIᵉ SIÈCLE

PAR LE VICE-AMIRAL

JURIEN DE LA GRAVIÈRE

MEMBRE DE L'INSTITUT

Ouvrage enrichi de 2 cartes et de 20 figures.

TOME PREMIER

PARIS

E. PLON ET Cⁱᵉ, IMPRIMEURS-ÉDITEURS

RUE GARANCIÈRE, 10

1879

Tous droits réservés

LES MARINS

DU XVᴱ ET DU XVIᴱ SIÈCLE

L'auteur et les éditeurs déclarent réserver leurs droits de traduction et de reproduction à l'étranger.

Ce volume a été déposé au ministère de l'intérieur (section de la librairie) en novembre 1878.

LES MARINS

DU XVᴱ ET DU XVIᴱ SIÈCLE

PAR LE VICE-AMIRAL

JURIEN DE LA GRAVIÈRE

MEMBRE DE L'INSTITUT

Ouvrage enrichi de cartes et de figures.

TOME PREMIER

PARIS

E. PLON ET Cⁱᵉ, IMPRIMEURS-ÉDITEURS

RUE GARANCIÈRE, 10

1879

Tous droits réservés

LES MARINS
DU XVᵉ ET DU XVIᵉ SIÈCLE

PREMIÈRE PARTIE
LES ORIGINES DE LA MARINE MODERNE

CHAPITRE PREMIER

LA NAVIGATION HAUTURIÈRE

L'art de se diriger en haute mer quand on a perdu la terre de vue est assurément un des problèmes les plus difficiles qui aient jamais été posés à l'esprit humain : aussi a-t-on mis près de trois mille ans à le résoudre. On voit, il est vrai, des sauvages étrangers à toute notion scientifique franchir dans leurs pirogues de vastes espaces, se transporter des îles Tongas aux Fidjis, des Carolines aux Mariannes avec une sûreté de coup d'œil qu'égalerait à peine l'instinct des oiseaux voyageurs; mais la constance des vents qui règnent entre les tropiques seconde merveilleusement ces traversées. Pour arriver jusqu'à la terre lointaine vers laquelle chaque année, à la même époque, il s'élance, le

Polynésien n'a besoin que de se rappeler sous quel angle la brise venait, l'année précédente, frapper sa voile. Il n'en saurait être ainsi dans nos parages. Les vents y sont trop irréguliers, trop sujets à des variations que rien d'apparent n'accuse pour qu'il soit possible de conjecturer où leur souffle capricieux conduira le navire qu'il entraîne. A quel indice dès lors se rattacher pour ne pas errer au hasard sur cette plaine uniforme dont le bord paraît reculer au fur et à mesure qu'on avance? On marche, et derrière soi l'on n'a pas laissé de traces; on n'a guère par conséquent espoir d'en rencontrer. Il n'y a pas en effet de piste à suivre sur la mer. On n'en trouverait pas davantage dans le ciel. Heureusement le ciel n'a pas le morne aspect de la plaine liquide. Chaque jour, le soleil y décrit son orbe triomphal ; chaque nuit, les constellations y déploient dans un ordre immuable leur réseau lumineux. En les voyant si régulièrement monter et redescendre les degrés de la voûte céleste, sans jamais sortir de la route qui leur a été tracée, le marin a dû naturellement se demander s'il ne devait pas songer à les prendre pour guides. Après avoir d'un regard attentif observé leurs mouvements, il en est arrivé, dès les premiers âges de la navigation, à savoir quel amas d'étoiles il convenait de laisser à sa droite, quel groupe il importait de tenir à sa gauche, quand on voulait, en certaine saison, se rendre de tel port à tel autre.

C'est ainsi qu'impuissant à jalonner sa route sur les flots, le navigateur put cependant s'y reconnaître encore en suivant les porte-flambeaux qui semblaient marcher devant lui. Quelques vieux pilotes entourés d'une vénération superstitieuse gardaient alors avec un soin jaloux le dépôt de ces itinéraires qui n'étaient inscrits que dans leur mémoire. Que de fois il fallut employer la ruse ou la violence pour arracher à ces demi-dieux marins leur secret! Ménélas va surprendre endormi dans sa grotte Protée, le pasteur de phoques; Ulysse cherche pendant dix ans, de plage en plage, le chemin qui doit le ramener à Ithaque. Il part enfin, instruit par Calypso. Son regard se promène des « Pléiades au Bouvier, du Bouvier, qui se couche tard, à l'Ourse, qui ne se plonge jamais au sein de l'Océan ». Nul n'a pu lui apprendre encore qu'il existe, dans la direction du septentrion, un phare bien autrement sûr, un astre presque immobile et si voisin du pôle qu'il semble avoir été destiné à marquer sur le dôme des cieux le point où irait aboutir l'axe prolongé de la terre. Cette découverte appartient, dit-on, aux Phéniciens; elle leur donna, pendant plus de deux cents ans, le monopole du commerce maritime.

A partir de cette époque l'essentiel pour le navigateur n'est pas tant d'avoir le vent en poupe que de pouvoir discerner l'étoile polaire. « De quels nuages Jupiter a couvert la mer immense! » tel est le premier cri du pilote antique à l'approche de la tempête. Le pilote du moyen âge ne se montre pas moins effrayé dès qu'il est exposé « à perdre la tramontane [1] ». Le danger d'errer à l'aventure, et non pas la fragilité des nefs, est donc ce qui retient, ce qui enchaîne invinciblement au port, pendant toute la durée de la saison d'hiver, une marine dont l'enfance se prolonge démesurément à travers les âges. Le vaisseau que montait saint Paul, et qui voulut tenter un tardif passage de Gnide à Rome, portait deux cent soixante-seize personnes ; rien ne fait présumer qu'il fût moins propre que les grandes jonques chinoises à prêter le flanc à l'orage. Nous le voyons pendant quatorze jours lutter avec succès contre le vent du nord. Emporté par des grains impétueux au large de la Crète, il ne se laisse pas affaler dans le golfe de la Syrte ; il s'allége d'une partie de sa cargaison, se débarrasse d'une portion de ses dromes et tient obstinément le travers. Tout irait bien en somme, si le soleil et les étoiles consentaient seulement à se montrer ; mais par malheur le ciel reste obstinément voilé. On s'imagine courir vers l'entrée de l'Adriatique, on tombe à l'improviste sur la côte de Malte. La hourque d'Alexandrie avait eu raison de la tempête ; son capitaine

---

[1] Tramontane — étoile polaire ; étoile se levant pour les Italiens au delà des monts.

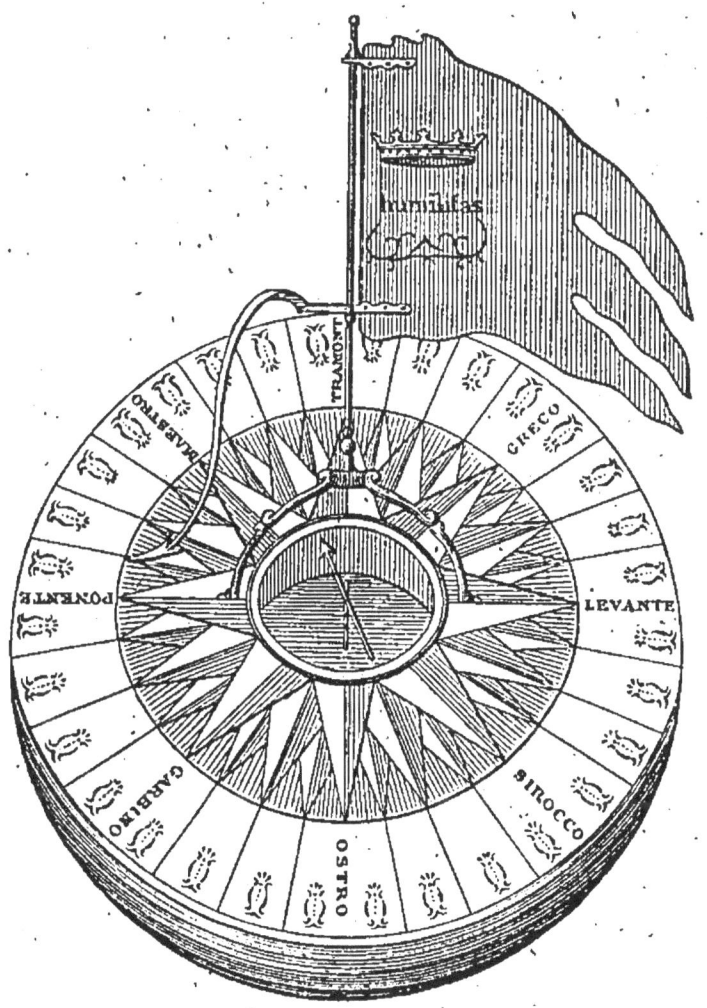

Boussole du seizième siècle.

la conduit au naufrage par une erreur de route.

Pendant plus de mille ans, la navigation dans la Méditerranée resta stationnaire. Vers le milieu du douzième siècle, un changement notable se produit : les marins d'Amalfi, de Gênes, de Venise, de Mayorque, ont trouvé le moyen de s'orienter sans le secours des astres. Connue des Chinois dès l'antiquité la plus haute, l'aiguille aimantée vient d'arriver jusqu'aux républiques italiennes par l'intermédiaire des Arabes. Qui n'a entendu parler aujourd'hui de la propriété merveilleuse qu'une pierre, en apparence inerte, peut communiquer au barreau d'acier sur lequel on la promène? Ce fut d'abord une aiguille qu'on imprégna ainsi de l'affinité mystérieuse, du « véhément désir » de se tourner vers le nord. Placée dans un vase, cette aiguille flottait librement sur l'eau, soutenue par un fétu. L'aiguille se transforma bientôt en une lame aplatie ; on la fit alors reposer par son centre sur un pivot, on l'enferma dans une boîte recouverte d'une glace, et on la chargea d'entraîner le cercle gradué qui ne devait plus seulement indiquer la direction du pôle, mais le cap du navire, — en d'autres termes, l'angle formé par la route suivie et par le méridien magnétique. « La calamite » de Panurge changea dès lors de nom, elle devint « la boussole »; les marins d'aujourd'hui la nomment « le compas ».

Il faut voir sur quel ton les navigateurs en possession de cette invention féconde le prirent dès le début avec les routiniers qui continuaient à en négliger l'usage! « Que me fait, disait en 1433 le célèbre prince Henri de Portugal à ses capitaines hésitants, l'opinion des pilotes flamands dont les scrupules vous arrêtent! Est-ce que ces marins du nord savent se servir de l'aiguille aimantée et des cartes marines? » Le secret des navigations lointaines ne paraît pas cependant dater uniquement de l'apparition de la calamite. Les Dieppois devancèrent, assure-t-on, les Portugais sur la côte d'Afrique; les Scandinaves, dans l'opinion de plus d'un savant, les auraient précédés aux Açores. Quant aux cartes marines, c'est sur des navires majorquins qu'on les rencontre pour la première fois vers le milieu du xii° siècle ; en 1359, le roi d'Aragon voulait qu'on en munît chacune de ses galères. Nous est-il permis de prendre au sérieux ces informes croquis dont nos bibliothèques nous ont gardé plus d'un spécimen? Ce serait bien mal comprendre les difficultés que la cartographie avait à résoudre. Le moyen âge, pour tout ce qui concernait la figure et les dimensions de la terre, héritait des notions qui avaient cours dans Alexandrie au deuxième siècle de notre ère. Ptolémée admettait la sphéricité de la terre; ce fut sur des globes sphériques que l'on rapporta d'abord les contours du monde connu. Chaque point essentiel y fut déterminé par la rencontre de deux cercles

PLANISPHÈRE TERRESTRE.

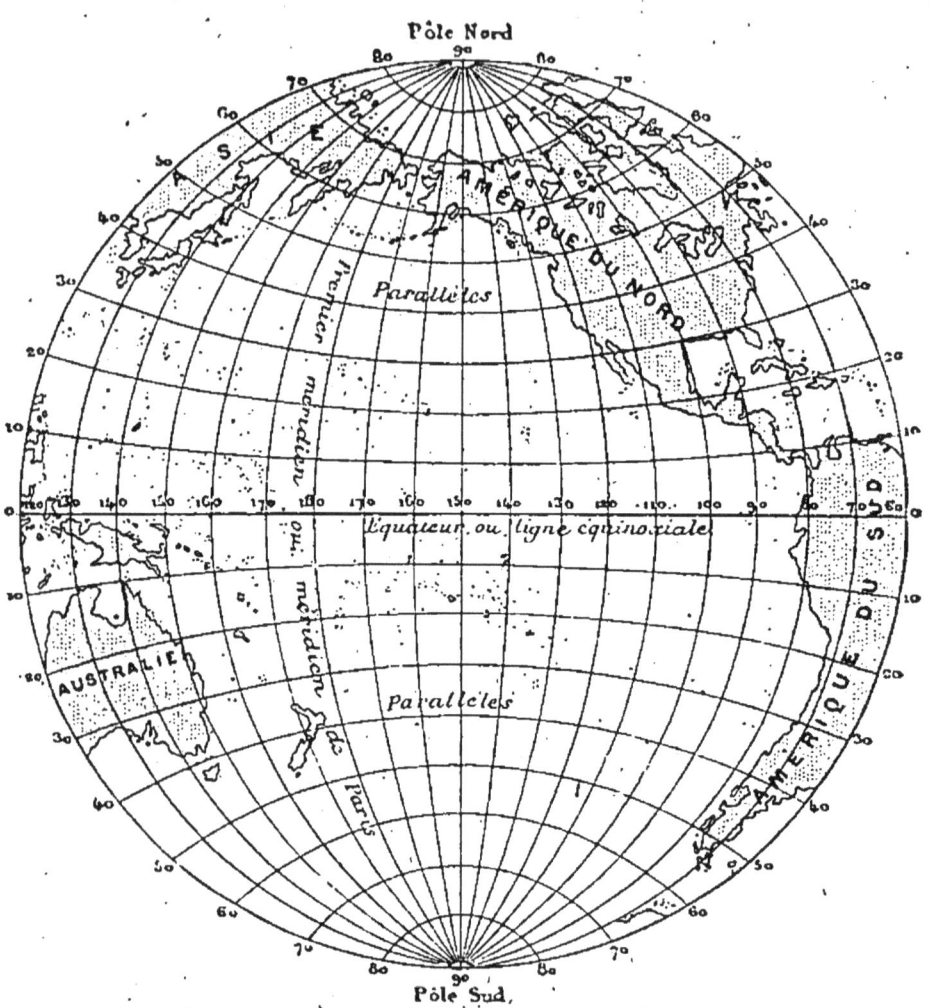

Carte géographique.

disposés d'équerre : un parallèle et un méridien. Que faut-il entendre par ces mots, qui reviennent si souvent dans les traités de géographie et de navigation? Nous voudrions assurément éviter ici tout détail trop technique; il paraît cependant impossible de faire comprendre le rôle qu'a joué la science dans les progrès de la navigation sans emprunter quelquefois à la géométrie son langage.

Si chaque hémisphère terrestre se composait, comme certaines montagnes calcaires, de couches superposées, chaque assise distincte y représenterait un parallèle : la base de la montagne serait l'équateur; au sommet on rencontrerait le pôle. Nous avons, du reste, tous les jours sous les yeux, dans le dôme arrondi de nos églises, une image bien autrement parlante de la moitié du globe. Les moulures qui descendent du pied de la lanterne à la base de la coupole y figurent en quelque sorte les méridiens. Ainsi que les grands cercles imaginaires que le géomètre a tracés d'un pôle à l'autre de la terre, on peut se représenter ces nervures saillantes comme successivement visitées et éclairées par un astre qui opérerait sa révolution diurne autour du monument. La pensée d'appuyer les déterminations géographiques sur ces deux données fournies par l'astronomie, la hauteur du parallèle au-dessus de l'équateur et la distance du méridien à un méridien principal d'où l'on numérote les autres, n'est pas une pensée précisément moderne ; elle remonte à l'époque où pour la première fois on balbutia les mots de latitude et de longitude. Ce qui fut une nouveauté, ce fut l'entreprise de transporter sur une surface plane des dessins primitivement appliqués sur une surface ronde. Nous voyons Toscanelli ne pas hésiter, vers 1460, à étendre ainsi d'un seul coup sur le papier près de la moitié de l'écorce du globe. « Il a, dit-il, tracé de sa propre main, sur une carte semblable aux cartes marines, toute l'extrémité de l'Occident à partir de l'Irlande jusqu'à la fin de la Guinée vers le sud, avec les îles qui se trouvent sur la route. » Vis-à-vis, « droit à l'ouest », il figure hardiment « le commencement des Indes ». De pareilles esquisses ont pu sans doute servir au navigateur à se donner, suivant le naïf aveu de Colomb, l'apparence « d'un homme qui sait où il va et qui s'attend à rencontrer ce qu'il cherche » ; elles ne constituaient pas ce que nous appelons aujourd'hui une carte marine.

Pour qu'une carte mérite véritablement ce nom, il faut que le marin y puisse tracer sa route en ligne droite et y mesurer exactement les distances. A ce prix, le marin se passera d'une représentation fidèle de l'étendue relative des terres. Pour atteindre ce but, suffisait-il, comme on paraît se l'être imaginé au quinzième siècle dans l'académie de Sagres, de construire un canevas composé de carrés égaux et d'y

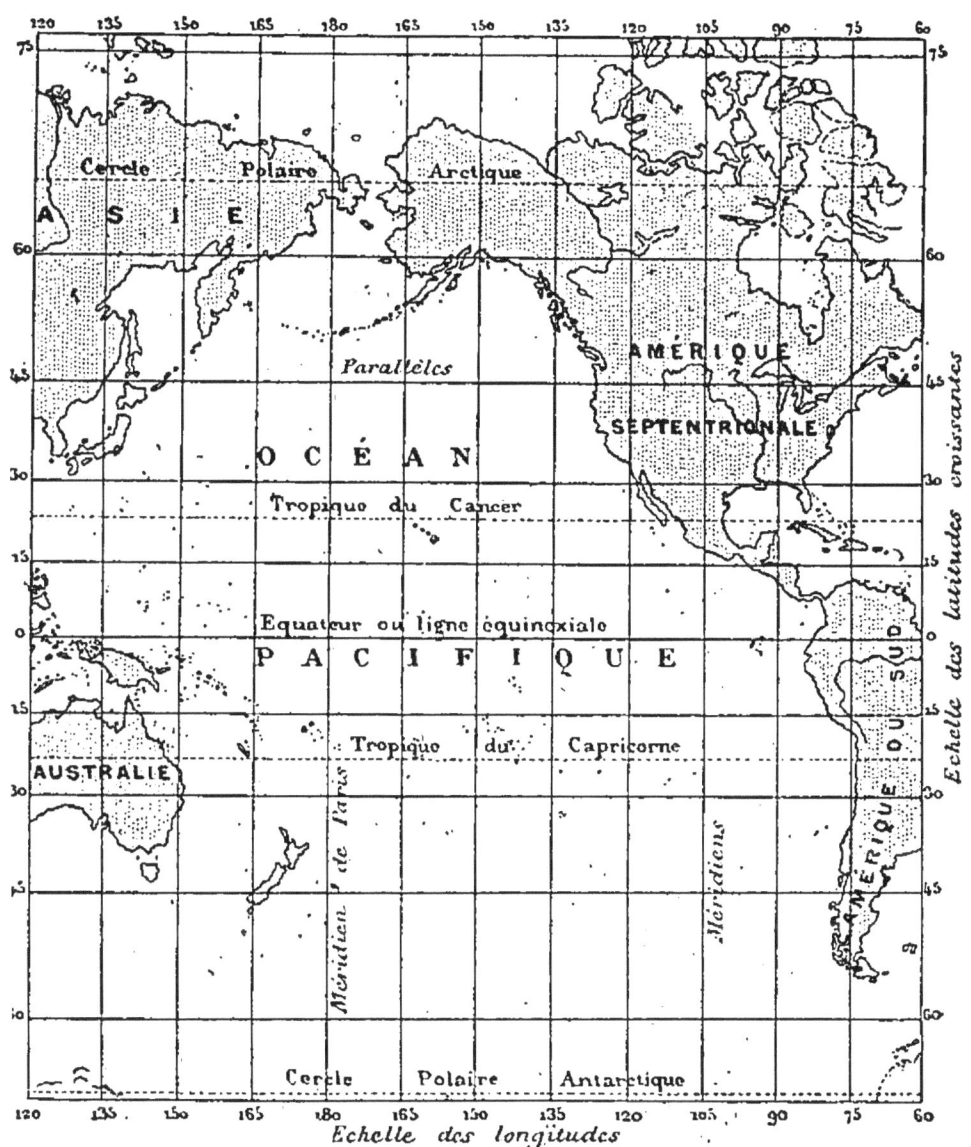

Carte marine.

inscrire les divers fragments de la mosaïque terrestre ? C'eût été fort bien inventé sans doute, si notre planète affectait la forme cylindrique ; mais une sphère, un globe ne s'accommode pas de la simplicité d'un si mince expédient. A peu près exactes dans le voisinage de l'équateur, les distances se trouvaient singulièrement altérées quand on se rapprochait des pôles. Il fallut rétablir le rapport qui existe entre les degrés des grands cercles et ceux des cercles moindres qu'une audacieuse fiction avait dilatés outre mesure. La transformation s'accomplit en 1569. Mercator en découvrit la loi mathématique : il laissa tous les parallèles égaux à l'équateur ; il allongea en proportion les méridiens. C'est ainsi que « les cartes plates » se trouvèrent converties « en cartes réduites ». Les cartes plates n'avaient qu'une échelle ; la projection de Mercator en eut deux : l'échelle des longitudes, où la longueur du degré resta constante ; l'échelle des latitudes croissantes, qui fit varier cette longueur en raison du plus ou moins grand rapprochement du pôle. Cette dernière échelle est la seule à laquelle on se puisse confier quand on veut mesurer les distances. Joignez sur une semblable carte le point d'où vous partez à celui où vous vous proposez de vous rendre, vous aurez tracé une ligne droite qui coupera tous les méridiens sous le même angle. Cet angle, relevez-le ; il vous indiquera « le rumb de vent auquel vous devez mettre le cap » ; en d'autres termes, la division du cercle gradué de la boussole qu'il faudra constamment maintenir ou ramener, à l'aide du gouvernail, dans la direction de la quille.

Le grand problème de la route à suivre sera-t-il par cette seule opération graphique pour longtemps résolu ? Il ne le sera, hélas ! que pour l'instant même où le navire va s'éloigner du port. A peine, en effet, les derniers sommets se seront-ils abaissés à l'horizon qu'il faudra trouver réponse à une question nouvelle. Hier on se demandait « où il fallait mettre le cap » : il s'agit de savoir aujourd'hui « où l'on est ». Pour procéder à cet examen de conscience, le moyen le plus simple consiste à supputer le chemin parcouru. De temps immémorial, le marin a fait usage de « l'estime de la route ». On rencontrerait jusque dans Vitruve des appareils destinés à mesurer la vitesse du sillage. « Le loch » est l'instrument dont se servent les marines modernes depuis près de trois siècles; on n'a encore rien trouvé de plus sûr et de plus pratique. Un triangle de bois lesté par la base est jeté du bord à la mer. Comment constater avec quelle rapidité le vaisseau s'en éloigne ? On a pris soin d'attacher aux trois coins du plateau, qui de cette façon se tient vertical, une corde divisée en parties proportionnelles du mille [1].

---

[1] Un des trois cordons est fixé au plateau ou *bateau de loch* par une

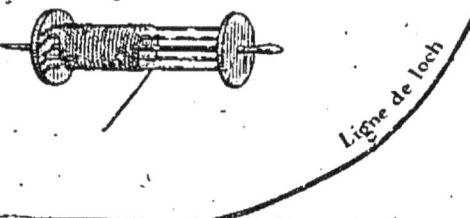

Loch et sablier.

Laissez la corde se dérouler librement pendant un espace de temps connu, quinze ou trente secondes, je suppose ; il vous sera facile de conclure de la quantité de corde filée le chemin que le vaisseau parcourt en une heure.

Muni du loch et de la boussole, sachant dans quel sens il marche, mesurant presque à chaque pas la grandeur de ses enjambées, d'où vient que le marin ne puisse, quand il ne recourt qu'à « l'estime », se rendre un compte exact de sa situation ? D'où vient qu'après un certain nombre de jours de traversée il se trouve assailli de tant de doutes cruels ? C'est que la vitesse, par suite des inégalités de la brise, n'est jamais uniforme ; la route a des flexions qui s'apprécient mal ; frappé obliquement par le vent, le vaisseau dérive, des courants inconnus l'entraînent. C'est par centaines de lieues que Christophe Colomb et ses pilotes comptaient leurs désaccords. Suivant la judicieuse remarque du plus grand des navigateurs, il n'existe qu'un moyen « précis et certain » de savoir où l'on est : il faut recourir « à l'astrologie ». Celui qui sait à propos consulter les astres « peut réellement avoir de l'assurance » ; les prédictions qu'il fondera sur ses calculs seront

---

petite cheville. Quand on veut retirer le loch à bord, la ligne se roidit, la cheville s'échappe, et le plateau, qui n'est plus tenu que par le bas, se couche sur l'eau. On le tire ainsi à bord plus aisément. Sans cette précaution, on casserait bien des lignes.

en quelque sorte des « visions prophétiques ».

Le soin de propager l'instruction dans toutes ses branches fut longtemps, en pays catholique, le privilége du clergé, et l'on vit, — chose étrange, — la science des mouvements célestes cultivée pendant près de trois cents ans avec une ferveur toute spéciale par ces corporations qu'on accuse d'avoir méconnu Colomb et d'avoir proscrit Galilée. Jusqu'en 1785 et en 1791, nous trouverons des cordeliers, des chanoines, des abbés séculiers, chargés des travaux astronomiques à bord des navires de d'Entrecasteaux et de la Pérouse. En 1673, c'était un ecclésiastique, l'abbé Denys, qui enseignait, « pour le roy », l'art « de naviger » aux pilotes de la ville de Dieppe. « La navigation, leur disait-il, a deux pieds sur lesquels elle marche, la latitude et la longitude », et l'abbé Denys avait parfaitement raison. Il définissait du même coup la méthode que nous employons pour marquer notre point sur la carte et les services que nous attendons de l'astronomie. L'observation des astres ne remonte pas pour la marine au delà du quinzième siècle. Elle date du jour où les Portugais parvinrent à acclimater sur leurs caravelles l'astrolabe de Raymond Lulle, perfectionné par Martin Behaim. Cet astrolabe, simple cercle divisé muni d'une alidade aux deux extrémités de laquelle se dressait une pinnule, resta en usage sur nos vaisseaux jusqu'aux dernières années

Astrologue du quatorzième siècle se servant de l'astrolabe.

Page 12.

Cette planche représente un astrologue observant les astres pour en tirer l'horoscope de la guerre : *De Arte incipiendi bellum secundùm astrologiam.*

(Manuscrit 7,239 de la Bibliothèque nationale. Ce manuscrit contient le Traité de Paulus Sanctinus Ducensis : *De Re militari et machinis bellicis.* Il a été probablement rédigé en 1330 ou en 1340. Ce fut M. Girardin, ambassadeur du Roi près la Porte ottomane, qui le rapporta, en 1688, de Constantinople.)

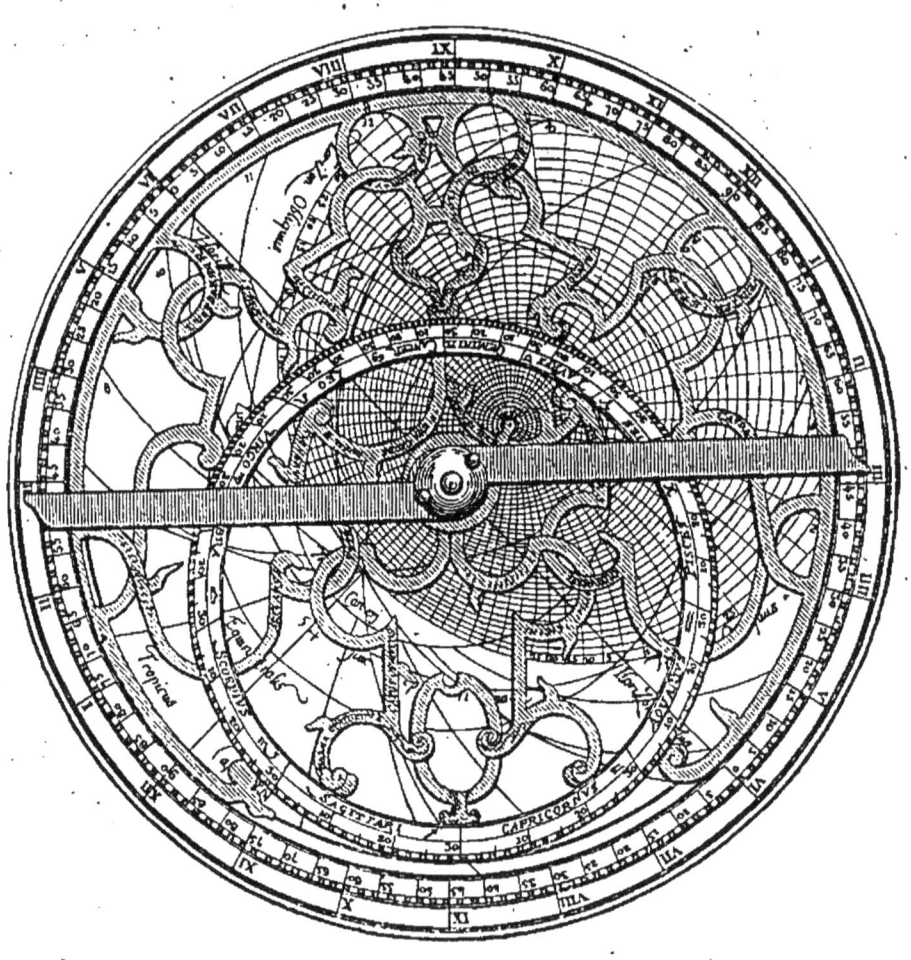

Yragne ou toile d'araignée adaptée sur la face antérieure de l'astrolabe pour la résolution des problèmes nautiques.

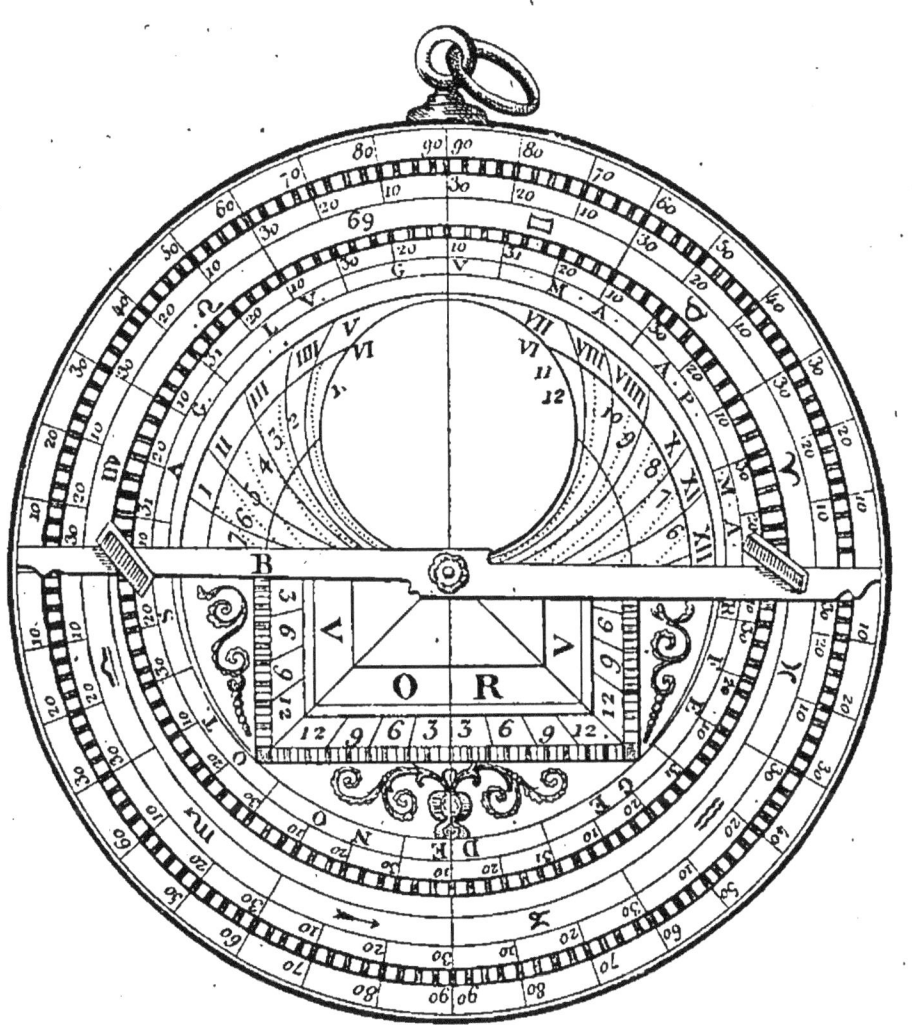

Astrolabe du seizième siècle.

du règne de Louis XIV. Pour s'en servir, on le tenait généralement à la main, suspendu verticalement par un anneau. « Il faut prendre garde, disait à ce sujet le bon abbé Denys, il faut prendre garde au branlement du navire et choisir le lieu où il y ait le moins de mouvement, lieu qui est proche du grand mât. Alors, après avoir passé l'anneau dans son doigt, on laissera pendre l'astrolabe avec toute sorte de liberté, puis on baissera ou haussera l'alidade, jusqu'à ce que les rayons de l'astre passent justement par les trous qui sont au milieu des pinnules. C'est ainsi, remarque fort à propos le professeur de Dieppe, que furent faites les premières navigations des Indes ; mais tous les jours, a-t-il soin d'ajouter, apportent dans la science de nouvelles lumières. » Après l'astrolabe, après le quart de cercle — le *quadrante* d'Améric Vespuce, le *quadrant* des Anglais, après l'anneau astronomique [1], vint enfin cet

---

[1] L'astrolabe réduit à sa plus simple expression n'était qu'un graphomètre vertical destiné à mesurer les hauteurs ; mais les anciens avaien cru nécessaire de réunir dans cet instrument ce que les modernes demandent successivement au sextant, aux tables astronomiques et aux tables de logarithmes. A l'aide de l'yragne ou toile d'araignée adaptée sur la face antérieure de l'astrolabe, ils résolvaient graphiquement la plupart des problèmes nautiques. Vu sous cet aspect, l'astrolabe est loin d'être un instrument simple ; c'est, au contraire, un instrument des plus compliqués. Le quart de cercle et l'anneau astronomique n'étaient encore que des graphomètres maintenus, autant que possible, dans une position verticale. Le quart de cercle pouvait à la rigueur passer pour un quart d'astroloabe. L'instrument ainsi modifié comportait un plus grand rayon, et les divisions du limbe devenaient infiniment plus

instrument que nos pilotes appelaient indifféremment la *flèche*, l'*arbalète*, l'*arbalestrine*, le *bâton de Jacob*, — « simple bâton équarri en effet sur lequel, le tenant horizontalement, on faisait couler des traversaires en croix nommées des marteaux ». Le bon abbé ne peut parler de cet instrument qu'avec enthousiasme. « Le marteau, dit-il, qui va et vient le long de l'arbalète, représente le soleil ou les étoiles auxquels on prend hauteur. Plus ce marteau sera proche du bout de l'œil, moins le soleil ou les étoiles seront éloignés du zénith, — le zénith est le point

distinctes. L'anneau astronomique était construit sur un principe légèrement différent. Tout Paris a pu voir des quarts de cercle figurer à la dernière exposition de géographie, dans la section hollandaise. Le dépôt des cartes et plans de la marine possède un astrolabe dont la figure ci-contre n'est que la réduction obtenue par le procédé photographique. Quant à l'anneau astronomique, j'en ai vainement cherché des spécimens ; il n'en est resté, du moins à ma connaissance, que la description suivante de l'abbé Denys :

« Quoique toutes les premières navigations des Indes, tant orientales qu'occidentales, nous dit l'abbé Denys, aient été faites par le moyen de l'astrolabe, néanmoins la raison fait connaître qu'un astrolabe devant avoir toute sa circonférence, un quart n'en peut être bien grand, ce qui fait que les parties en devenant bien petites, le peu d'erreur que l'on pourra commettre en s'en servant deviendra considérable, de sorte que, manquant d'un point, ce seul point montera à dix minutes ou davantage, à proportion que l'astrolabe sera petit. C'est pour cette raison que, sur le principe de la vingtième proposition du troisième livre des Éléments d'Euclide, qui démontre que les angles de la circonférence sont doubles de ceux du centre, l'on a inventé un anneau que l'on nomme astronomique, dont les degrés sont doubles de ceux d'un astrolabe, quoique tous deux d'une égale circonférence... On perce un trou dans la circonférence de cet anneau ; par ce trou les rayons du soleil passent et vont se rendre à l'opposite sur la face intérieure de l'anneau...

Observation d'une étoile à l'aide de l'arbalète.

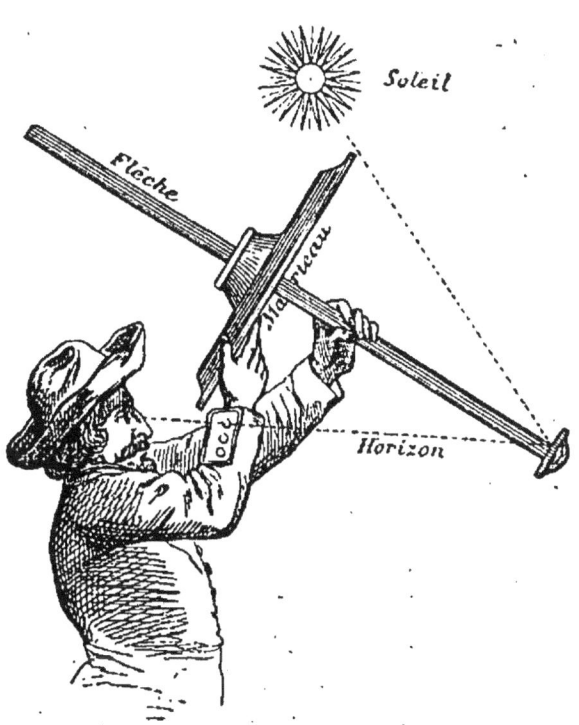

Observation du soleil à l'aide de l'arbalète.

du ciel qui se trouve au-dessus de nos têtes, — plus ils seront élevés sur l'horizon [1]. »

Que l'on disposât, comme Barthélemy Diaz, comme Christophe Colomb, comme Améric Vespuce, de l'astrolabe et du quart de cercle, ou, comme l'abbé Denys, du bâton de Jacob, de quelle façon arrivait-on à se procurer par l'observation et par le calcul les deux éléments dont on avait besoin pour marquer « son point » sur la carte : la latitude et la longitude ? « C'est une maxime de la sphère, exposait en son naïf langage aux « écholiers » de Dieppe le professeur choisi par le grand roi, que l'on est autant éloigné de la ligne équinoxiale que

---

Si l'usage de l'astrolabe est facile, celui-ci l'est tout autrement, puisqu'il suffit de le suspendre avec toute sorte de liberté, tourner le trou qui est dans la circonférence du côté du soleil et prendre garde sur quel degré du cercle gradué le rayon du soleil qui passe par le trou va se rendre, lequel degré vous montrera de combien le soleil est éloigné du zénith. »

[1] On a cru pouvoir attribuer à Martin Behaim l'importation de l'astrolabe sur le terrain mouvant du navire. Les navigateurs du seizième siècle devraient, assure-t-on, la première idée de l'arbalète à Vasco de Gama, qui aurait vu dans l'Inde les pilotes arabes se servir d'un instrument analogue.

Pour n'oublier aucun des instruments en usage sur ces chétifs vaisseaux qui ont accompli de si grandes choses, il ne nous reste plus, croyons-nous, qu'à mentionner *le quartier* inventé en 1594 par le célèbre navigateur anglais John Davis. C'est encore à l'abbé Denys que nous empruntons la description de l'unique rival que connut longtemps le bâton de Jacob.

« Cet instrument, nous apprend avec sa bonhomie habituelle l'excellent abbé, est composé pour l'ordinaire de deux triangles isocèles: Celui qui se pose en haut, lorsque l'on prend hauteur, contient 60 degrés, et celui d'en bas, qui est néanmoins le plus grand, parce qu'il soutient un arc de

le pôle du monde est élevé sur l'horizon. » Observer la hauteur angulaire du pôle, c'est donc en réalité mesurer sa propre distance à l'équateur; autrement dit, c'est se procurer par un équivalent la connaissance de la latitude. Y aurait-il vraiment opération plus prompte et plus facile, si l'étoile polaire occupait sur la voûte céleste la place que son nom semble lui assigner? « Par une providence toute juste, quoiqu'elle nous soit inconnue, Dieu n'a pas voulu nous obliger de cette grâce. L'étoile polaire est proche du pôle, elle n'est pas néanmoins le pôle », et les pilotes de Dieppe, s'ils n'avaient eu l'idée de s'adresser à une étoile voisine, à la claire des gardes, ne seraient jamais venus à

cercle dont le diamètre est deux fois pour le moins aussi grand que le premier, comprend seulement les 30 degrés restant du quart de cercle.

« Les Hollandais appellent cet instrument *Hœckboog*, instrument à mesurer les angles. Il faut, pour s'en servir, juger de combien à peu près le soleil, au moment où l'on se dispose à prendre hauteur, est éloigné du zénith. On y arrête la pinnule du triangle d'en haut. On tourne alors le dos directement au soleil, et l'on tient le quartier de manière que, regardant l'horizon par la visière qui est au milieu de la pinnule du triangle d'en bas, l'ombre de la pinnule fixe du triangle d'en haut vienne se rendre avec l'horizon sur cette ligne. Si cela n'arrive point, on hausse ou baisse la pinnule d'en bas jusqu'à ce que l'horizon et l'ombre viennent à se rencontrer sur la ligne du centre. Pour avoir la hauteur, il faut ajouter les degrés et minutes où est arrêtée la pinnule avec ceux où l'on avait arrêté la pinnule d'en haut. Le tout donnera le nombre de degrés et minutes que le soleil sera pour lors éloigné du zénith. Les Anglais se servent fort du quartier à prendre hauteur. C'est un instrument très-ferme et très-capable pour résister à la force du vent, parce qu'outre qu'on le tient des deux mains par les branches des deux triangles, on l'appuie encore sur l'estomac. »

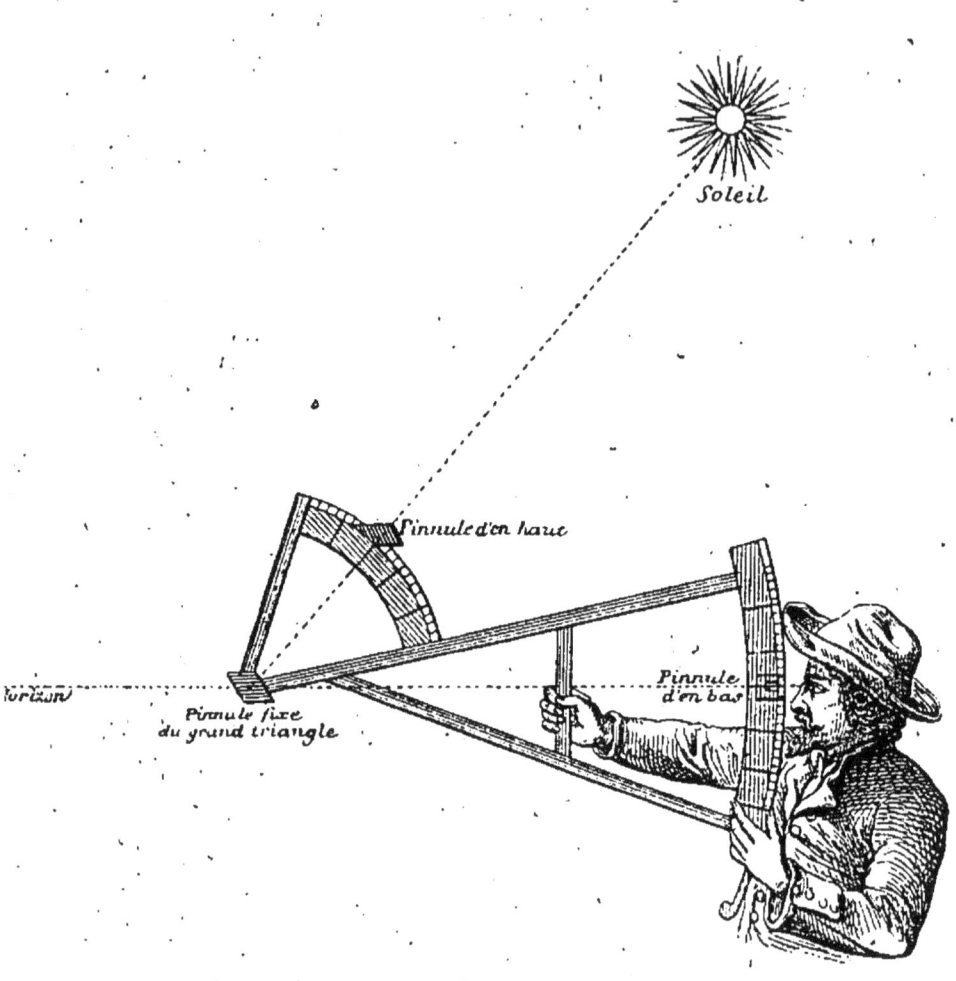

Observation du soleil à l'aide du quartier de Davis.

Quartier de Davis.

Page 16.

Etoile du Nord
ou Polaire

○ Pôle Nord en 1877

○ Pôle Nord en 1673

β
La Claire des Gardes

Constellation de la petite Ourse.

bout « d'ajuster cette affaire ». Ayant supputé de combien de degrés ou de minutes l'étoile du nord est au-dessus ou au-dessous du pôle, pendant que la claire des gardes décrit son cercle habituel, « ils composèrent des tables pour y marquer, vis-à-vis de ces rumbs, le nombre de degrés et minutes qu'il fallait ajouter ou soustraire pour tirer de la hauteur de l'étoile la véritable élévation du pôle ».

Du moment qu'il fallait relever une de ces étoiles au compas, observer la hauteur de l'autre au-dessus de l'horizon, consulter en outre des tables, autant valait s'adresser au soleil. Pourvu que l'on saisit le moment où cet astre atteignait le point culminant de sa course, il n'y avait qu'un chiffre à soustraire de sa distance au zénith ou qu'un chiffre à y ajouter pour obtenir directement la latitude. Ce chiffre, on le rencontrait déjà dès le treizième siècle dans les Tables alphonsines; on le trouvait beaucoup plus exact au quinzième dans les éphémérides de Regiomontanus; il s'appelle la *déclinaison*. Le soleil, en effet, n'est pas tous les jours à la même distance de l'équateur. Suivant la pittoresque expression de l'abbé Denys, « il biaise à la ligne ». Il faut donc, pour conclure de la hauteur du soleil à midi l'élévation du pôle, tenir compte à la fois de la distance de l'astre au plan équatorial et de sa position au-dessus de l'horizon. Le dernier des caboteurs ne négligerait pas de nos jours certaines corrections dépendant de la dépression, de la réfraction, de la parallaxe[1]; au dix-septième siècle et à plus forte raison au temps des grandes découvertes, on n'y regardait pas de si près. Quand l'abbé Denys conduisait ses « écholiers » au bord de la mer pour leur apprendre à observer la hauteur du soleil, il avait remarqué qu'il pouvait se placer indifféremment sur le galet ou monter sur une falaise haute, suivant son calcul, de 84 pieds. « Jamais l'observation n'avait présenté la moindre différence. Chacun trouvait sa latitude aussi bien en haut comme en bas. » Voilà où en était l'astronomie nautique en l'année 1673. Qu'on se garde bien d'imputer la morale facile dont nous lui voyons faire preuve à des notions de géométrie incomplètes;

---

[1] Pour obtenir la véritable hauteur d'un astre au-dessus de l'horizon, il faudrait se trouver placé presque au niveau de cet horizon. Si l'œil de l'observateur n'est pas appliqué, pour ainsi dire, à la surface de la mer, le rayon visuel qui rasera le bord de la nappe liquide ne rencontrera plus la limite extrême du plan à partir duquel se mesurent les distances des astres. Il atteindra l'extrémité d'un horizon plus étendu et sera nécessairement obligé de s'abaisser pour l'atteindre. L'accroissement de distance angulaire qui en résulte dans l'observation de l'astre a reçu le nom de *dépression*. Il y a là, suivant l'élévation de l'observateur au-dessus de la surface des eaux tranquilles, une soustraction plus ou moins forte à opérer.

La *réfraction* atmosphérique conduit également à une correction indispensable, car elle a pour effet d'altérer les positions apparentes des corps célestes. Ainsi le soleil est déjà descendu sous l'horizon que ses rayons, déviés par les milieux de densités différentes qu'ils traversent, viennent encore frapper nos regards. Nouveau retranchement, et cette fois retranchement assez considérable, imposé, si l'on se pique de quelque exactitude, à la hauteur obtenue.

Grâce à ces deux corrections, la hauteur réelle du soleil au-dessus cette morale se mettait simplement d'accord avec l'imperfection notoire des instruments.

Prenons pour exemple le meilleur de tous, le fameux bâton de Jacob : ne faudra-t-il pas ajouter aux angles lus sur la verge deux degrés et demi, « un peu plus, un peu moins, selon que l'observateur aura les yeux enfoncés ou saillants » ? En effet, quand on veut prendre hauteur avec cette arbalète, on doit, d'une des extrémités de la verge, regarder le marteau qui se meut sur la branche maîtresse à angle droit, l'approcher ou le reculer jusqu'à ce que, par le bas, on puisse voir l'horizon et, en même temps, par le haut, l'étoile ou le soleil. Où appuiera-t-on pendant cette opération le bout de l'instrument?

du plan horizontal que représente la surface de l'Océan se trouve enfin établie. Mais les tables astronomiques n'ont pas placé leur observateur à la surface de l'Océan, elles l'ont supposé au centre de la terre. Sans cela leurs données n'eussent pu être utilisées en tout pays. Il nous faut donc à notre tour adopter cette fiction ; il faut nous représenter ce que deviendrait la hauteur que nous venons d'observer, si nous nous laissions glisser le long d'un fil à plomb vers l'intérieur du globe. L'astre demeurerait en vain immobile ; du moment que l'observateur s'en éloigne, faisant reculer en quelque sorte avec lui l'horizon, la distance angulaire augmente. Elle ne s'accroîtrait pas autrement si c'était l'astre lui-même qui se fût élevé. La hauteur observée à la surface est donc moindre que ne le serait la hauteur constatée au même instant du centre de la terre. La différence entre les deux hauteurs constitue ce qu'on est convenu d'appeler la *parallaxe*. C'est un chiffre qu'il faut ajouter à l'angle obtenu, quantité variable pour chaque astre et égale en réalité à l'angle sous lequel, de l'astre observé, on apercevrait le rayon qui joint le centre de la terre au point occupé par l'observateur. Insensible pour les étoiles, de peu d'importance pour le soleil et pour les planètes, la parallaxe a, au contraire, une valeur très-appréciable pour la lune, en raison de la proximité de notre satellite.

On ne peut pas le poser sur le centre même de l'œil ; « ce serait vouloir se rendre aveugle. » On le posera en un de ces trois endroits : au coin de l'œil du côté du nez, si l'on suit la pratique des Hollandais ; sur l'os qui va de l'œil à la tempe, si ce sont les Anglais qu'on veut croire ; enfin au-dessous du globe même de l'œil, si l'on entend rester fidèle à la coutume de Dieppe. Mais quel que soit le point d'appui qu'on choisisse, la verge, de toute façon, sera « hors de son centre », et il sera indispensable de remarquer la différence qui en résulte.

La précision ne commence, pour les observations nautiques, qu'avec l'invention des instruments à réflexion. La détermination de la latitude, heureusement, est peu exigeante. Les erreurs commises dans l'observation de la hauteur ne s'y multiplient pas. « Si la nature, écrivait en 1673 l'abbé Denys, nous avait donné des moyens de trouver la longitude aussi assurés que ceux dont nous disposons pour trouver la latitude, jamais, sinon par des tempêtes furieuses, il ne se perdrait de navires. » Malheureusement, « quantité de beaux esprits » s'étaient sans succès occupés de la question. Améric Vespuce prétendait, il est vrai, dès l'année 1500, l'avoir résolue, à l'aide du mouvement de la lune, *corso più leggier della luna ;* en réalité, il avait sans profit « sacrifié son sommeil et peut-être abrégé sa vie de dix ans ». La détermination des longitudes à la mer devait faire pendant trois siècles le désespoir des astronomes, et peu s'en fallut qu'elle n'allât prendre rang, avec le mouvement perpétuel et la quadrature du cercle, parmi les questions insolubles. Force était donc en 1673 de se tenir pour satisfait quand on parvenait à déterminer sur quel parallèle on avait conduit son navire. En venant « des îles » ou pour y aller, le premier soin était de se porter à la hauteur convenable, de se mettre, suivant l'expression consacrée, en latitude. On courait ensuite soit à l'est, soit à l'ouest, toujours droit devant soi, sans se détourner un instant de son parallèle, jusqu'à ce que l'on rencontrât la terre.

Fallait-il croire, avec l'abbé Denys, « qu'en nous dérobant la connaissance des moyens qui auraient pu nous procurer sûrement et promptement une bonne longitude, Dieu avait voulu obliger les pilotes à veiller sur leur route et chasser par là de leur cœur les mauvaises pensées » ? L'excellent abbé prêtait à la Providence un souci qu'elle n'avait jamais eu. La solution du problème des longitudes était difficile ; Dieu ne l'avait pas interdite à la science par une loi fatale. De quoi s'agissait-il en somme? D'arriver à connaître, au même instant physique, l'heure de deux points différents. Dans mainte ville de province située à l'est ou à l'ouest de la capitale, nous voyons aujourd'hui des cadrans munis d'un double jeu d'aiguilles se charger d'apprendre aux plus rustres qu'on ne compte pas à la fois la même heure à Paris et à Quimper-Corentin. L'observateur, placé sur la terre ferme, n'en était plus à découvrir en 1673 le secret que cherchait encore le navigateur cent ans plus tard. L'antiquité elle-même avait déterminé des longitudes pour des stations terrestres; on pourrait dire qu'elle dut, dès le principe, les déterminer presque involontairement. Reportons-nous en effet au temps où tout était surprise pour l'humanité. Qu'un de ces phénomènes destinés à rentrer dans l'ordre des choses prévues vînt à se manifester soudainement dans le ciel, l'imagination des peuples en restait vivement frappée. D'accord sur l'événement, les témoins, pour peu qu'ils occupassent des stations sensiblement distantes l'une de l'autre, s'entendaient moins dès qu'il fallait fixer le moment précis où l'on avait vu le phénomène se produire. Les clepsydres n'étaient cependant pas en défaut. Si ces instruments, au même instant consultés, se refusaient à indiquer la même heure, c'était au mouvement apparent de la sphère céleste qu'il fallait s'en prendre. Les seuls rapports conformes émanaient de spectateurs placés sous un méridien commun. Signaler une heure d'avance ou de retard dans l'apparition du signe céleste, c'était, sans s'en douter, indiquer 15 degrés de différence dans la longitude des observateurs. Le soleil en effet, qui nous sert à mesurer la durée, met

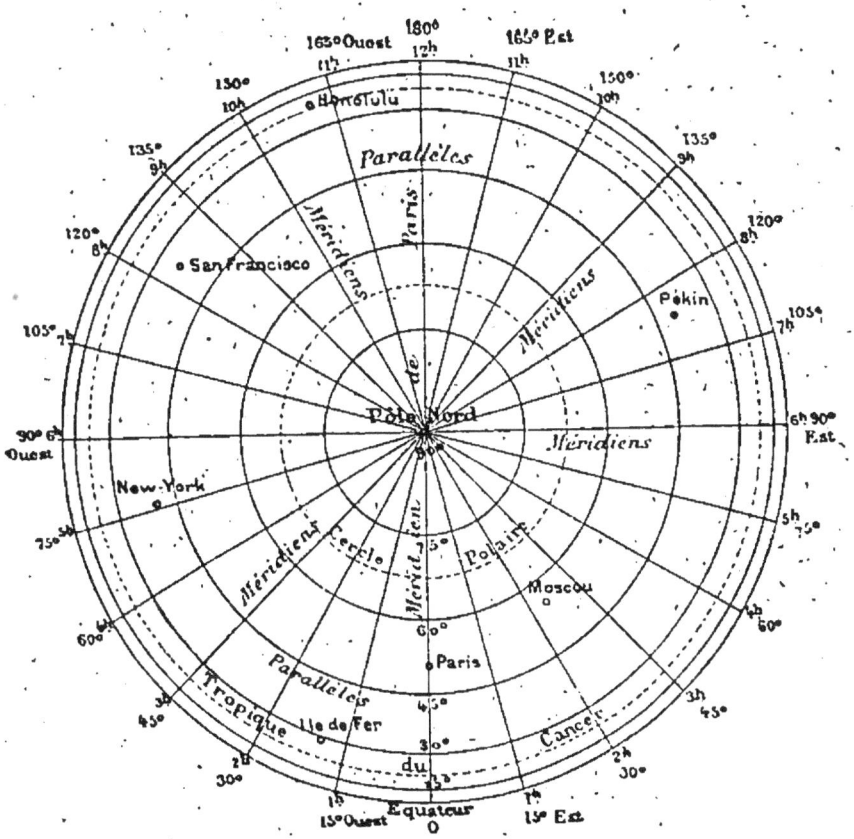

Projection polaire indiquant la différence des heures
pour les différents méridiens.

vingt-quatre heures à faire le tour de la terre, une heure par conséquent à franchir un intervalle égal à la vingt-quatrième partie de la circonférence. Éclipses d'astres, occultations d'étoiles, tout ce qui peut marquer un court moment dans l'espace et le marquer à la fois pour divers points du globe, conduira de cette façon au résultat cherché; seulement ce qui résout la question pour le géographe est bien loin de l'avoir tranchée pour le navigateur. Ces incidents d'une apparition si rare, le navigateur n'a pas le temps de les attendre. Ajoutons que, pour la plupart, il n'a pas le moyen de les observer. « Le branlement du navire », pour employer l'excellente expression de l'abbé Denys, ne permet pas aisément de braquer du pont de nos vaisseaux des lunettes sur ces points lumineux dont on ne distingue pas la présence à l'œil nu. Quand, après l'invention des lunettes achromatiques, on eut substitué aux lunettes de douze et quinze pieds de longueur des lunettes qui n'en avaient plus que trois ou quatre, on crut qu'il allait suffire de soustraire l'observateur aux oscillations du vaisseau pour retenir les astres dans le champ de l'instrument. On reprit donc à ce sujet en 1759 et plus tard en 1771 une idée qui paraît avoir été pour la première fois émise en 1567. Une chaise à double suspension fut construite; on attacha cette lourde machine à une vergue entre le grand mât et le mât d'artimon. L'astronome s'y assit avec sa lunette; mais il trouva bientôt que les mouvements du fauteuil mécanique, en dépit du poids considérable dont on l'avait chargé, s'ils étaient devenus moins étendus et plus lents que ceux du navire, étaient en revanche plus irréguliers [1].

Pour conclure de l'observation des astres la longitude en mer, Améric Vespuce avait eu l'excellente pensée de tirer parti de leurs distances réciproques. L'intervalle qui sépare les étoiles fixes reste, il est vrai, toujours le même; des étoiles aux planètes, il ne se modifie que très-lentement; la lune seule a un mouvement propre qui rend ses déplacements dans le ciel très-sensibles. Quand leurs calculs aboutissaient à quelque invraisemblance trop grossière, Améric Vespuce et Sébastien Cabot ne s'en prenaient ni à leurs observations défectueuses, ni à leurs méthodes; ils accusaient de ces déceptions l'irrégularité des mouvements planétaires ou les erreurs typographiques de Regiomontanus. Le roi d'Angleterre Charles II résolut de procurer aux marins des éphémérides plus exactes. Le 4 mai 1675, il fonda l'observatoire de Greenwich et lui donna pour

---

[1] Nos officiers et nos ingénieurs hydrographes ont depuis quelque temps repris cette recherche. Un jeune lieutenant de vaisseau, entre autres, dont les travaux et les aptitudes vraiment exceptionnelles ont attiré l'attention de l'Académie des sciences, M. Baills, compatriote de l'illustre Arago, paraît avoir fait faire un grand pas à la question. Il faut attendre, on peut même ajouter attendre avec espoir, l'épreuve de l'expérience.

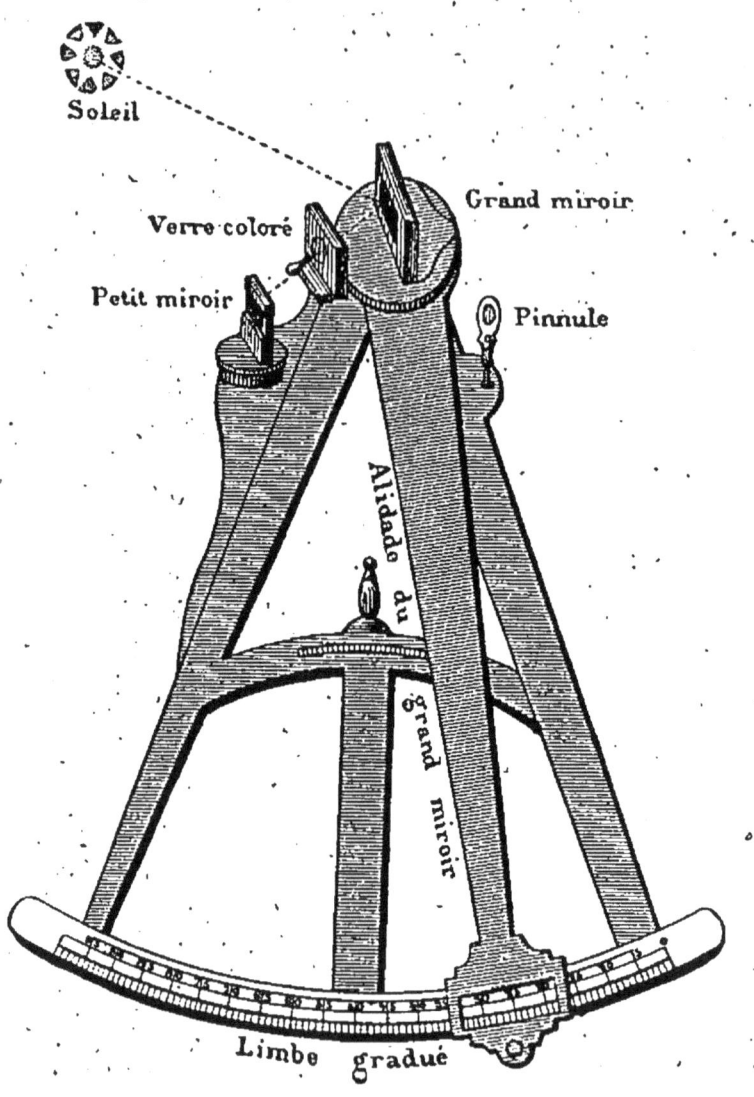

Octant de Hadley.

mission « la rectification des tables où se trouvaient inscrits les mouvements des corps célestes ».

Que pouvait-on faire encore pour hâter l'éclosion du grand œuvre astronomique ? Ce que fit Hadley en 1732 lorsqu'il inventa son octant et fournit ainsi aux marins le moyen d'observer avec une précision inconnue jusqu'alors les distances de la lune au soleil, aux planètes et aux étoiles les plus brillantes.

L'octant, le premier né des instruments à réflexion, ne tarda pas à devenir *le sextant* dont nous nous servons aujourd'hui. L'abbé Denys, dans son naïf langage, nous eût, sans embarras, exposé le principe sur lequel repose la construction de ces deux instruments. Il eût à coup sûr mieux réussi que je n'espère le faire à nous les montrer aux mains « de ses écholiers » remplaçant avec avantage le bâton de Jacob. L'art de peindre à l'esprit ce que l'œil ne peut voir est un art que notre langue moderne, dans sa sobriété exigeante, a perdu ; je serai le dernier à me flatter de l'avoir retrouvé. Il faut bien cependant essayer de donner une idée de l'ingénieux moyen d'observation auquel les générations nouvelles doivent en partie la sécurité relative avec laquelle il leur est aujourd'hui permis de sillonner les mers.

Comment naquit la pensée de substituer à l'arbalète, à l'astrolabe, au quartier, cet octant qui, loin de procéder des engins jusqu'alors en usage, ne garde pas même avec le passé un air de famille? Jusqu'en 1732 on s'était contenté de regarder d'un œil l'horizon, de suivre de l'autre l'astre dans son cours. Maintenant ce n'est plus le regard qui se dirige vers l'astre, c'est l'image de l'astre qui descend vers l'œil immobile. N'a-t-on pas vu souvent dans nos colléges des enfants armés d'un fragment de verre étamé prendre plaisir à projeter vers un point quelconque — parfois le visage d'un camarade — l'image enflammée du soleil? Le soleil monte ou descend en vain; le miroir sait se conformer au chemin que l'astre parcourt et modifie à propos son inclinaison. Cette modification graduelle, si on la mesurait, prendrait pour ainsi dire la marche angulaire du soleil sur le fait. Mais si le rayon reflété se perdait dans le vide, s'il ne se trouvait pour le recueillir un écran quelconque, un mur, un tronc d'arbre, un nez de collégien, le repère obligé manquerait à l'expérience. L'écran dans cette observation ne joue donc pas un rôle moins important que la glace. Or les solitudes de l'Océan, on le sait, n'offrent d'autre écran que le ciel bleu; l'image de l'astre ne viendrait pas s'y peindre. Hadley eut une idée qui emporta d'assaut la solution du problème. En regard du miroir qui recevait les rayons du soleil, il plaça pour les renvoyer à l'œil de l'observateur un second miroir. Cette glace immobile devenait un écran. Voilà le principe;

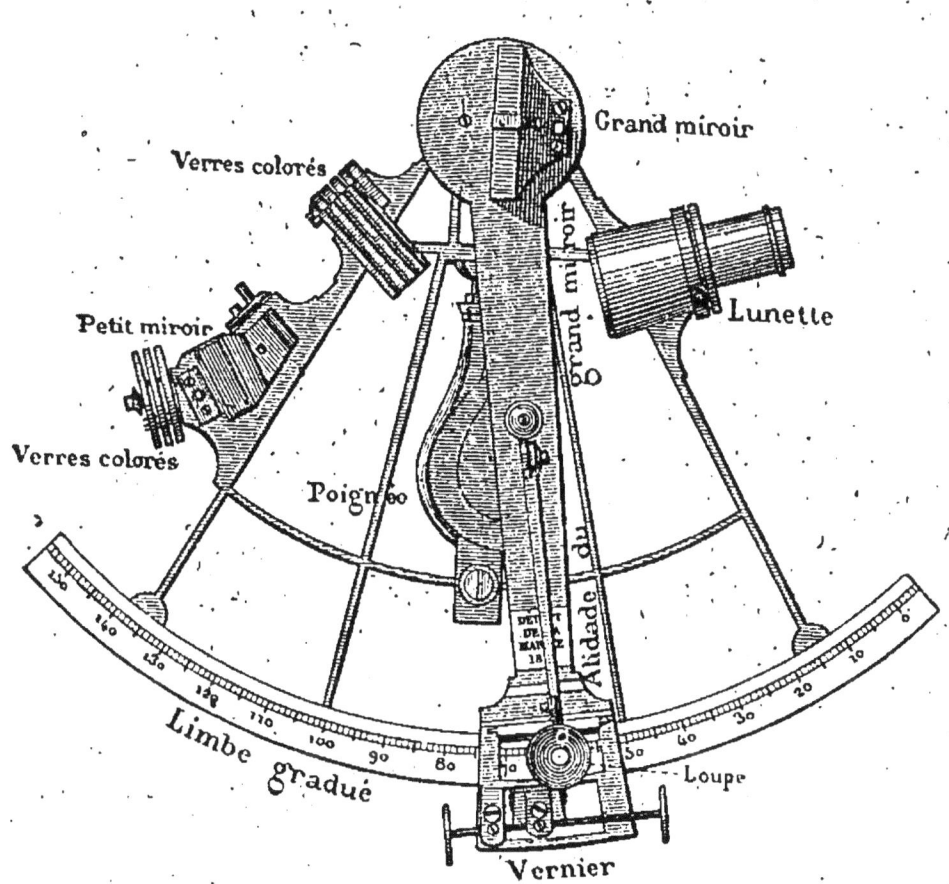

Sextant.

essayons, s'il se peut, de décrire l'instrument :

Le sextant est un secteur de cercle dont les deux branches comprennent un arc de 60 degrés divisé en 120 parties égales. Deux miroirs — un grand et un petit — se présentent dressés perpendiculairement au plan de ce secteur. Le grand miroir occupe une des extrémités d'une règle mobile tournant autour du sommet du triangle ; l'autre extrémité de la règle est destinée à parcourir les divisions du limbe ; le second miroir, le petit, est fixé à un des rayons de l'instrument. Sur le rayon opposé vous remarquerez une pinnule ou une lunette ; c'est là que vient s'appliquer l'œil de l'observateur. La partie supérieure du petit miroir n'est pas étamée. Supposons un instant l'alidade qui porte le grand miroir arrêtée et vissée sur le zéro du limbe. A travers la pinnule cherchez alors la ligne de l'horizon. Vous l'apercevrez aisément dans la partie transparente du petit miroir ; la partie étamée vous montrera un trait sensiblement plus faible, un second horizon moins facile quelquefois à discerner. De ces deux traits qui ne doivent former qu'une seule ligne, l'un est l'horizon vu directement ; l'autre, l'horizon réfléchi. Tant que les deux glaces resteront parallèles, le trait qui marque la séparation de la mer et du ciel ne se distinguera que par sa nuance plus sombre, sa raie mieux accusée, de l'image un peu terne que le grand miroir renvoie au petit. Il en sera de même pour tous les objets sur lesquels voudra se diriger l'œil de l'observateur. Les images des sommets visés, celles des édifices qu'aura pu embrasser un cadre étroit, se montreront toujours superposées aux figures dont elles vous apportent le reflet. Faites mouvoir doucement l'alidade sur le limbe, le grand miroir aura, du même coup, tourné sur son pivot; le petit miroir, au contraire, rivé sur son rayon, est resté à sa place. Qu'en est-il résulté? Les deux glaces ont rompu leur parallélisme, et soudain d'autres images réfléchies ont succédé à l'image primitive. Vous n'avez plus ce que vous aviez tout à l'heure, la reproduction de l'objet qui se montre encore dans la partie non étamée du petit miroir. Par un simple mouvement de votre alidade, vous avez brusquement changé le panorama. Au sommet se trouve accolée une tour, à l'horizon un astre. L'angle des deux objets que vous avez mis ainsi en contact est égal au double de la quantité dont le grand miroir a tourné sur lui-même. Voilà pourquoi, pour lire directement cet angle sur le limbe, vous avez fait de 60 degrés 120 divisions.

Ai-je réussi à me faire comprendre? Faut-il à cet exposé, bien long déjà pour un travail qui n'a pas la prétention d'être technique, ajouter de nouveaux détails? Bornons-nous à montrer les deux emplois distincts qu'on peut faire du sextant. Tenez-vous d'une main ferme, d'une main qui sache sur-

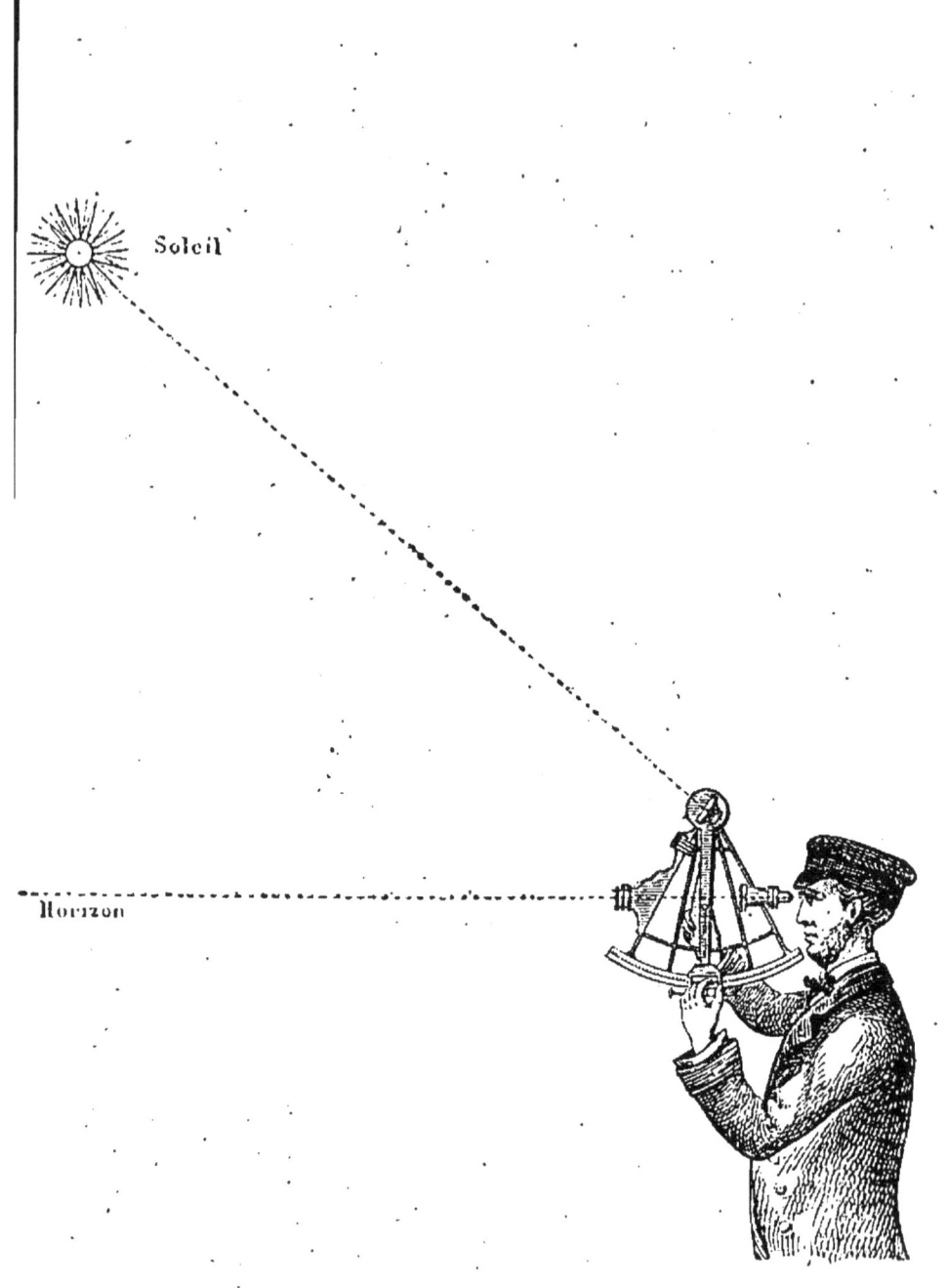

Officier de marine observant la hauteur du soleil à l'aide du sextant.

tout se plier aux balancements du navire, l'instrument vertical, vous verrez successivement descendre à l'horizon les divers points de la voûte céleste. Avez-vous, au contraire, replacé votre sextant dans une position horizontale; en avez-vous, pour des besoins nouveaux, fait momentanément une sorte de planchette, ce sera le contour d'une baie, le périmètre accidenté d'une ville que vous ferez, avec une lenteur ou une rapidité dont vous restez le maître, défiler, comme dans une lanterne magique, devant vous. Dans le premier cas, vous aurez, suivant l'expression usitée, « pris hauteur »; dans le second, vous aurez mesuré des angles terrestres. Les distances de la lune au soleil, sont des angles célestes. Réduites par le calcul à ce qu'elles eussent été si on les avait observées du centre de la terre, ces distances, on les retrouvait dans le *Nautical Almanach* de Greenwich. Les calculs de l'astronome et l'observation du marin fixaient pour le même instant la position de la lune dans le ciel; mais l'astronome avait en outre marqué dans ses tables l'heure correspondante du méridien de Greenwich; il ne restait plus au marin qu'à en rapprocher l'heure du lieu où il observait pour avoir sa longitude.

Vers la fin du dix-huitième siècle, on ne comptait plus qu'une minute environ d'erreur dans les déterminations des éphémérides, une autre minute du fait même de l'observateur. La lenteur du mouvement de la lune cependant est telle que ces deux minutes emportaient près d'un degré d'indécision dans la connaissance de la longitude. En 1714, le parlement anglais offrit 20,000 livres sterling (un demi-million de francs) à qui découvrirait le moyen d'atteindre à la précision du demi-degré. Une erreur d'un demi-degré ne représente qu'un mécompte de dix lieues sur l'équateur, de sept seulement sur le parallèle moyen. L'astronomie n'était malheureusement pas en mesure de mériter au temps de la reine Anne un prix si magnifique ; elle le serait à peine aujourd'hui. Sur l'indication de Newton, l'astronomie prit le parti d'appeler la mécanique à son aide. Elle demanda aux horlogers de Londres de lui construire une horloge portative, une montre, en un mot, dont la somme des écarts n'excédât pas deux minutes de temps après quarante-deux jours de traversée. De cette façon le master anglais n'aurait plus à demander aux distances lunaires l'heure du méridien de Greenwich ; il l'emporterait sous clef à bord de son vaisseau.

L'art de mesurer le temps avait fait un pas gigantesque au dix-septième siècle. Les clepsydres, dans lesquelles la chute de l'eau, modérée et réglée par certains artifices, servait à diviser le jour en parties égales; les cadrans où l'ombre d'un style retraçait la marche du soleil; tous ces appareils, dont en 1587 on se contentait encore, venaient de faire place au plus merveilleux assemblage mécanique qui soit sorti de la main des hommes, je veux parler de l'horloge à roues dentées, à balancier et à échappement. En 1664, une horloge à pendule fut embarquée par Huyghens sur un vaisseau anglais ; en 1669, le duc de Beaufort en emportait une autre dans l'expédition de Candie ; mais l'horloge qui devait donner la longitude à la mer ne pouvait être une horloge à pendule ; elle devait naître de l'application d'un autre principe. On en fait justement remonter l'invention à la découverte de l'isochronisme du spiral et à celle du balancier compensateur.

Pierre Le Roy en France, Arnold en Angleterre, avaient confectionné des horloges portatives. Seul, Harrison, en 1736, réussit réellement à construire une horloge marine. Vingt-neuf ans plus tard, en 1765, il réclamait la prime promise par la reine Anne ; sa montre avait déterminé les longitudes en deçà des limites de précision qu'exigeait l'acte législatif de 1714. Ce n'était pas une horloge, c'était un système qu'on voulait posséder ; Harrison fut invité à développer le sien, et les 20,000 livres sterling ne lui furent adjugées que le jour où il eut mis d'autres fabricants en mesure de reproduire, par l'application de ses principes, les résultats qu'il avait lui-même obtenus. En 1766, un horloger français,

Ferdinand Berthoud, fut envoyé par le ministre de la marine, Gabriel de Choiseul, duc de Praslin, pour étudier « cette machine dont la construction était simple, dont l'exécution, en revanche, était très-difficile ». Berthoud réussit à en faire une imitation des plus heureuses. Dès 1768, les horloges françaises purent être employées à la rectification des cartes marines. M de Fleurieu sur l'*Isis*, M. Verdun de La Crenne sur la *Flore*, l'abbé Chappe en Californie, les avaient soumises aux plus concluantes épreuves. « Je crois avoir fait une très bonne carte de la côte d'Afrique, depuis le cap Spartel jusqu'au cap Bojador, en y comprenant les îles Canaries, écrivait en 1776 à Ferdinand Berthoud le chevalier de Borda. Il m'aurait été impossible d'en faire une passable sans vos horloges. »

Arrêtons-nous ici et mesurons du regard le chemin qu'avait fait l'astronomie nautique depuis le jour où Améric Vespuce observait, le 23 août 1499, « la conjonction de la lune et de Mars ». Les plus habiles astronomes ne pouvaient alors réussir à se mettre d'accord sur la position du cap Saint-Augustin. Peu s'en fallut qu'ils ne renonçassent à décider de quel côté de la fameuse ligne de démarcation tracée par le pape tombait cette protubérance du nouveau monde. Améric Vespuce, le premier directeur général d'un dépôt des cartes et plans dont l'histoire fasse mention, avait bien pu se charger de

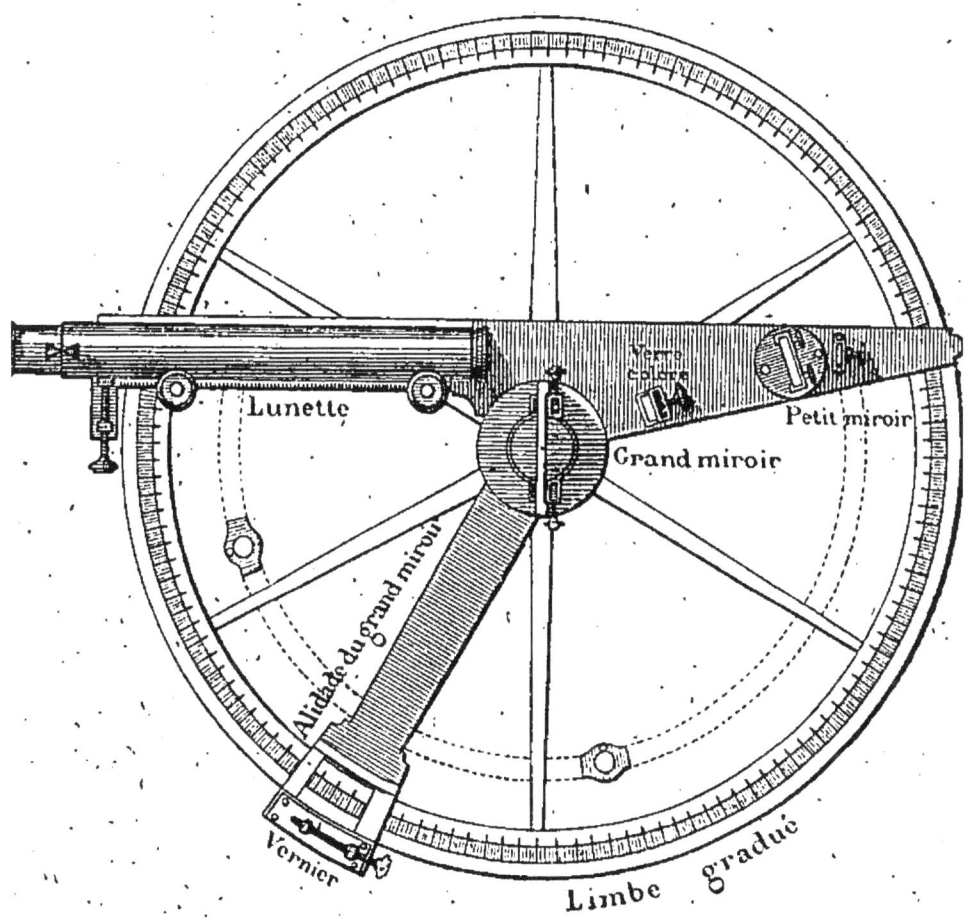

Cercle à réflexion substitué par le chevalier de Borda au sextant.

dresser, sous le nom de « Padron Real », le tableau officiel des positions géographiques ; il avait bien pu accepter la mission « de veiller à ce que les pilotes, revenant d'un voyage de long cours, indiquassent fidèlement aux officiers de la *Casa de contratacion* de Séville la situation exacte des terres nouvellement découvertes », la navigation n'en acquérait pas pour cela des allures plus sûres. Il était difficile, en effet, d'asseoir une hydrographie sérieuse sur les informations de gens qui, au dire de Christophe Colomb, n'auraient jamais pu, si on les eût abandonnés à eux-mêmes, retrouver la route des pays où la fortune les avait fait aborder. Il fallait, — ce sont encore les expressions du grand navigateur, — il fallait, en ces jours d'enfance astronomique, « constamment découvrir à nouveau ».

Si dans l'océan Atlantique, large à peine d'un millier de lieues, les mécomptes atteignaient parfois le tiers de cette distance, qu'on juge des erreurs qui se durent commettre dans cet autre océan trois ou quatre fois plus vaste qu'eurent à parcourir Magellan et ses successeurs. Là, si l'on est quelquefois parvenu, dans un sentiment d'équitable recherche, à restituer aux premiers navigateurs l'honneur de leurs découvertes, c'est parce qu'on a pris très-sagement le parti de tenir peu de compte de leurs assertions géographiques. On a reconnu les peuples qu'ils avaient dépeints, les contrées qu'ils avaient décrites; on ne s'est plus inquiété de leurs longitudes. C'est donc une ère véritablement nouvelle que l'on voit s'ouvrir lorsque Cook entreprend en 1772 son second voyage vers les terres australes. Cook emportait à bord de la *Résolution* une montre marine exécutée par Kendall sur les principes que venait d'exposer Harrison. Outre des horloges à pendule pour opérer à terre, des lunettes achromatiques pour observer les éclipses des satellites de Jupiter, la Pérouse, Vancouver, d'Entrecasteaux, possédaient également des chronomètres. Ce furent ces horloges portatives qui, dans leurs longues et périlleuses campagnes, les rattachèrent jusqu'à la dernière heure au méridien absent de la patrie. Aussi jamais le feu sacré n'eut-il pour le veiller et pour l'entretenir des vestales plus fidèles. Quand un vaisseau s'est lancé en plein océan, quand il va surtout à la découverte, de tous les officiers celui qui peut le moins négliger son service, c'est assurément l'officier qu'une honorable confiance a investi du soin de « garder le temps ». Des brisants sous la proue alarmeraient peut-être moins l'équipage que ce cri sinistre : « On a laissé s'arrêter les montres! » Surpris par la révolution qui venait d'éclater en France, les officiers de d'Entrecasteaux se virent contraints de vendre à Sourabaya leurs navires pour faire subsister les équipages; ils ne se séparèrent pas de leurs chronomètres. M. de Rossel rapporta lui-même en Europe ces dieux lares, et l'autorité de la montre n° 14, chef-d'œuvre d'horlogerie sorti des mains incomparables de Berthoud, est encore la plus ferme base sur laquelle s'appuie l'ensemble des positions géographiques que nous a léguées cette grande expédition.

Ferdinand Berthoud a trouvé dans les deux générations qui l'ont suivi de dignes successeurs, et l'on peut affirmer que, tant qu'il y aura en France des Bréguet, des Motel, des Winnerl, nous n'aurons pas à craindre de devenir les tributaires de l'art étranger. La marine française possède à elle seule aujourd'hui plus de quatre cents chronomètres représentant une valeur de près d'un million de francs. Il n'y a pas quarante ans qu'une montre marine, chose à peu près inconnue sur nos navires de commerce, était une rareté même à bord de nos navires de guerre. Les vaisseaux, les frégates en étaient pourvus. On livrait les corvettes et les bricks à l'estime, corrigée çà et là par les distances lunaires. Mais les chronomètres eux-mêmes ne peuvent rien quand les astres font défaut, et l'obscurité du ciel venait souvent aux atterrages rétablir entre les privilégiés et les déshérités de l'administration une égalité de périls. Dans les longs mois noirs de l'hiver, ce n'est plus seulement la longitude, c'est la latitude même qui devient incertaine. On se trouve alors exposé, aussi bien de nos jours qu'au temps de l'abbé Denys, « à s'aller enferrer dans la manche de Bristol », quand il faudrait cingler entre la côte de France et la côte d'Angleterre. Pour éviter de semblables méprises, il n'est qu'un seul moyen, et ce moyen, on ne doit jamais hésiter à l'employer : aussitôt qu'on n'a plus la ressource de lire sa position dans le ciel, il faut la chercher en tâtant le terrain sous ses pieds. Nous possédons aussi une topographie sous-marine. Le relief et la nature du fond sont à l'approche des côtes, de certaines côtes surtout, des indices assez concluants pour tenir lieu de l'observation des astres.

Pouvoir jeter la sonde, interroger les dépressions des vallées au-dessus desquelles on passe, examiner les graviers, les débris de coquilles que le plomb en rapporte, c'est rester encore dans les limites de la navigation positive. La navigation conjecturale commence quand tout manque à la fois et qu'on n'a plus pour se diriger que des probabilités. Il arrive souvent, à ce moment même où l'on est dans l'impossibilité la plus absolue de vérifier son point, qu'on se sent poussé en avant par une force invincible. La violence de la brise ne permet pas au navire de rester en place; elle lui laisse encore moins la faculté de rétrograder. L'obscurité est telle que le regard se fatiguerait vainement à en vouloir percer les ténèbres. Pour se diriger, il ne reste plus que la boussole. C'est sur ce disque tremblant, ce n'est pas sur l'horizon qu'il faut tenir ses yeux attachés. Fatalement condamné à prendre le droit chemin ou à périr, le capitaine joue sa vie et celle de son équipage sur une hypothèse. On ne se laisserait pas autrement tomber dans un gouffre. Ce sont là pour le marin les suprêmes épreuves. Ajoutons que depuis quarante ans on ne néglige rien pour nous les épargner. C'est pour nous que les astronomes, que les hydrographes, que les horlogers travaillent, pour nous que les ingénieurs, après avoir bâti des phares sur toutes les pointes, élevé des balises ou mouillé des bouées sur toutes les roches, iront chercher jusqu'au milieu du bouillonnement des récifs quelque aiguille de granit qui puisse encore recevoir leur ciment. Le marin d'aujourd'hui n'est plus que l'enfant gâté du siècle. Pour comprendre vraiment les grandeurs de la vie maritime, il faut se rejeter de trois ou quatre siècles en arrière, il faut étudier la navigation hauturière à ses débuts, remonter jusqu'aux jours où, derrière chaque nuage aux contours arrêtés, on croyait deviner une île, où, perdu dans une immensité qu'il était permis de soupçonner sans bornes, on suivait le vol des oiseaux, « lorsque tous se dirigent le soir du même côté », dans l'espoir de pouvoir comme eux « aller dormir à terre ».

Pareil à ces corps qui se chargent peu à peu d'électricité, l'homme a pu amasser, de génération en génération, une portion tous les jours plus grande de la puissance divine. Et cependant, quand nous reportons nos regards en arrière, nous ne pouvons nous empêcher de reconnaître que, si l'humanité aujourd'hui a le bras plus long, l'individu autrefois avait la taille plus haute. Ce n'est pas seulement la trempe des âmes qui était, en ces temps déjà éloignés, supérieure; celle du corps ne l'était pas moins. On s'étonne de la merveilleuse aptitude à souffrir que possédaient les navigateurs du quinzième et du seizème siècle, ces sybarites qui renouvelaient leurs provisions dans la première anse venue avec des salaisons de pingouins. Quand l'âme dispose ainsi d'un vase de bronze, on conçoit qu'elle le jette plus légèrement dans les aventures. Ce qui doit néanmoins obtenir le premier rang dans notre admiration, lorsque nous étudions les débuts et le développement de la navigation hauturière, c'est le triomphe que l'homme, avant de se heurter à des difficultés réelles, a dû remporter sur son imagination. Les chétifs instruments qui bravèrent alors le courroux des flots rehaussent à peine l'audace des anciens découvreurs. Qu'avaient à envier, sous le rapport des qualités nautiques, les navires de Colomb ou ceux de Magellan aux *pilot-boats* que le capitaine Wilkes emmena en 1838 au delà du cap Horn? La moindre crique leur offrait un abri, la plupart des bancs n'effleuraient pas leur quille; et, un jour de tour-

Caravelle du quinzième siècle.

Page 39.

mente, quel galion eût fait meilleure figure que ces « vaisseaux ronds de médiocre calibre, courts de varangue et à poupe carrée », dont les dimensions eussent peut-être fait reculer d'effroi les Argonautes, mais dont la bonne assiette sur l'eau, la voilure maniable, le gréement à la fois solide et léger, auraient certainement rassuré le regard d'un marin ? « Outre les bourcets et les bonnettes à étui », la caravelle portait « quatre voiles à oreilles de lièvre », dites aussi « voiles latines ». On citait surtout ce genre de bâtiment pour « son habileté à virer de bord ». Les chebecks que nous prîmes en 1830 au dey d'Alger, ceux qui croisent encore tous les jours sur les côtes de Catalogne ou dans le golfe de Valence, moins hauts de bord peut-être, moins renflés dans leurs formes, peuvent cependant donner une idée des caravelles. Ce sont des caravelles de course; les caravelles étaient des chebecks de charge. Tant que la brise soufflait modérée, elles gardaient leurs grandes voiles triangulaires envergués sur de longues et fragiles antennes. Pour les gros temps, elles tenaient en réserve un appareil plus sûr, ce jeu de voiles carrées avec lequel un des bâtiments de Colomb, la *Pinta*, quittera les Canaries.

Le port moyen de la caravelle variait entre 120 et 130 tonneaux. L'équipage se composait communément d'une cinquantaine d'hommes : un capitaine, un maître, un contre-maître, un pilote, un tonnelier, un calfat, un charpentier, un canonnier, un bombardier, deux trompettes, quatorze matelots, cinq écuyers et vingt novices. Ce qui eût été téméraire, ce n'est pas d'aller en découverte avec ces navires alertes, bien pourvus de vivres et de mince tirant d'eau; c'eût été de vouloir leur substituer dans une pareille mission des caraques, des galéasses, des mahones ou même ces ramberges que plus tard les Anglais construisirent « pour faire peur ». Avec la caravelle, la boussole et l'astrolabe, on pouvait faire le tour du monde; le difficile était de l'entreprendre.

Les Espagnols ont partagé avec les Portugais la gloire des grandes découvertes du quinzième siècle; c'est aux Portugais qu'il faut rapporter l'honneur d'avoir rendu ces découvertes possibles en émancipant les premiers la navigation. Améric Vespuce a pu trouver bon de parler avec dédain de ces voyages « où l'on se trainait le long des côtes » et qui ont abouti « à faire le tour de l'Afrique par le sud, comme tous les auteurs de cosmographie l'avaient indiqué ». Les navigateurs qui ont su atteindre Madère et les Açores ont incontestablement frayé la route à ceux qui, soixante ans plus tard, sont arrivés à Guanahani. On ne saurait donc sans la plus profonde injustice refuser son admiration aux premiers pas de la navigation hauturière, car ces premiers pas furent les plus difficiles; ils eurent lieu dans la zone des vents variables, qui est aussi la zone des tempêtes fréquentes. Beaucoup de vieux marins sont d'avis que c'est à la hauteur des Açores que se rencontrent les plus grosses mers et les plus forts coups de vent. Une fois la zone des vents variables franchie, on trouva une température si douce, des brises si égales, si constantes dans leur direction, qu'on se crut un instant sur le chemin du paradis terrestre. On était entré dans la zone des vents alizés. Personne n'ignore aujourd'hui les lois de cette grande circulation atmosphérique qui s'établit des régions polaires vers l'équateur, dévie vers l'ouest en se heurtant à des couches animées d'une plus grande vitesse de rotation, et laisse de chaque côté de la ligne équinoxiale un vaste champ neutre où viennent se mêler les courants des deux pôles. Cet espace, qui oscille, suivant la saison, du nord au sud, a été nommé par les marins « le pot au noir ». Le ciel, en effet, y est presque toujours chargé de gros nuages opaques, et, quand par intervalles il ouvre ses cataractes, on se croirait revenu aux jours du déluge. Une humidité chaude, pénétrante, envahit le navire : chacun aspire à sortir au plus vite de cette étuve; souvent par malheur on s'y débat longtemps. Des souffles capricieux peuvent durant des semaines retenir sur la limite des deux hémisphères le capitaine novice. Les Portugais, qui avaient découvert le Brésil sans le chercher, étaient restés très-pénétrés du danger qu'on courait de se voir entraîné par les courants sur la côte d'Amérique.. Ils s'obstinaient donc à hanter autant qu'ils le pouvaient la côte africaine aussitôt qu'ils avaient dépassé les îles du Cap-Vert. Mal fixés sur la longitude du cap Saint-Augustin, moins bien renseignés encore sur celle de leur navire, ils n'osaient pas prolonger leurs bordées vers l'ouest, où ils eussent trouvé, à l'approche des côtes, une autre influence, celle d'un vaste continent attirant à lui les couches d'air, et sous un souffle plus régulier et mieux établi, épurant le ciel. Pendant qu'ils s'attardaient dans les fâcheux parages qu'un peu plus d'expérience leur aurait fait rapidement traverser, les premiers symptômes de scorbut, les dyssenteries, les fièvres, faisaient leur apparition ; les équipages commençaient à être décimés. Les Portugais nous transmirent leurs préjugés ; les plus illustres de nos amiraux sous la Restauration en étaient encore imbus, tant les idées reçues peuvent conserver d'empire sur les meilleurs esprits. Aujourd'hui ce n'est plus par 16 degrés de longitude, ce n'est plus même par 20, c'est par 29 et 30 degrés que l'on cherche « à couper la ligne ». On y a gagné des traversées infiniment plus promptes et tout aussi sûres.

La prétention de dresser une carte générale des vents est un des espoirs de notre génération. Pour certains parages, quelque nombreux, quelque précis que soient les renseignements qu'on recueille, il faudra s'en tenir à des probabilités. On aura seulement tant de chances pour cent de rencontrer juste; mais il existe d'immenses étendues de mer où règne soit un souffle immuable, soit un souffle régulièrement périodique. Qui n'a entendu parler des moussons de l'Inde et des mers de Chine? Là, quand le soleil échauffe de ses rayons presque perpendiculaires telle portion de l'Asie, le flot aérien s'y précipite; la mousson du nord-est fait place à la mousson du sud-ouest : celle du sud-est se retire devant l'onde qui revient du rumb opposé. Le soleil s'éloigne, la terre se refroidit; à l'instant l'alizé reprend ses droits. Le moment périlleux est l'époque où les deux courants s'avancent à l'encontre l'un de l'autre. Il se produit alors comme un couple de rotation qui, sous l'impulsion de deux forces adverses, tend à faire tourner l'atmosphère. C'est l'heure des ouragans, des typhons, des cyclones. Quand on le peut, on évite de s'exposer au changement des moussons.

Les tempêtes des tropiques ressemblent à la colère des caractères froids. La nature y sort de ses gonds. On voit alors le vent acquérir une intensité dont rien dans nos climats ne saurait donner une idée. La violence de ces tourbillons, près du centre surtout, semble irrésistible; c'est une trombe gigantesque qui renverse tout. Heureusement on a étudié les lois de ces désastreuses convulsions. On sait dans quel sens chemine la colonne d'air, dans quel sens aussi elle tourbillonne. On l'observe à ses débuts, à ses premières manifestations menaçantes. Il n'y a plus que les fous ou les maladroits qui la bravent, les autres s'en écartent soigneusement. Il faut pourtant que le voisinage de la terre ou quelque autre circonstance impérieuse ne vienne pas contrarier cette manœuvre. Si la prévoyance du capitaine a été surprise, si la liberté de ses mouvements a été enchaînée, il doit se préparer à une lutte formidable. Le navire, quelque forts que puissent être ses reins, ploiera sous la première étreinte. Il se redressera presque toujours, à une condition toutefois : on aura pris toutes les précautions nécessaires pour que l'eau ne pénètre pas dans la cale. L'eau qui gagne les parties basses du navire, c'est le sang qui s'écoule des veines d'un combattant. Il n'est rien de plus lamentable que de voir un navire perdre ainsi ses forces. Le calfat, qui sonde constamment les pompes, ne doit transmettre qu'à voix basse et à l'oreille du capitaine seul les progrès que l'eau fait sur ses engins. Le calfat n'a qu'un jour, mais ce jour-là il est le second personnage du navire; il existe un secret entre le capitaine et lui. Quand, après avoir lutté pour ainsi dire corps à corps avec la mer, qui s'infiltre lentement pour tout envahir, il a réussi à faire baisser l'ennemi de quelques lignes, son impassibilité habituelle n'y résiste pas; un sourire de triomphe illumine ses traits et avertit le capitaine avant qu'il ait parlé; puis le calfat, l'honnête et modeste calfat, rentre dans son mutisme, il rentre aussi jusqu'à un certain point dans son obscurité. La lutte est ailleurs, elle est sur le pont, où le capitaine, debout près du compas, suit les variations graduelles de la brise. Le vent accomplit son cycle en grondant, paraissant parfois se calmer et tout à coup rugissant de plus belle. Battue, fouettée dans tous les sens, la mer ne se déroule plus en larges volutes; elle se dresse en pyramides qui viennent l'une après l'autre donner l'assaut au navire. Tout a un terme cependant. La furie de l'ouragan s'épuise, le vent regagne peu à peu son poste accoutumé, et la sérénité reparaît dans le ciel.

Les vents alizés, par leur constance, auraient pu devenir un obstacle aux communications des peuples. Favorables pour une traversée, ils auraient rendu l'autre interminable. On s'explique fort bien sur ce point les inquiétudes des compagnons de Christophe Colomb. Cet illuminé, ce rêveur qui entraînait ses pilotes et ses capitaines vers un but chimérique, qui leur promettait les rivages de la Chine lorsqu'à partir des îles Canaries ils auraient parcouru 700 ou 800 lieues, les eût promenés sur les mers pendant 3,000 ou 4,000 lieues encore, si le nouveau monde ne se fût trouvé sur sa route. Ne pouvait-il se faire de semblables illusions sur la possibilité de remonter autrement que par un éternel louvoyage la pente que ses trois caravelles descendaient avec une facilité alarmante? Si Colomb compta retrouver les vents variables en s'élevant de nouveau vers-le nord, il ne devait certes pas attendre le secours inespéré que lui apporta le courant du *Gulf-Stream*. On serait donc vraiment tenté de croire que la Providence favorisa de quelque communication mystérieuse ce nouvel Énée, dont la foi plus encore que la science chercha et découvrit aussi une Italie. Emporté par son ardent désir d'amasser des trésors pour solder une nouvelle croisade et pour délivrer les âmes du purgatoire, Colomb n'avait probablement pas calculé de très-près ses moyens de retour; il fut fort heureux de trouver, pour le ramener vers l'Europe, d'autres vents et d'autres courants que ceux qui l'avaient conduit aux Lucayes.

Dans les mers de l'Inde, on n'eut point à subir de pareilles anxiétés. Les récits de Marco Polo, l'expérience de Pero de Covilham, qui en 1486 se rendit d'Aden à Calicut et de Calicut à Sofala, donnaient à Vasco de Gama l'assurance que, s'il avait vent en poupe pour aller de l'Afrique à la côte de Malabar, il trouverait dès les premiers jours de l'automne un vent non moins propice pour revenir à l'entrée de la mer Rouge. Les Romains avaient sous leurs empereurs commercé avec l'Inde; les Arabes n'eurent qu'à reprendre ces relations interrompues. Ils s'arrêtèrent vers le milieu du canal de Mozambique, retenus par la crainte des courants à la hauteur du cap Corrientes, comme les Portugais l'avaient été à la hauteur du cap Noun. Le pays des Ouac-Ouac resta pour eux une contrée fabuleuse; pour en approcher, il eût fallu passer devant les fameuses montagnes d'aimant. Tous les peuples navigateurs ont eu leurs légendes; mais sous la légende se cache généralement un fond de vérité. Dès le douzième siècle, on ne doutait pas en Europe que les peuples établis sur les bords de l'océan Indien ne traversassent de longs espaces de mer. On n'attribuait pas encore cette audace à la possession de la boussole et au régime si commode des moussons; on croyait que les Indiens lâchaient au départ des oiseaux qui, en retournant à leurs nids, montraient au pilote la route à suivre.

Tant qu'on voulut se régler sur les saisons, se borner à faire chaque année, un voyage, la navigation des mers de l'Inde fut facile, et l'on rencontra des itinéraires tout tracés; dès qu'on entreprit davantage, qu'on prétendit se servir de la mousson en la prenant de biais ou à revers, on se trouva lancé dans un autre genre de découvertes. Au lieu de terres nouvelles, il fallut découvrir des routes. Il se déploya dans cette recherche une imagination, une persévérance, qui le cèdent à peine aux premières ardeurs de la navigation hauturière. C'est alors que les îles se rencontrent à foison et que les grandes solitudes des cartes se peuplent. Il ne se passe pas deux cents ans que le monde tout entier est connu. Aujourd'hui nous trouvons, non sans quelque raison, la planète bien étroite; nous allons partout et nous y allons si vite! La Cochinchine n'est plus qu'à trente jours de Marseille. C'est que depuis un quart de siècle un grand fait est intervenu : le vent a cessé d'être notre maître. Nous avons dans nos flancs les outres d'Éole, et la tension que ces outres renferment, nous la dépensons à notre gré. La navigation hauturière ne pouvait manquer d'être profondément modifiée par un événement aussi considérable.

Trois sortes de navigations sont pour le moment en présence : la navigation à voiles, la navigation mixte et la navigation à vapeur ; chacune a ses itinéraires distincts. La navigation à vapeur va tout droit. Rien ne l'arrête, rien ne la suspend, rien ne la ralentit. Elle possède la force ; elle s'en sert. A quel prix? Maint naufrage est là pour le dire. De toutes les navigations, la plus périlleuse est à coup sûr cette navigation puissante qui ne connaît plus de frein, qui traverse les lames qu'elle ne peut franchir, court bride abattue au milieu des brumes et se donne à peine le temps de voir les rochers qu'elle dépasse. Les procédés qui suffisaient aux pilotes de Dieppe ne conduiraient pas au port ce cheval échappé.

Depuis le jour où Colomb découvrit que sa calamite ne marquait plus exactement le nord, la déclinaison de l'aiguille aimantée a tenu une grande place dans les préoccupations du marin [1]. Les Portugais constatèrent avec satisfaction, en doublant le cap de Bonne-Espérance, que l'aiguille et l'étoile polaire avaient retrouvé leur accord. Le cap des Aiguilles, — c'est ainsi qu'ils appelèrent la pointe où avait été observée l'absence de déclinaison, — ne mériterait plus aujourd'hui ce nom, puisque le méridien céleste et le méridien magnétique y présentent un

[1] « Il eût été grandement à souhaiter, nous dit l'abbé Denys dans le traité qu'il prit la peine de publier à ce sujet en l'année 1666, il eût été grandement à souhaiter que l'aiguille n'eût point eu de variation. Il faut néanmoins avoir patience, et puisque la nature nous a fourni de moyens pour la trouver, le mal est au moins remédiable. Dieu, pour le châtiment du péché originaire, a voulu que nous ne puissions trouver les belles choses qu'avec travail et beaucoup de peine. Si Pierre de Médine, dans le sixième livre qu'il a fait de l'art de naviguer, a fait tous ses efforts et apporté toutes les raisons possibles pour renverser cette vérité, je le trouve en quelque sorte excusable, puisque, les pilotes de son temps n'étant à beaucoup près si intelligents que ceux d'à présent et tellement versés dans les observations, ce n'est pas merveille s'il a eu sujet de révoquer en doute un secret dont on n'avait point ouï parler. Mais à présent, oser contester cette vérité approuvée par un nombre infini d'observations, par un consentement unanime et universel, ce serait prendre plaisir de vouloir porter à juste titre le nom d'hérétique et, voulant nier la lumière en plein jour, donner lieu de se faire siffler, comme on dit, par les gens du métier. Que s'il s'en rencontrait néanmoins qui fussent assez téméraires de le faire, il faudrait, sans aller plus loin, les envoyer sur le grand banc ou au Canada, là où se trouvant un demi-rhumb, c'est-à-dire 22 degrés et 30 minutes de variation; c'est une erreur assez considérable et capable, comme je le crois, de leur faire abjurer leur hérésie. »

écart de 30 degrés, car tel est le caractère de ce phénomène que, soumis à des lois, il n'obéit qu'à des lois instables. Les cartes ont pris soin de marquer les courbes d'égale déclinaison. Ce fut au temps surtout où l'on espérait déterminer ainsi la longitude; mais ces courbes se déplacent, le tracé s'en altère. Pour connaître la déclinaison de la boussole avec la précision qu'exigent les conditions de la navigation nouvelle, il n'y a pas de courbes à consulter; il faut observer soi-même, il faut observer le soleil, principalement à son lever et à son coucher, ou la direction de l'étoile polaire. L'aiguille ne cède pas seulement aux attractions générales du globe; elle est également sollicitée par les attractions locales qui se manifestent de nos jours avec d'autant plus d'énergie que le fer se trouve en masses énormes à bord de nos navires. A la déclinaison, — donnons-lui le nom sous lequel les marins la désignent, — à « la variation » vient se joindre une autre cause perturbatrice, « la déviation ». Chaque navire a son méridien magnétique, et, ce qui serait fait pour décourager des gens qui n'auraient pas pour premier devoir la patience, — ce méridien s'incline tantôt vers l'est, tantôt vers l'ouest, suivant le cap où gouverne le navire. Avant de quitter la rade, on a soin d'étudier, de constater toutes ces perturbations. On en dresse des tables qui servent à corriger la route. Hélas! ces tables ne sont exactes que pour une certaine latitude. Changez de parages, vous changez de déviation. Revenez donc, navigateurs de nos mers boréales qui ne perdez point de vue le ciel de nos aïeux, revenez, après un long oubli, à l'étoile polaire ! Consultez-la souvent ; demandez-lui sans cesse si vous pouvez encore vous fier à la boussole. Il n'y a que cet astre qui à toute heure, et sans vous astreindre à de longs calculs, soit constamment en mesure de vous répondre.

Nous avons dit toutes les précautions dont la science nous entourait, tous les périls, toutes les misères qu'elle nous épargne ; on ne saurait par conséquent réclamer pour nous ni l'intérêt, ni l'enthousiasme dont seuls les premiers navigateurs étaient dignes. Néanmoins quelque chose paraît atténuer un peu le caractère en quelque sorte divin de l'antique marine. Ces hommes, dont la force morale nous humilie, dont les grands exemples semblent sortir de terre comme des ossements de mammouth, avaient un gage de sécurité qui nous manque : ils prenaient leur temps. Lorsqu'ils n'avaient pu avoir la hauteur du soleil à midi, que depuis plusieurs jours ils naviguaient sur une latitude estimée, ils n'hésitaient pas à mettre en panne à l'entrée de la Manche. On rencontrait alors aux atterrages des flottes entières qui restaient à la cape, ballottées par la mer en dépit d'un vent favorable. Si, aux environs de midi, le soleil se montrait entre deux nuages, tous les sextants sortaient de leur étui. Aux mois de décembre et de janvier, époque habituelle du retour des Indes, il y avait chaque jour des centaines d'observateurs qui guettaient, remplis d'émotion, la hauteur méridienne. Parvenait-on enfin à la saisir, on avait bientôt sous les yeux le spectacle d'une débâcle générale. Tous les navires mettaient la barre au vent, tous se couvraient de voiles. — Hourra pour le Havre ou pour Saint-Malo! hourra pour Hambourg ou pour Rotterdam! hourra pour la vieille Angleterre! Ce n'est pas ainsi que nos paquebots reviennent de New-York et des Antilles. Celui qui ferait preuve d'une pareille prudence passerait bientôt pour un *slow coach*. Tant de circonspection ne conviendrait pas même à un navire de guerre, quoiqu'un navire de guerre ne soit pas tenu d'affronter les risques d'un paquebot. L'État n'autorise pas ses capitaines à tout sacrifier au besoin d'aller vite; il a, — qu'on nous passe cette expression, — un respect exagéré pour sa flotte. Il la voudrait sans doute active, entreprenante; il ne la voudrait pas exposer. Les responsabilités qu'en tout pays, d'ailleurs, l'État crée à ses officiers sont vraiment écrasantes; on comprend difficilement comment leur audace y résiste.

Peu de marines en Europe pratiquent la navigation hauturière avec autant de succès que la nôtre.

Nous devons cet avantage à l'activité que nous avons déployée pendant vingt ans et que nous déployons encore. Les campagnes du Mexique et de Chine, la possession de la Cochinchine et de la Nouvelle-Calédonie nous ont valu un corps d'officiers généralement familiarisés avec les voyages de long cours. Il en est résulté dans la marine française un retour assez vif vers la pratique des observations astronomiques. Ce qui s'était produit aux premières années de la Restauration s'est de nouveau produit après nos récents malheurs. Cette fois surtout il y avait urgence. Quand on ne veut pas interrompre sa course, il ne faut pas uniquement compter sur le soleil. Les étoiles ont été de tout temps difficiles à observer, car le bord de l'horizon vers lequel l'instrument à réflexion les ramène est rarement la nuit bien nettement tracé. Nos officiers sont venus à bout de vaincre cet obstacle. Les uns ont perfectionné leurs instruments, d'autres se sont contentés de perfectionner leur pupille. Quoi qu'il en soit, il est certain qu'aujourd'hui la plupart de nos capitaines aiment autant atterrir sur des observations de nuit que sur des observations de jour.

La marine à vapeur, on le voit, a bien ses mérites. Sans doute la marine à voiles, la marine d'autrefois, n'a pas cessé d'être le regret de ceux qui l'ont connue, — et ils l'ont connue à l'heure bénie de la jeunesse. C'était si beau, ces flancs à trois étages garnis de cent vingt canons, ce nuage de voiles, ces 1,100 hommes rangés sur les bras, sur les amures ou sur les écoutes, ce navire qui ployait sous la brise, cette voix tonnante qui dominait l'orage et enlevait les cœurs! Aujourd'hui l'on commande dans un tube de caoutchouc, on fait signe de la main aux timoniers qui tiennent le gouvernail. Plus de pompe, plus d'apparat, plus d'activité, — du silence. Et cependant il est difficile de se défendre d'une certaine impression quand on monte sur nos nouveaux navires. Aussitôt on y a le sentiment, disons plus, la sensation de la puissance. S'il est quelque chose de disgracieux au monde, c'est assurément une escadre cuirassée. Ne la jugez pas en rade ; l'immobilité lui sied peu. Attendez qu'elle ait pris la mer, qu'elle ait, près de la côte, quelque brise violente à refouler ; vous serez surpris du majestueux dédain qui fera devant elle reculer la rafale. L'a-t-on rangée en ordre sur une ou plusieurs files, ses vaisseaux bien dressés garderont fidèlement leurs distances et leurs intervalles ; vous pourrez sans crainte circuler dans leurs rangs, serpenter avec assurance de l'un à l'autre. Une pareille escadre forme un bloc qui se meut. On sent que, si elle se précipitait en avant, rien ne l'arrêterait, il faudrait lui livrer passage. Et pourtant, à un signal donné, on l'a vue plus d'une fois s'arrêter court d'elle-même, s'arrêter frémissante comme un cheval qui se cabre sous le mors et ploie sur ses jarrets. Pour la figer en quelque sorte sur place, il suffit qu'un pavillon, ce pavillon que vous voyez là-haut flotter sous la girouette, descende brusquement. Dès qu'il aura quitté la pomme, du bossoir de chaque vaisseau tombera une ancre. L'escadre est mouillée, et chaque vaisseau est à son poste. Ce n'est plus la marine à voiles, cela ; c'est tout autre chose, mais c'est beau aussi.

CHAPITRE II

DÉCOUVERTES DES PORTUGAIS

L'expansion maritime a toujours sollicité les petits États qui confinent à la mer, lorsque, devenus maîtres de leurs destinées, ils ont vu leur développement contenu sur la terre ferme par de trop puissants voisinages. Tyr et Sidon, Athènes et Carthage, Venise et Gênes, ne pouvaient s'agrandir aux dépens des communautés guerrières qui les serraient de près; elles étendirent leurs relations commerciales jusqu'aux extrêmes limites du monde alors connu, et le trop-plein de leur population alla s'épancher dans des colonies lointaines. Il en devait être ainsi du Portugal : la mine crève toujours du côté de la moindre résistance.

En 1385, un fils naturel du roi don Pedro, don Joam, grand maître de l'ordre d'Aviz, s'était fait proclamer roi du Portugal et des Algarves. Quelques mois plus tard, il gagnait sur les Espagnols la bataille d'Aljubarrota. Ce triomphe éclatant remporté par un fondateur de dynastie qui avait à peine vingt-huit ans confirmait l'indépendance de la partie occidentale de la Péninsule ; il ne pouvait être le der=

nier mot de son ambition. Après de longues guerres avec les Castillans et avec les Arabes, ce petit pays jouissait enfin pour la première fois depuis deux siècles d'une paix profonde. Une nombreuse et florissante famille, une noblesse belliqueuse et fidèle, entouraient un souverain dans la force de l'âge. La tranquillité publique n'était plus menacée par aucune compétition intérieure ; elle n'eût peut-être pas résisté longtemps au désœuvrement de chevaliers que leur ardeur inquiète poussait aux aventures, comme la nôtre nous pousse aujourd'hui aux révolutions. Le bourdonnement confus qu'on entend quelquefois au sein de la ruche se produit également dans la cité devenue trop étroite. C'est l'agitation des abeilles ou des peuples qui demandent à prendre leur essor. Trente ans jour pour jour après la bataille d'Aljubarrota, le 15 août 1415, deux cents voiles portugaises se jettent à l'improviste sur Ceuta et, presque sans coup férir, l'enlèvent aux Maures. L'ère des expéditions d'outre-mer est ouverte. Le roi Jean commandait l'expédition en personne. Ses fils l'y avaient accompagné. Le second des infants, le prince Henri, en rapporta, au dire des chroniqueurs, « une sorte d'inclination à découvrir de nouvelles terres et des mers inconnues ».

Le 28ᵉ degré de latitude septentrionale semblait, à l'entrée du quinzième siècle, limiter, du côté du sud, à deux cents lieues environ de Ceuta et du cap Spartel;

les rivages accessibles et la terre habitable. Étaient-ce bien, comme on le répète encore tous les jours, de folles terreurs qui arrêtaient le navigateur devant ce promontoire dont le nom même indiquait qu'on ne pouvait passer outre? Du cap Noun au cap Bojador, situé cinquante-trois lieues plus au sud, on ne rencontre que des falaises escarpées ou des dunes de sable. Toute cette partie de la côte est entièrement dépourvue de végétation. Le mugissement des brisants s'y fait entendre à plusieurs milles au large. Lorsque règnent les vents d'ouest, c'est par 16 mètres de fond qu'on voit la mer briser. D'octobre en avril, on évite encore aujourd'hui soigneusement d'approcher de ces parages où la terre est presque constamment enveloppée d'une brume épaisse, et où les vents du large soulèvent en quelques heures des lames monstrueuses. Voilà ce que les explorations modernes nous ont appris sur des rivages qui ont vu périr, en moins de vingt années, une de nos frégates à voiles et trois de nos navires à vapeur. Quand le prince Henri échauffait l'ardeur de ses capitaines, quand il gourmandait, non sans quelque dureté, leur prétendue mollesse, ceux-ci avaient-ils donc si grand tort de lui répondre : « Au delà du cap Noun, il n'y a probablement ni peuples ni villes. La terre n'est pas moins sablonneuse que dans les déserts de la Libye ; la mer est si basse qu'à une lieue de la côte on ne trouve pas plus d'une brasse de fond. Les courants vont au sud avec une telle force que, si nous dépassons le cap Noun, nous ne pourrons pas au retour les refouler. »

La sagesse même parlait par la bouche de ces marins ; heureusement elle ne réussit pas à se faire écouter. En sa qualité de grand maître de l'ordre du Christ, le prince Henri disposait de biens considérables. Il s'était juré que ses caravelles iraient plus loin que n'avaient été « les ancêtres », et aucune objection n'était capable de lui faire abandonner son dessein. En 1417, sa persévérance reçut une première satisfaction. Deux petits vaisseaux expédiés d'un des ports de la côte des Algarves, avec l'ordre formel de doubler le cap Noun, poussèrent enfin jusqu'au cap Bojador. Là, ils reculèrent encore une fois devant « l'agitation furieuse de la mer ». L'année suivante, une autre tentative fut faite. Jean Gonçalvez Zarco et Tristan Vaz essayèrent de franchir cette pointe basse de roche que venaient heurter si violemment la houle et les courants contrariés de l'Atlantique. Comme leurs prédécesseurs, Gonçalvez Zarco et Tristan Vaz perdirent courage ; comme eux, ils rétrogradèrent ; — par bonheur, pour revenir à Lisbonne, ils ne prirent pas la route habituelle. Il était dur de remonter la côte en refoulant constamment un courant contraire. Les Portugais se laissèrent aller à prolonger leur bordée au large. La tempête les saisit et les jeta en quelques jours à près de 120 lieues de la côte d'Afrique. Ils virent tout à coup se dresser devant eux un sommet élevé, dominant d'environ 1,600 pieds le niveau de la mer. Ils se dirigèrent vers cette terre inconnue, y abordèrent et lui donnèrent le nom de Porto-Santo. Quelques jours plus tard, le 2 juillet 1419, ils découvraient une île plus considérable encore; c'était l'île de Madère, qui devint bientôt le siège d'une colonie.

Douze années s'écoulent: ce n'est plus à 120 lieues des côtes d'Afrique, c'est à 250, à 300 lieues du cap Saint-Vincent que nous rencontrons les Portugais. Gonzalo Velho Cabral a découvert les premières vedettes des Açores. D'étape en étape, les Portugais parviennent jusqu'à l'extrémité occidentale de l'archipel, jusqu'à Corvo et jusqu'à Florès. Après Florès, il n'y a plus d'îles. Ceux qui voudraient en chercher plus avant feraient comme Sébastien Cabot en 1797 : ils iraient butter aux rives d'un continent.

Remarquez à cette occasion le progrès soudain qui se manifeste dans l'art de naviguer. Jusqu'alors on s'était borné à se glisser le long de la côte, redoutant comme le plus grand péril de la perdre de vue. Si l'on s'était parfois trouvé en plein Atlantique, loin de tout rivage, c'est qu'on y avait été poussé par la tourmente. Pareille fortune a pu conduire une barque anglaise à Madère dès l'année 1337, et quatre siècles plus tôt deux chefs scandinaves en Amérique. Il n'y aurait pas là matière à s'étonner. La tempête n'entraîne-t-elle pas journellement des bateaux japonais sur la côte de Luçon? N'en a-t-elle pas poussé jusqu'au Kamtchatka? Et comment se seraient peuplées les Sandwich, les îles de la Polynésie, la Nouvelle-Zélande, si les vents ne s'étaient chargés d'y porter la semence humaine? Toutes ces rencontres fortuites d'îles ou de continents ne sauraient prendre place dans l'histoire de la navigation. Ce qui constitue un progrès, ce qui doit être tenu pour une conquête, c'est la terre nouvelle trouvée par des gens qui sauront en revenir, et qui auront le moyen d'y retourner.

En 1433, l'ambition avouée des Portugais était déjà d'arriver jusqu'aux Indes. Il fallait avant tout réussir à doubler le cap Bojador. Le prince Henri s'adresse à son écuyer, Gil Eannez. Comme un loyal chevalier qui accomplit un vœu, Gil Eannez va fermer les yeux au péril; il a promis à son maître de venir à bout de son aventure. L'année 1434 ne s'écoulera pas sans qu'une barque portugaise soit parvenue à passer de l'autre côté du terrible cap africain. Quand ce mur est tombé, qu'a-t-on aperçu au delà? Une côte plus aride et plus désolée encore que celle qui s'étend entre le cap Bojador et le cap Noun, un océan de sable terminé par des bords abrupts, un plateau d'où ont disparu les dernières broussailles et que nivellent incessamment les vents du désert.

Dans son impatience d'apporter au prince Henri la nouvelle d'un succès presque inespéré, Gil Eannez n'avait dépassé le cap Bojador que de 30 lieues à peine. En 1435, c'est 12 lieues plus loin, — 12 lieues seulement, — qu'il s'arrête. En 1436, nouvelle expédition. On ira cette fois 120 lieues plus au sud; c'est toujours du sable, toujours des falaises et des dunes qu'on rencontre; partout un rivage inabordable. Enfin, sous le 24e degré de latitude, les capitaines du prince Henri ont découvert un port. Ils franchissent la barre du Rio do Ouro, et pour la première fois on peut communiquer avec des habitants. La ville de Lisbonne verra de l'or d'Afrique rapporté par ses caravelles. La navigation vers le sud en reçoit une nouvelle impulsion. Enhardis par leurs communications de jour en jour plus fréquentes avec les Açores, les pilotes ont complétement modifié leurs allures. Ils se cramponnaient autrefois à la terre; ils la lâchent aujourd'hui des deux mains. Les promontoires s'effacent l'un après l'autre. On vient à peine de dépasser le cap Blanc que déjà d'autres navires signalent l'embouchure du Sénégal. En 1447, on se trouve à la hauteur du cap Vert. Il a fallu trente-deux ans d'efforts, l'armement de cinquante et une caravelles pour en arriver là; mais c'en est fait désormais des appréhensions chimériques. On peut revenir du pays des noirs; la zone torride ne consume pas ceux qui la visitent. Quand le prince Henri mourut en 1463, sa persévérance avait donc été couronnée d'un plein succès. Les Portugais n'avaient pas encore touché le rivage des Indes; l'académie de Sagres leur en avait ouvert et jusqu'à un certain point aplani la route.

Depuis la fin du douzième siècle, les marchandises que les caravanes apportaient autrefois sur les bords de la mer Noire et sur le marché de Constantinople avaient abandonné le trajet du golfe Persique et de l'Euphrate, celui de l'Indus, de l'Oxus et de la mer Caspienne, pour traverser la mer Rouge et atteindre à dos de chameau le cours du Nil. Pendant que les Portugais marchaient d'un progrès continu vers l'extrémité du continent africain, les communications étaient fréquentes et régulières entre les ports du golfe de Suez et la côte occidentale de l'Hindoustan. Chaque mousson emmenait ou rapportait des flottes de bateaux arabes qui trouvaient à Calicut, à Diu, à Goa des chargements tout prêts et des colonies musulmanes. On n'avait cependant encore en Europe qu'une idée très-imparfaite de la configuration des côtes que baigne l'océan Indien. En 1321, Marino Sanuto faisait de Madagascar et de Ceylan une seule île dont le méridien prolongé venait rencontrer la côte orientale de l'Afrique. En 1459, Fra Mauro imposait à ce continent un rétrécissement sensible.

Il ne lui en laissait pas moins un développement démesuré, puisqu'il plaçait la ville de Sofala sur la ligne qui eût passé par les bouches de l'Indus. Peu importait d'ailleurs. Le point essentiel était de connaître la forme générale de l'Afrique. Or, sur cette célèbre mappemonde, l'Afrique affectait la forme triangulaire et apparaissait ainsi facile à tourner. « La Libye, disait déjà Hérodote, au temps de Périclès, de Pindare et de Sophocle, est évidemment entourée d'eau, sauf l'espace qui forme la frontière du côté de l'Asie. » Dès qu'on aurait doublé l'île Diab, île immense par laquelle le cosmographe de 1459 terminait le continent africain, dépassé les villes de Mogodisso et de Xengibar, côtoyé le pays des Ouac Ouac, échappé à l'attraction des terribles montagnes d'aimant, on laisserait à sa gauche « le Nil qui sépare l'Afrique de l'Asie », et l'on atteindrait, avec « le commencement de l'Arabie Heureuse, les États du Prêtre-Jean ».

Nous avons fait connaître ce que la navigation dut aux progrès des sciences mathématiques ; il nous reste à exposer à quelles sources les marins du quinzième et du seizième siècle puisèrent leurs inspirations et l'audace de leurs entreprises. L'ardeur des découvertes maritimes n'est pas chose nouvelle en ce monde. L'antiquité avait eu la Colchide et le jardin des Hespérides ; le moyen âge eut les trésors de l'Inde et le pays des épices ; mais ici l'analogie s'ar-

4.

rête. Hercule ne franchissait la redoutable enceinte gardée par le dragon que pour y aller ravir les fruits qui tentèrent Atalante. Argo, « la nef à voix humaine », ne courait, sous la conduite de Jason, qu'à la conquête de la toison d'or; les intrépides navigateurs qui montaient les caravelles portugaises se promettaient, en même temps que l'acquisition de grandes richesses temporelles, un résultat plus important encore à leurs yeux : la conversion des idolâtres et l'extermination des infidèles. Dès les premières années du treizième siècle, quand la chrétienté aux abois cherchait de tous côtés des alliés contre les belliqueux sectateurs de l'islamisme, il courait en Europe les bruits les plus étranges sur la puissance et les merveilleuses richesses de deux potentats, dont l'un était chrétien, et dont l'autre aspirait, disait-on, à le devenir. Le premier de ces potentats s'appelait le Prêtre-Jean[1], le second était le Grand Khan de Tartarie. On n'avait qu'une idée très-vague du lieu où

---

[1] Il y a eu dans l'Inde et en Afrique plus d'un Prêtre-Jean, c'est-à-dire plus d'un prince, souverain et pontife à la fois, dont les croyances offraient quelque analogie avec celles des sectes chrétiennes qui s'étaient séparées de l'église catholique. Ce mythe tient une grande place dans l'histoire du moyen âge, une plus grande encore dans l'histoire de la navigation, dont il stimula les entreprises. On ne peut dire qu'il ait été tout à fait dépourvu de fondement. Le monarque existait. Marco Polo l'avait supprimé dans l'Inde en le faisant succomber sous les coups de Gengis-Khan; les Portugais crurent le reconnaître en Afrique sous les traits du négous d'Abyssinie. Il n'y avait de fabuleux que sa prétendue puissance et ses richesses.

résidait le Prêtre-Jean, bien qu'on s'attendît généralement à le rencontrer en Éthiopie. Quant au prince tartare, on savait par les récits de trois religieux envoyés de 1246 à 1253 pour travailler à sa conversion qu'il habitait les confins les plus reculés de l'Asie. En 1295, on vit revenir en Europe un voyageur qui avait été pendant seize ans son conseiller privé. La relation de ce « grand traverseur de voyes périlleuses », publiée en 1307, ne pouvait manquer d'attirer l'attention des cosmographes. Marco-Polo, citoyen de Venise et ancien gouverneur, pour Koubilaï-Khan, de la ville chinoise de Yang-tcheou, confirmait avec une autorité incontestable les rapports des trois missionnaires. Descendus des hauts plateaux, berceau de leur race et domaine héréditaire de leur famille, les petits-fils de Gengis-Khan avaient fondé au Cathay, — partie septentrionale de la Chine, — une dynastie mongole. De la ville de Kambalù [1], siége de leur empire, on n'attéignait pas, sans avoir voyagé vers l'occident pendant plusieurs mois, les contrées mentionnées par Ptolémée. L'extrémité orientale du continent asiatique devait donc être reportée bien au delà des embouchures de l'Indus et du Gange. En rapprochant ces renseignements de ceux que le moyen âge recevait journellement des marchands persans et arabes,

---

[1] La ville du Khan, aujourd'hui Pékin.

un savant astronome florentin, Toscanelli, se crut en droit de conclure qu'il ne restait plus à connaître qu'un tiers environ de la circonférence de la terre. Pour combler cette dernière lacune, il suffirait, pensait-il, de parcourir en ligne directe de Lisbonne à la province de Mangi, — côte méridionale de la Chine, — la distance de 1,333 lieues. Ce n'était point toutefois du côté de l'occident que les Portugais prétendaient se diriger; c'était toujours à la poursuite de l'orient par le sud que continuaient de s'opiniâtrer leur efforts.

Le roi Jean II, « le plus grand roi, suivant l'expression du vieux cardinal d'Alpedrinha, qui soit né du meilleur des hommes », monta sur le trône en 1481. Les îles du Cap-Vert, la rivière de Sierra Leone, le golfe de Benin, Fernando-Po, San-Thomé, Annobon, l'île du Prince, étaient alors connus. Les Portugais se sont établis à El-Mina et dans l'île d'Arguin; le roi de Portugal et des Algarves est en même temps le seigneur de Guinée. Parvenus aux dernières limites de notre hémisphère, les Portugais hésitèrent longtemps avant d'oser aborder l'hémisphère austral. Une grave considération les retenait : en partant de San-Thomé, « ils perdaient la vue de leur pôle arctique ». Comment naviguer sous des cieux nouveaux dont les constellations ne figuraient pas dans l'almanach de Regiomontanus? Ce ne fut qu'en 1484 que Diogo Cam et Joam Affonso d'Aveyro s'aventurèrent au sud de l'équateur et dépassèrent l'embouchure du Zaïre. En 1487, Barthélemy Diaz et Joam Infante allèrent plus loin encore. Ils atteignirent le cap derrière lequel s'épanouissait le grand océan Indien. En une seule campagne, ces deux navigateurs avaient reconnu 350 lieues de côtes[1]; pour en gagner pied à pied 1,400, on avait employé plus des deux tiers d'un siècle. Diaz avait cru devoir nommer l'extrémité du continent africain le cap des Tourmentes. Le roi Jean, à plus juste titre, l'appela le cap de Bonne-Espérance. Les colères de l'océan Austral ne pouvaient rien avoir en effet de bien effrayant pour des marins habitués dès l'enfance à braver celles de l'Atlantique. Les calmes prolongés de la ligne ont souvent mis à plus forte épreuve le courage de ces intrépides navigateurs.

Le passage de la ligne, la navigation sous le ciel austral figuraient désormais dans le domaine des faits connus; c'était maintenant aux caravanes de

---

[1] Un érudit modeste, un chercheur aussi intelligent qu'infatigable, M. Codine, a soumis à une discussion très-sagace et très-approfondie les voyages accomplis de 1484 à 1488 sur la côte d'Afrique par les Portugais. Suivant lui, Barthélemy Diaz a dû partir de Lisbonne du 1er au 14 août 1487. L'expédition se composait de trois navires, dont deux de cinquante tonneaux environ. Le troisième était de moindre tonnage encore. La tempête entraîna les caravelles jusqu'à la latitude australe de 42°54'. Ne retrouvant pas la côte en se dirigeant à l'est, Diaz met le cap au nord. Le 3 février 1488, il mouille, à l'entrée de l'océan Indien, sur la côte orientale d'Afrique, dans la baie de San-Bras, aujourd'hui Mossel-Bay. Au mois de décembre 1488 il était de retour à Lisbonne.

l'océan Indien qu'il fallait s'adresser pour apprendre à tirer parti de ces découvertes. L'exploration de Diaz fut complétée par le voyage de Pero de Covilham. Parti de Santarem le 7 mai 1487, ce chevalier s'était d'abord rendu à Naples et s'y était embarqué pour le Levant. De Rhodes, il avait pu, à l'aide d'un déguisement et d'une connaissance parfaite de la langue arabe, gagner sans encombre le Caire, s'y mêler à une troupe de Maures marocains qui partait pour Aden, et de cette pointe extrême de l'Arabie passer enfin à la côte opposée de l'Hindoustan. Covilham visita ainsi Cananor, Goa et Calicut. La mousson de nord-est le porta rapidement du 15⁰ degré de latitude nord au 20⁰ degré de latitude sud, de Goa sur la côte de Malabar à Sofala sur la côte de Mozambique. Là il retrouva une population noire comme celle de la Guinée, et se crut, non sans raison, fondé à en conclure que Sofala sur l'océan Indien et El-Mina sur les bords de l'Atlantique « étaient toute une côte »; que, par conséquent, il serait facile de venir par mer de l'établissement portugais à l'entrepôt maure.

Transmis du Caire au roi Jean par l'intermédiaire d'un juif de Lamego, ce rapport du premier Européen auquel il eût été donné de contempler de ses propres yeux les magnificences de l'Inde, ne pouvait manquer de causer une profonde sensation. Il laissait cependant encore une lacune importante dans la connaissance de l'itinéraire qu'on aurait à suivre. Au sud du cap Corrientes, au nord du cap de Bonne-Espérance, commençait sur la côte orientale d'Afrique, pour les Maures aussi bien que pour les Portugais, le pays des fables.

Covilham avait reçu l'ordre réitéré de ne pas revenir en Europe sans s'être montré à la cour du Prêtre-Jean. Ce fut dans les montagnes de l'Abyssinie qu'il réussit enfin à découvrir ce potentat dont l'existence mystérieuse n'avait pas cessé depuis près de trois siècles d'occuper l'Europe. Le négous, à qui la légende attribuait, avec le caractère sacerdotal, le nom de Prêtre-Jean et une puissance temporelle que n'a jamais possédée aucun prince en Afrique, professait en effet la religion chrétienne. Ni lui ni ses deux millions de sujets n'étaient en mesure, n'étaient même d'humeur à la propager dans le monde. La découverte de Covilham n'eut donc pour résultat que de mettre fin à un mythe qui eut, comme tant d'autres erreurs, son avantage, puisqu'il servit longtemps à échauffer le zèle des explorateurs. Malheureusement Covilham devait payer cette découverte inutile de sa liberté. En 1515, des missionnaires le retrouvèrent tranquillement établi sur le territoire dont il avait réussi à surprendre l'accès, mais dont le négous ne lui permettait pas de franchir une seconde fois les limites. Sans le juif que rencontra Covilham quand il revint pour la prémière fois de Sofala au Caire, ni la cour de Portugal, ni la postérité n'auraient jamais rien su d'un voyage qui dut contribuer beaucoup à décider la grande expédition des Indes. Ce n'est pas que cette expédition ait suivi de très-près la rentrée à Lisbonne de Barthélemy Diaz, ou l'arrivée à Santarem du juif de Lamego, mais on peut affirmer que, dès cette époque, elle fut décidée en principe. Si l'envoi en fut suspendu pendant quelques années encore, il ne faut chercher l'explication d'un si fâcheux retard que dans l'acharnement de la lutte qu'il fallait sans répit soutenir au nord de l'Afrique contre les Maures. Les combats de Ceuta, de Tanger, d'Arzila, d'Alcazar, ont sans doute ajouté une gloire impérissable aux armes du Portugal; par les délais qu'elle imposait forcément au départ de la flotte de l'Inde, la guerre du Maroc n'en préparait pas moins au roi Jean la plus étrange et la plus douloureuse des surprises.

Le 12 juillet 1491, l'infant don Affonso se tua en tombant de cheval. Depuis cette époque, une sorte de lassitude morale semble s'être emparée de l'esprit du monarque qui avait poursuivi jusqu'alors avec tant d'énergie les glorieuses traditions de la dynastie d'Aviz. L'armement de la flotte de l'Inde demeurait indéfiniment ajourné. Tout à coup, le 6 mars 1493, le bruit se répand que des bâtiments venant des mers lointaines qui baignent les côtes du Cathay et celles de l'île de Zipangri sont entrés dans le Tage. Ce n'est pas seulement de l'or qu'ils rapportent en témoignage du point qu'ils ont touché; des branches de palmier que la traversée de retour n'a pas eu le temps de flétrir; des oiseaux tels que, au dire des poëtes, en peuvent seuls produire les pays où naît l'aurore; des passagers qu'à leur peau cuivrée, à leur face aplatie, Marco-Polo n'eût pas hésité à reconnaître pour des sujets de Koubilaï-Khan, voilà les gages qui disent plus sûrement encore d'où arrivent les navires ancrés devant Lisbonne. Les Portugais ont été devancés dans les Indes! et par qui l'ont-ils été? Par des bâtiments espagnols! Un certain Christophe Colomb, un Ligurien engagé au service de la reine Isabelle, a trouvé, quands ils le cherchaient encore, « le chemin des antipodes. Il a suivi le soleil vers son couchant jusqu'à plus de 5,000 milles de Gadès; il a vogué pendant trente-trois jours de suite sans apercevoir autre chose que le ciel et l'eau. Ce qui était caché depuis l'origine des choses commence enfin à se révéler. »

Il fut, dit-on, question à Santarem d'arrêter cet aventurier qui, par la plus inattendue des fortunes, menaçait de ravir au Portugal la palme que le Portugal avait poursuivie sous trois règnes et qu'il était enfin sur le point de cueillir. Jean II, fort heureusement pour sa gloire, ne céda pas à cet odieux conseil. Il préféra demander au pape de partager l'univers entre les Espagnols et lui en deux portions égales. Colomb put donc regagner sain et sauf le 15 mars 1493 le port qu'il avait quitté le 3 août 1492. Quelques jours après, il faisait son entrée à Barcelone, « accompagné de ses Indiens et de ses perroquets ».

CHAPITRE III

DÉCOUVERTES DES ESPAGNOLS

Lorsque Colomb eut conçu le dessein de découvrir l'orient par l'occident, il s'en ouvrit, assure-t-on, à Toscanelli. La réponse de Toscanelli, si Christophe Colomb eût conservé encore quelques doutes, les eût dissipés. Cette réponse porte, en effet, l'empreinte d'une conviction profonde : « L'expédition que vous voulez entreprendre, écrit au capitaine génois l'illustre géomètre, n'est pas si difficile que bien des gens s'obstinent à le croire. La traversée de l'Europe aux Indes des épices est sûre, en suivant les chemins que je vous ai indiqués. Vous en seriez persuadé, si, comme moi, vous aviez eu occasion de fréquenter un grand nombre de personnes qui ont visité ces pays. »

Dans son premier voyage accompli en moins de huit mois, Colomb avait bien, suivant les prévisions de Toscanelli, rencontré la terre après une traversée facile et courte, mais il n'avait pu, conformément au désir des monarques catholiques, « faire scruter les dispositions du Grand-Khan de Tartarie en faveur de la religion chrétienne ». Il se flatta d'être plus heureux dans une seconde campagne. Sorti de Cadix le 27 septembre 1493 avec dix-sept navires, il rentra en Espagne le 11 juin 1496 sans avoir mieux réussi que la première fois à remettre aux mains du potentat mongol les lettres d'Isabelle et de Ferdinand. Il estimait cependant n'avoir pas été à plus de 100 lieues de la grande cité de Quinsaï[1]. Cuba ne pouvait être que l'extrémité de l'Asie; quatre-vingts personnes l'avaient affirmé sous serment le 12 juin 1494. « Qui avait en effet jamais entendu parler d'une île de 335 lieues de long, d'une île dont il est impossible d'atteindre la fin? » Le 30 mai 1498, nouvelle expédition; Colomb cette fois touche à un continent, mais non pas au continent qu'il cherchait. La côte basse aperçue le 1er août par le 10e degré de latitude septentrionale[2] était un des puissants deltas du nouveau monde, — celui que forment, en se déversant à la mer, les nombreuses branches de l'Orénoque. Colomb avait trouvé de l'or à Haïti; sur cette côte, il put se procurer des perles. « De l'or et des perles, écrivit-il, la porte est déjà ouverte; les épices et les pierres précieuses auront leur tour. » Pendant ce temps, les Portugais doublaient le cap de Bonne-Espérance, et la flotte d'Emmanuel cinglait vers Calicut.

---

[1] Aujourd'hui Hang-tcheou.
[2] En réalité 5°5′ nord.

Le 29 août 1499 fut l'éclatante revanche du 5 mars 1493. Ce jour-là, ce n'était plus Colomb, c'était Vasco de Gama qui revenait des Indes, non pas de ces Indes occidentales, « terre de déception et de vanité, tombeau de la noblesse de Castille », mais des Indes, où, suivant le rapport de tous les voyageurs, « devait naître le poivre, se récolter la cannelle et la rhubarbe ». Au mois de juillet 1501, l'expédition de Cabral rapportait dans le Tage des chargements dont un seul était évalué à plus de 100,000 ducats. Drogues, épices, porcelaine, diamants, rubis de 7 carats, rien n'y manquait de ce qui pouvait éblouir les yeux de l'Europe. C'est du Portugal que l'Égypte et l'Italie vont désormais recevoir les épices. « Ainsi va le monde! » s'écriait avec une résignation philosophique Améric Vespuce. Le Portugal était en effet entré dans une veine heureuse; au *Prince parfait,* mort en 1495, avait succédé le *Roi fortuné.* Lisbonne allait voir, comme Rome le vit jadis au temps des empereurs, des rhinocéros et des éléphants combattre dans ses cirques; son roi ne lui apparaîtrait plus, aux jours des entrées solennelles, qu'entouré de la pompe des souverains asiatiques.

Le gouvernement portugais avait défendu, sous peine de mort, l'exportation de toute carte marine qui indiquerait la route de Calicut. Le secret de cette découverte ne fut pas cependant si bien gardé que le reste du monde n'en apprît quelque chose. Voici ce qui commençait à transpirer en Europe dès l'année 1502 : « Le cap de Bonne-Espérance, figuré jusqu'alors sur la côte d'Éthiopie, était en réalité situé 10 degrés au sud du tropique du Capricorne, par 35 degrés environ de latitude australe. Au delà de ce cap se trouvaient le commencement de l'Asie, l'Arabie Heureuse et les États du Prêtre-Jean. L'Afrique était séparée de l'Asie par le Nil. Pour se rendre dans l'Inde, il fallait laisser ce fleuve à sa gauche. Sur la côte, qui s'étend du Cap à la mer Rouge, s'élevaient des villes riches et commerçantes ; les Arabes y avaient établi depuis longtemps des comptoirs. » L'itinéraire, on en conviendra, était encore bien vague ; ce qui ne l'était pas, ce fut ce renseignement important, qu'Améric Vespuce obtenait à la même époque de l'indiscrétion d'un marin portugais : l'Inde elle-même n'était pas la patrie des épices, elle n'en était que l'entrepôt. Chaque année arrivaient sur la côte de Malabar des navires d'une énorme grandeur, des *jonques,* ainsi nommées parce que le jonc remplaçait le chanvre dans la confection de leur voiles, le fer dans la construction de leur coque. Plus loin que Sumatra et Ceylan, plus loin même que la Chersonèse d'Or, existaient les Moluques, ces îles que Ptolémée avait groupées autour de la Taprobane. Quant aux États du Grand-Khan, à cet immense empire dans lequel, au témoignage de Marco-Polo et de Nicolo di Conti, « les provinces étaient des royaumes; les fleuves, des avenues bordées de deux cents villes; le gouvernement, l'apanage des hommes les plus lettrés », on ne les entrevoyait qu'à demi voilés par les brumes d'un horizon qui semblait reculer sans cesse devant les caravelles venues du cap de Bonne-Espérance. En fallait-il davantage pour exciter le grand navigateur qui avait découvert les Lucayes, Haïti, Cuba, la Jamaïque, les Antilles, les bouches de l'Orénoque, à ne pas se lasser « de chercher l'Orient par l'Occident »? La lice était ouverte. On verrait bien qui pourrait arriver le premier au Cathay et à la patrie des épices, — *al nacimiento de la especeria*.

Vicente-Yañez Pinzon venait de débarquer au cap Saint-Augustin, d'explorer l'immense estuaire du fleuve qui devait porter un jour le nom de rivière des Amazones; il avait traversé le golfe de Paria, pénétré dans celui du Mexique. Un autre Espagnol, Rodrigo de Bastidas, s'était avancé jusqu'au havre où fut fondé plus tard l'établissement de Nombre-de-Dios. « Tous, jusqu'aux tailleurs, demandaient à aller découvrir de nouvelles terres. » Colomb se sentit piqué au jeu. A l'âge de soixante-six ans [1], la

---

[1] On a beaucoup disserté sur la date à laquelle se doit rapporter la naissance de Christophe Colomb. Je me suis fait un devoir de prendre connaissance de toute cette longue et intéressante polémique. Malgré l'autorité qui s'attache aux travaux si remarquables de M. d'Avezac,

vue fatiguée par ses longues veilles, le corps déjà rongé par la goutte, il entreprit, le 9 mai 1502, son quatrième et malheureusement son dernier voyage. Il revit les Antilles, Haïti, la côte méridionale de Cuba, et vint atterrir sur le cap Honduras. Là, il lui fallut quarante jours de lutte pour franchir une distance de 70 lieues. Quand il eut doublé le cap Gracias-a-Dios, longé la côte des Mosquitos, Costa-Rica, Veragua, jeté l'ancre dans le havre spacieux de Porto-Bello, il finit par s'arrêter à la pointe qu'avait déjà reconnue deux ans auparavant Rodrigo de Bastidas. « Ses ancres étaient perdues, ses gens découragés, ses vaisseaux percés par les tarets d'autant de trous qu'un rayon de miel. » Le 7 novembre 1504, l'immortel découvreur rentrait au port de San-Lucar. Il n'avait pas trouvé le chemin des Moluques ; il croyait s'être avancé « jusqu'à dix journées de chemin du Gange ».

Améric Vespuce, Juan de La Cosa, s'y trompèrent comme Christophe Colomb ; pour eux, le nouveau monde resta jusqu'à la découverte de l'océan Pacifique « le commencement de l'Asie ». L'assurance imperturbable de Colomb ne fut donc pas un effet « de sa finesse génoise ». Les cosmographes lui avaient inculqué une erreur ; sa foi robuste s'y opi-

---

il m'a semblé qu'il convenait de maintenir la date de 1436, la plus généralement et, à mon sens, la plus rationnellement admise.

niâtra. Si le Seigneur lui avait départi « de la science des astres ce qui pouvait suffire »; s'il lui avait accordé de surcroît « le talent le dessiner des sphères, d'y placer avec dextérité les villes, les rivières, les montagnes », il lui avait par bonheur refusé cet esprit supérieur de critique qui eût pu ébranler sa confiance dans les calculs de Toscanelli. Colomb n'était ni un homme de science, ni un homme du monde, — *non doto en letras y hombre mundanil;* — il était dans toute la force du terme un marin, — *lego marinero.* Améric Vespuce, Sébastien Cabot, étaient des astronomes qui s'éprirent de la navigation à un âge assez avancé. Colomb en 1492 avait déjà passé vingt-trois années sur mer; il avait vu « le Levant, l'Occident et le Nord, visité l'Angleterre et l'Islande, accompli maint voyage de Lisbonne à la côte de Guinée ». C'est avec ce bagage qu'à l'âge de cinquante-six ans il se lança dans la carrière aventureuse des découvertes. « Vigoureux, de grande taille, dur à la fatigue », il ne comptait laisser à personne le soin de veiller pour lui. « Il faudra, écrit-il en partant de Palos, que j'oublie pendant ce voyage comment on dort. » Aussi, malgré ses cinquante-six ans, sera-t-il le premier, dans la nuit du 11 au 12 octobre 1492, à discerner la terre. Le 13 septembre, il avait constaté le changement de déclinaison de l'aiguille aimantée.

S'il nous restait encore des voyages de découvertes à faire, ce n'est pas à d'autres qu'à ces habiles et hardis navigateurs du quinzième siècle qu'il nous faudrait demander des leçons. J'ajouterai même qu'il ne sera pas inutile de prendre conseil de leurs sages pratiques, de leur pénétrante clairvoyance, chaque fois qu'on se trouvera conduit par les hasards de lointaines croisières dans des parages d'où une exploration rapide n'a pu rapporter que des renseignemens incomplets. J'en ai fait l'épreuve à une époque où le contour des côtes septentrionales de la Chine semblait avoir été tracé par des hydrographes contemporains de Marco-Polo. Ce que Colomb craignait par-dessus tout, c'était l'indiscipline et la foi chancelante de ses compagnons, et cependant, malgré les impatiences qui l'entourent, il ne consent jamais à négliger aucune des précautions que lui suggère le souvenir des épreuves passées. Vers ce monde inconnu qui peut à chaque instant se dresser sur sa route, le marin génois s'avance avec une résolution indomptable, mais il s'avance aussi à pas comptés. On le voit supputer anxieusement le chemin parcouru, mettre en panne chaque nuit dès qu'il croit à certains indices avoir flairé la terre. L'Océan a ses oiseaux de grand vol qu'il ne faut pas s'émouvoir de rencontrer flottant en quelque sorte dans l'air et prenant leur repos au sein de la tempête ; d'autres oiseaux, au contraire, ne sauraient se montrer autour du navire sans éveiller immédiatement l'attention du

marin. A qui sait mesurer la portée de leur aile,
l'apparition de ces compagnons de route évidemment impropres aux voyages de long cours indiquera sur-le-champ le voisinage assuré de la côte.
L'augure n'est pas le même, qu'il s'agisse de l'albatros, du damier, du pétrel, du quebranta huesos,
ou du goëland et du mouton du Cap. Tous ces pronostics dont se composait jadis la science si compliquée de la navigation, Colomb en avait la connaissance complète. Un moins bon marin aurait pu sans
doute découvrir comme lui le nouveau monde ; il
est très probable qu'il ne serait pas revenu nous le
dire. Les récifs des Lucayes, aussi impitoyables que
ceux de Vanikoro, garderaient encore aujourd'hui
ce secret dans leurs profondeurs.

A trente ans, Colomb avait les cheveux blancs ; à
soixante-deux, « ses yeux étaient tellement enflammés que la plupart des choses, il ne pouvait plus les
noter que d'après les rapports des pilotes ». Ses
remarques sur les phénomènes de tout genre que
chaque jour continue de faire éclater sous ses pas
n'en gardent pas moins l'empreinte d'un esprit
attentif, d'un esprit adonné de bonne heure à l'observation et qui sait, suivant une expression heureuse, s'étonner à propos. Assez d'autres avant moi
ont jugé ce grand homme ; je ne veux apprécier ici
que le marin. L'homme de mer chez Colomb se peut
admirer sans réserve. Au milieu de cette génération

qui produisit tant de navigateurs de premier ordre, Colomb seul reste un maître : les Pinzon, les Solis, les Cabot, les Améric Vespuce, ne sont que des disciples. Si nous le comparons aux marins de nos jours, à Cook lui-même, à Vancouver, à Wallis, à la Pérouse, à Bougainville, à d'Entrecasteaux, on dirait un géant de cent coudées. Voilà pourtant l'homme qui, à soixante-dix ans, s'éteignit dans l'oubli et dans l'indifférence publique. Quand il fallut en 1520, quatorze années seulement après sa mort, désigner par une appellation unique toutes « ces terres cachées » dont il avait le premier enseigné au vieux monde le chemin, ce ne fut pas son nom qui vint naturellement s'offrir à l'esprit des cosmographes; on lui préféra, sans mauvais dessein et sans qu'aucune brigue paraisse y avoir eu part, le nom plus connu d'un *pilote mayor*, d'un astronome « expert, au dire de Sébastien Cabot, dans la détermination des latitudes »..

Au quinzième siècle, la chrétienté ne reconnaissait dans ses différends qu'un arbitre, le chef spirituel qui siégeait à Rome. Une bulle du pape Nicolas V avait en 1454 concédé à l'infant don Henrique « les mers, terres et mines » qui pourraient être acquises le long des côtes de Guinée. En 1493, Alexandre VI traçait d'un pôle à l'autre une ligne imaginaire qu'il faisait passer à travers les Açores et les îles du Cap-Vert. A l'est de ce méridien était le domaine réservé au Portugal; à l'ouest, le chemin ouvert aux entreprises de la Castille. En 1494, on reporta d'un commun accord la ligne de démarcation de 370 lieues vers l'occident. Ce fut ainsi que le Brésil échappa aux mains de l'Espagne. Le Portugal pouvait en effet se mouvoir du 48º degré de longitude ouest au 132º degré de longitude est [1]. Fernambouc et Rio-Janeiro, les Moluques et les Philippines, la moitié même de la Nouvelle-Guinée, entraient dans la part qui lui était faite, mais on l'ignorait alors; on ne soupçonnait même pas l'existence des contrées que la convention de Tordesillas venait tacitement d'adjuger. Le point essentiel était de séparer les dominations, d'indiquer aux deux nations rivales la voie que leurs navigateurs devraient suivre pour arriver, sans se contrarier dans leur route, au rendez-vous commun qui leur était assigné. On réglerait plus tard les questions de détail. Pour le moment, on ne songeait en Espagne, comme en Portugal, qu'à toucher le but le plus tôt possible, et ce but n'était autre que la région lointaine des îles orientales et du Cathay.

Quand la sève est en travail, un rameau arraché ne semble donner que plus de force aux autres. Colomb était mort le 20 mai 1506. En 1508, Vicente-Yañez Pinzon et Juan Diaz de Solis avaient déjà

[1] Ces degrés sont comptés à partir du méridien de Paris.

reconnu les côtes du nouveau monde de l'équateur au 40e degré de latitude australe. En 1513, Balboa, débarqué dans le golfe du Darien, atteignait le sommet de la cordillère qui sépare les deux mers. Du haut d'un arbre sur le tronc duquel on avait pratiqué des entailles, il aperçut d'un côté l'océan Atlantique d'où il venait, de l'autre la mer du Sud, où quelques jours plus tard il entrait l'épée à la main, de l'eau jusqu'aux genoux. A dater de ce jour, il ne fut plus question d'arriver par la terre de Veragua aux États du Grand Khan, « de revenir de Cuba par terre en prenant la route de l'Éthiopie, de Jérusalem et du port de Jaffa ». On comprit qu'entre les terres découvertes par Colomb et les régions décrites par Marco-Polo il devait y avoir toute l'étendue d'un immense océan. Des communications s'étaient établies à travers l'isthme, un entrepôt avait même été fondé à Panama. On voulait y construire des navires qui de là se rendraient aux îles orientales. Il fallut ajourner l'exécution de ce dessein. Dans l'isthme du Darien, « il y avait plus d'or que de santé et de nourriture; l'insalubrité de l'air était comme inscrite sur la figure de ceux qui en revenaient ». Le nouveau monde, en somme, menaçait de dépeupler l'Espagne; il ne l'enrichissait pas. Une colonie avait été fondée à Haïti; au bout de sept années, on n'en avait pas encore exporté plus de 2,000 marcs d'or. Qu'elle passât au milieu ou à 21 degrés dans l'ouest des îles du Cap-Vert, la ligne de démarcation tracée par le pape Alexandre VI semblait toujours laisser aux Portugais le meilleur lot. L'Espagne avait la charge ingrate de faire mettre en valeur par une race indolente, pour laquelle tout travail était une nouveauté des plus dures, les vastes territoires qui lui étaient échus; le Portugal trouvait, au contraire, un sol en plein rapport. Pour dériver les eaux de ce Pactole vers Lisbonne, un honnête négoce eût à la rigueur pu suffire. La place par malheur était déjà occupée, et la nécessité de chasser les Arabes obligea bientôt les Portugais à subjuguer les Hindous. Contre leur gré peut-être et à coup sûr contre leur intérêt, ils durent accepter dès l'année 1502 tous les embarras de la conquête.

En 1521, au moment où Jean III montait sur le trône, l'océan Indien, du cap de Bonne-Espérance aux rivages de la Chine, ne reconnaissait qu'un maître. Ce que le Portugal n'occupait pas directement par ses troupes était, grâce aux divisions habilement exploitées des princes indigènes, soumis à son influence. Quel chemin prodigieux ont fait ces navigateurs qui, cent ans auparavant, n'osaient pas franchir le cap Noun! Fernand Perez d'Andrade a laissé derrière lui la Taprobane et la Chersonèse d'Or, tout ce monde que Gama et Albuquerque ont retrouvé, mais que connaissaient déjà les anciens, et qu'exploitaient depuis plus de cinq cents ans les

Arabes. Il franchit le détroit qui sépare la péninsule malaise de l'ile de Sumatra, côtoie en passant le royaume de Cambodge, se rend à Chiampa, à Patane; dans un second voyage, il atteint Canton. Marco-Polo, Mandeville, Nicolo di Conti, avaient visité les États du Grand Khan; lui, Perez d'Andrade, il réalise le rêve de Colomb. Il arrive au Cathay par mer. Presqu'à la même époque, dom Rodrigo de Lima retrouve en Abyssinie le Prêtre-Jean, ce souverain chrétien qui avait partagé si longtemps avec le Grand Khan la sollicitude de l'Europe. En 1524, le gouverneur de Malacca envoie le capitaine Antonio de Brito aux Moluques. On touche enfin à la terre des épices! En moins de trente ans, les Portugais sont arrivés au terme de leur domaine, ils ont parcouru les 180 degrés qui leur avaient été alloués.

Les années qui suivirent furent employées par les successeurs d'Albuquerque à consolider leur puissance sur les côtes, à pénétrer de toutes parts plus avant dans les terres. Aux Moluques, à Ceylan, ils ont définitivement pris pied. Sur la côte d'Afrique, leur empire s'étend de Sofala au port de Mélinde; l'ile de Mozambique en est devenue le centre. Francisco Barreto y ajoute en 1556 le royaume de Monomotapa. Chassés des rives du Che-kiang, les Portugais s'établissent au pied du rocher de Macao. Nous voici parvenus au terme d'un grand règne; Jean III va rejoindre dans la tombe en 1557 Emmanuel, qui avait ébauché la conquête de l'Inde, Jean II le seigneur de Guinée, Alphonse V l'Africain, Édouard le protecteur des lettres, Jean le Grand, le fondateur de la dynastie, et cet admirable prince Henrique, ce noble président de l'académie de Sagres, sans lequel peut-être tout l'épanouissement du vieux monde n'aurait jamais eu lieu.

Durant cette période si glorieuse pour les sujets du roi Jean, que faisaient les sujets de l'empereur Charles-Quint? — les Espagnols? — Ils conquéraient le Mexique, le Pérou, le Chili, et, qui plus est, ils arrivaient aussi de leur côté aux Moluques. Des calculs inexacts avaient donné à penser que ces îles n'étaient pas en dehors des limites de la concession faite par Alexandre VI à l'Espagne. On ne parvenait pas à trouver de détroit qui permît de traverser par mer le nouveau continent; on songea naturellement à le tourner par le sud, comme les Portugais avaient tourné l'Afrique. Un ancien compagnon d'Albuquerque, Fernando Magalhaens, s'offrit à Charles-Quint, alors âgé de dix-neuf ans et à l'aurore même de son règne, pour tenter cette périlleuse entreprise. Charles-Quint accueillit avec distinction le transfuge. Le 20 septembre 1519, cinq navires espagnols partaient de San-Lucar, sous les ordres du capitaine portugais, qui devait les conduire en effet bien près des Moluques, mais qui n'était pas destiné à les ramener en Europe. Ils allèrent lentement, s'arrêtant des mois entiers pour se ravitailler, pour se radouber, pour se refaire ; ils allèrent jusqu'au 52ᵉ degré de latitude, affrontant des climats de jour en jour plus âpres. Là, tout à coup, le 21 octobre 1520, la côte leur manqua brusquement ; ils avaient rencontré la brèche que l'on cherchait en vain depuis le commencement du siècle. Le détroit auquel Magellan a donné son nom s'ouvrait devant eux.

Ce détroit avait 110 lieues de long. Les Espagnols employèrent trente-sept jours à le franchir. Quand l'océan Pacifique les reçut enfin, de cinq navires qu'ils avaient au départ, il ne leur en restait plus que trois. L'un s'était perdu, l'autre s'était égaré ou séparé volontairement de la flotte. Magellan put heureusement, à l'issue même du détroit, remonter avec une grande rapidité vers le nord. Bientôt il lui sembla qu'il avait retrouvé un second « golfe des Dames ». C'est ainsi qu'on appelait alors dans l'Atlantique la paisible région des vents alizés. La température était douce, et le vent, qui soufflait d'une haleine égale et légère, ne cessait pas un instant d'être favorable. Remarquée pour la première fois, dans le coin du ciel qu'elle occupe sous ces latitudes, la croix du sud remplaçait l'étoile polaire. Que manquait-il donc aux heureux navigateurs ? Il leur manquait de l'eau et des vivres. Pour tromper leur faim, ils étaient obligés de mâcher le cuir qui sert

à garantir des effets du frottement les cordages;
pour apaiser leur soif, ils n'avaient de ressource que
l'eau salée. Ils étaient cependant bien loin d'être
fixés sur la distance qu'il leur faudrait parcourir
avant d'atteindre ainsi les îles orientales ou le Cathay. L'incertitude était sans doute moins grande
qu'au temps du premier voyage de Christophe Colomb; elle était plus cruelle peut-être, car elle agissait sur des corps épuisés et sur des esprits affaiblis :
vingt hommes moururent avant que trois îles, en
apparence fertiles, élevassent leurs sommets boisés à
l'horizon. Ces îles étaient habitées; sous Philippe IV,
on les appela, en l'honneur de la mère de Charles II,
les Mariannes. De cet archipel à la côte la plus voisine, il y avait encore près de 400 lieues. C'était peu
de chose pour des navigateurs qui venaient d'en faire
plus de 3,000. Le 7 avril de l'année 1521, l'escadre
mouillait dans le port de Zebù; elle avait reconnu
un second archipel, mais cette fois un archipel
immense, un archipel dont l'ensemble l'eût à peine
cédé en étendue à un continent. L'Espagne le possède encore aujourd'hui. Ce fut longtemps l'archipel
de Saint-Lazare; en 1568, il devint l'archipel des
Philippines. Un esclave natif de Sûmatra, embarqué
sur l'escadre, put servir aux Espagnols d'interprète.
La chaîne était donc renouée; par l'est aussi bien
que par l'ouest, on était arrivé au pays des Malais.

Mieux encore qu'à son teint et à son langage, les

Espagnols auraient pu reconnaître à sa fierté native la race belliqueuse et farouche que les Portugais avaient rencontrée les premiers dans les États du sultan d'Achem. Matan est une île voisine de Zebù. Magellan voulut la plier à ses exigences; il y perdit la vie. Après un long combat, ses compagnons le virent succomber sous les coups des indigènes : huit Espagnols avaient eu le sort de leur chef; vingt-deux étaient blessés. Ils revinrent à Zebù, croyant y trouver des secours; malheureusement leur prestige était évanoui, ils ne rencontrèrent que la trahison. Fugitive et désorganisée, l'escadre dut aller chercher un refuge à l'île de Bohol. Les équipages étaient tellement réduits qu'il fallut brûler un des vaisseaux [1] pour garder le moyen de manœuvrer les deux autres. On erra ainsi pendant de longs mois de Mindanao à Soulou, de Soulou à Palawan, de Palawan à Borneo. Enfin, le 8 novembre 1521, on finit par aller jeter l'ancre à Tidore; quarante-sept Européens survivaient seuls de toute l'expédition.

Tidore est une des Moluques; Ternate est en face. Ces deux cônes volcaniques forment pour ainsi dire les deux rives d'une même rade. Les autres îles se

---

[1] « Le vaisseau de ligne » ou plus simplement « le vaisseau », comme nous l'entendons aujourd'hui, est un navire considérable, à deux ou trois batteries couvertes. Dans le sens que le moyen âge attachait à cette expression, le mot de « vaisseau » comprend, au contraire, des bâtiments de toutes sortes et de toutes dimensions. Il comprend jusqu'à des barques.

nomment Motir, Batchian et Makian. Comme Tidore et Ternate, elles sont échelonnées sur la côte occidentale de la grande île de Gilolo. Les Espagnols purent en moins d'un mois se procurer un complet chargement d'épices. Au moment du départ, une voie d'eau se déclare à bord de la *Trinidad;* il fallut laisser ce bâtiment à Tidore. Sébastien del Cano partit sur la *Vittoria* et se dirigea vers le cap de Bonne-Espérance; vingt-et-un hommes succombèrent encore dans cette traversée; dix-huit seulement rentrèrent à San-Lucar le 6 septembre 1522, après une absence de trois ans et un voyage de 14,000 lieues.

Le tour du monde était pour la première fois accompli; Sébastien del Cano avait démontré pratiquement la sphéricité de la terre. Dans ce long parcours où les Espagnols, marchant de l'est à l'ouest, ne cessèrent pas un instant de fuir devant le soleil, chaque midi nouveau constaté par eux les mettait en retard de quelques minutes sur l'horloge de leurs compatriotes. Quand ils débarquèrent en Espagne, ils remarquèrent, non sans quelque étonnement, qu'ils n'étaient plus d'accord avec le calendrier national. A force de s'arriérer d'une heure au fur et à mesure que leur longitude s'accroissait de 15 degrés, ils avaient fini par se trouver arriérés d'un jour.

En 1526 et en 1527, les Espagnols retournèrent à Tidore; ils y retournèrent même par deux voies différentes. Don Garcia Jofre de Loaysa, ayant sous ses ordres Sébastien del Cano, partit de la Corogne[1]; Alvaro de Saavedra équipa ses navires sur les bords de l'océan Pacifique. Au même moment, don Jorge de Meneses arrivait de Malacca pour gouverner les Moluques au nom du Portugal. Les hostilités ne pouvaient tarder à s'ouvrir. Les Portugais exerçaient une suprématie absolue à Ternate; les Espagnols appuyèrent les prétentions du sultan de Tidore. En 1529, l'empereur Charles-Quint vida le différend; il céda au Portugal ses droits sur les Moluques pour la somme de 350,000 ducats. Cette cession impliquait-elle un renoncement absolu à tout établissement sur les autres groupes de la zone qu'une astronomie incertaine laissait en litige? Le vice-roi du Mexique ne le pensa pas. En 1542, Ruy Lopez de Villalobos conduisait par ses ordres une expédition espagnole aux Philippines; en 1565, Miguel Lopez de Legaspi accomplissait la conquête de Luçon.

Il était facile de se rendre des côtes occidentales de la Nouvelle-Espagne aux grands archipels de l'Asie; il n'y avait pas encore de route connue pour en revenir. Pendant que la *Vittoria* avec Sébastien del Cano prenait le chemin du cap de Bonne-Espé-

---

[1] Don Garcia et Sébastien del Cano succombèrent pendant le voyage; ce fut Alonzo de Salazar qui conduisit l'escadre de la mer du Sud à Tidore.

rance, la *Trinidad*, laissée en arrière, essayait de remonter de l'ouest à l'est l'océan Pacifique. Il lui fallut, après avoir maintes fois côtoyé le naufrage, revenir découragée sur ses pas et rentrer dans le cercle où l'attendaient les navires portugais. Alvaro de Saavedra n'eut pas en 1527 un meilleur succès. Il se vit à son tour rejeté par les vents et par les courants contraires vers les Moluques. Ce fut un moine, le célèbre Fray Andrès de Urdaneta, qui eut la gloire d'enseigner à ses compatriotes la route qui devait, pendant près de deux siècles, ramener les galions de Manille au Mexique. Urdaneta avait fait partie de la seconde expédition de Sébastien del Cano; il accompagnait Legaspi en qualité d'astronome et de cosmographe. L'impossibilité de lutter contre les vents alizés était constatée; elle l'était du moins pour des galions et pour des caravelles. Urdaneta alla chercher des vents favorables jusqu'au 40ᵉ degré de latitude nord. Parti de Zebù le 1ᵉʳ juin, il arrivait à Acapulco le 3 octobre. Plusieurs voyages entrepris par le détroit de Magellan avaient eu, depuis l'année 1520, une fâcheuse issue. Les communications entre l'Espagne et ses colonies asiatiques prirent définitivement un autre cours : elles s'établirent à travers le nouveau continent, et le détroit de Magellan ne revit plus de caravelles espagnoles. On croyait cette porte à jamais fermée, et on la laissait à dessein se rouiller sur ses gonds.

Des ennemis envieux se chargèrent de la rouvrir. En 1578, le passage qui avait livré à Magellan l'accès des Moluques amenait les Anglais au cœur de la domination espagnole.

CHAPITRE IV

RAPIDES PROGRÈS DE LA MARINE ANGLAISE

Le pape avait laissé à l'Espagne le chemin de l'ouest, celui de l'est au Portugal; on ne songeait pas encore au chemin du nord. En 1496, avant même que les Portugais eussent touché le rivage de Calicut, Henri VII délivrait des lettres patentes à Jean Cabot et à ses fils pour qu'ils allassent chercher vers l'occident un passage au Cathay; il ne leur imposait pour conditions que de se maintenir au nord des dernières découvertes espagnoles. En 1498, en 1517, Sébastien Cabot renouvelait à deux reprises différentes cette tentative. Ce fut ainsi qu'on eut pour la première fois connaissance de l'île de Terre-Neuve et de toute la côte qui s'étend de la baie d'Hudson à la Virginie. En 1553, sous le règne d'Édouard VI, le chevalier Hughes Willoughby et Richard Chancellor dépassèrent avec trois vaisseaux les îles danoises et l'extrémité de la Norwége. Le premier mourut sur les côtes de Laponie, le second n'arriva pas aux États du Grand Khan; il se rendit par terre à la cour du grand-duc de Moscovie. En 1556, Étienne Burrough atteignait la Nouvelle-Zemble, et cherchait vainement le détroit de Weygats ; Arthur Pet et Charles Jackmann trouvaient ce passage en 1590 ; ils ne réussissaient pas à le franchir. Rebutés par tant d'essais infructueux, les Anglais tournèrent leurs visées ailleurs. Martin Forbisher partit, le 12 juin 1576, de Gravesend pour aller, à l'exemple de Sébastien Cabot, chercher par le nord-ouest un chemin vers la Chine. Qu'on s'y rendît par le nord-ouest ou par le nord-est, le plus court était évidemment de s'y rendre par les régions qui avoisinent le pôle. C'est là réellement que le monde en se contractant semble justifier le mot si souvent cité de Colomb, et devient « peu de chose ». Forbisher contourna le nord de l'Écosse ; le 28 juillet, il avait atteint le 62ᵉ degré de latitude. En ce moment, il aperçut la terre et ne s'émut pas de la trouver entourée de glace. On ne s'était jamais flatté, en se maintenant sous ces hautes latitudes, d'arriver au Cathay par un chemin facile. La côte escarpée, rocailleuse, qu'on avait en vue, un marin portugais, Cortereal, l'avait découverte avant Forbisher. En l'année 1501, il la nommait « la terre de Labrador ». Forbisher remonta jusqu'au delà du 63ᵉ degré, et finit par reconnaître un détroit, le détroit qui porte aujourd'hui son nom. Il y revient plein d'espoir l'année suivante ; en 1578, il y amène quinze voiles, mais c'est en vain qu'il s'enfonce de plus de 30 lieues dans les terres. Les glaces l'arrêtent encore, et de nouveau déçu, il se résigne enfin à regagner le port. Ainsi reste une fois de plus en suspens la question que la science vient à peine, il y a quelques années, de résoudre.

Où l'Angleterre s'obstinait, la France aurait eu grand tort de s'abstenir. Pas plus que Henri VIII, François Ier n'entendait renoncer à sa part d'héritage dans la riche aubaine que la Providence envoyait à l'Europe. Il avait des marins, des navires; — Jean Ango sous son règne osa, dit-on, bloquer avec ses corsaires l'embouchure du Tage; — il n'avait pas, semble-t-il, d'astronome, car il fit venir Giovanni Verazzano de Florence. Verazzano partit sur un navire de Dieppe. Du 34e degré de latitude, il se porta au nord jusqu'au 50e degré. Les cosmographes connaissaient déjà la Nouvelle-Espagne ; il leur fallut donner place sur leurs cartes à une Nouvelle-France. Les Dieppois avaient reconnu en un seul voyage près de 700 lieues de côtes. En 1534, l'expédition française ne partait pas de Dieppe ; elle partait de Saint-Malo. Jacques Cartier la commandait. Passant entre l'île où Sébastien Cabot avait abordé en 1497 et la terre ferme, Cartier découvrit l'embouchure du Saint-Laurent ; en 1535, il remontait ce fleuve jusqu'à la ville indienne de Hochelaga. En 1542, le nouveau monde comptait deux vice-rois. Le vice-roi français se nommait Jean François de la Roche, comte de Roberval, gouverneur de Saguenay et Hochelaga. Avançons rapidement et laissons de côté tout ce qui n'intéresse pas directement l'histoire de la navigation. Transportons-nous d'un bond de l'année 1555, où Villegagnon entreprend d'implanter une colonie française dans la baie de Rio-Janeiro, à l'année 1562, où Jean-Ribault découvre l'Acadie. Deux ans plus tard, en 1564, Laudonière s'aventure à construire un fort sur les côtes de la Floride. Les Espagnols n'attendirent pas les ordres de leur cour pour réprimer l'audacieuse atteinte portée à leur privilége; ils détruisirent l'établissement français. Gourgues, en 1567, ne venge que trop bien ses compatriotes. Ce précurseur de la grande flibusterie tue sans quartier les Espagnols partout où il les rencontre. « Qui terre a guerre a »; ce proverbe n'est pas moins vrai pour les rois que pour les particuliers. Villegagnon, Ribault, Laudonière et Gourgues ne faisaient que marcher sur les traces des Dieppois qui faillirent intercepter l'escadre de Colomb en 1498, des corsaires plus aventureux encore que Jaquez trouva, en 1516, coupant du bois de teinture sur les côtes du Brésil.

Moins occupés que nous en Europe, les Anglais ne tardèrent pas à porter au commerce et aux colonies de l'Espagne des coups bien autrement sensibles que ceux qui pouvaient leur venir des vaisseaux de François Ier, de Henri II ou de Charles IX. Ce fut à ce métier de contrebandiers et de forbans que se

formèrent les meilleurs capitaines de Henri VIII et
d'Élisabeth. On les vit à la fois apparaître à droite
et à gauche de la ligne de démarcation, aussi peu
respectueux des droits du Portugal que de ceux de
l'Espagne. En 1551, Thomas Windham tente un
premier voyage sur les côtes d'Afrique; en 1554,
Jean Lock et Guillaume Towerson en rapportent de
l'or et de l'ivoire; John Hawkins, en 1562, y va chercher des nègres. Les premiers esclaves noirs à cheveux crépus avaient été amenés à Séville par des
navires catalans vers l'année 1406; en 1442, les
Maures du Rio do Ouro livraient aux Portugais des
habitants de la Sénégambie, en échange d'esclaves
appartenant à leur propre race. De 1471 à 1574, la
baie de Biafra devint le centre du commerce de l'or;
celle de Sierra Leone, du commerce des esclaves. Ce
fut dans la baie de Sierra Leone que le capitaine
Hawkins alla mouiller. Il s'y procura « par l'épée
ou par d'autres moyens » des noirs qu'il vint offrir
à la colonie espagnole de Santo-Domingo. Le travail des mines avait rapidement dépeuplé Haïti. La
reine Isabelle, qui s'indignait à si juste titre en
1499 du sans façon avec lequel Colomb expédiait en
Espagne, à défaut des richesses promises, des chargements entiers de ses nouveaux sujets, s'était vue
cependant contrainte d'autoriser dans les Indes le
travail forcé. Elle contribua ainsi involontairement
à l'anéantissement de la population indigène. Pour

sauver ce qui restait des Indiens, Las Casas recommanda de les remplacer par des nègres ; mais les nègres étaient la propriété exclusive du Portugal. La descendance de Cham devint l'objet d'un commerce interlope, et l'on vit la piraterie suspendre un instant ses rapines pour se livrer presque tout entière à ce trafic.

On n'introduit pas des forbans dans ses ports sans s'exposer à subir quelques avanies. En 1567, Hawkins prend et saccage la ville de Rio de la Hacha, dont le gouvernement fait difficulté de commercer avec lui. L'escadre de Hawkins se composait alors de six navires. Elle fut assaillie par un coup de vent sur la côte de Floride et dut chercher refuge au port de Saint-Jean d'Ulloa. Les Anglais occupaient la rade : une flotte espagnole se présente à son tour pour y jeter l'ancre. Aux yeux de Hawkins, la prétention semble étrange. Il lui faut des sûretés avant qu'il consente à laisser les Espagnols rentrer chez eux. Il avait déjà jugé bon de retenir des visiteurs en otages ; il réclame maintenant l'île fortifiée qui commande le port. Les Espagnols étaient fort perplexes ; leur flotte valait 6 ou 7 millions ; ils se souciaient peu de la compromettre. Leur résignation apparente endormit probablement la vigilance des Anglais, et Hawkins, attaqué à l'improviste, faillit payer cher son arrogance. Des six navires qu'il commandait, quatre furent détruits, après avoir, il est vrai, coulé bas l'amiral espagnol ; deux seulement parvinrent à s'échapper : le *Minion* et la *Judith*. Sur le *Minion* se trouvait Hawkins ; la *Judith* avait pour capitaine Francis Drake. Hawkins, Drake, Forbisher, voilà trois noms que les Espagnols auront sujet de ne pas oublier.

Drake était le fils d'un honnête marin de Tavistock. L'aîné de douze garçons, il fut élevé par les soins de son parent John Hawkins. A dix-huit ans, il avait déjà visité la Zélande et la France ; il compléta son éducation dans le commerce de la côte de Guinée. La surprise de Saint-Jean d'Ulloa avait eu lieu au mois de septembre 1568 ; en 1572, Drake débarquait à Nombre de Dios avec cent cinquante hommes. L'Angleterre et l'Espagne étaient alors en paix ; Drake s'en inquiéta peu. Il avait, pensait-il, un grief particulier à venger. La découverte des mines du Potosi au Pérou, celle des gisements de Zacatecas au Mexique étaient enfin venues dédommager les Espagnols de leurs longues déceptions. Depuis l'année 1545, l'argent coulait à flots vers la péninsule Ibérique. Débarqués à Panama, sur l'autre rive de l'isthme, les trésors du Pérou étaient apportés jusqu'à Nombre de Dios à dos de mulet ; ils ne s'y arrêtaient pas. Nombre de Dios était alors ce que Porto-Bello est devenu depuis : l'entrepôt où s'échangeaient les marchandises de la Vieille-Espagne contre les produits des mines du nouveau monde. Cette ville insalubre, à travers laquelle filtraient tant de richesses, ne compta jamais plus de trente maisons. Drake l'attaqua dans la nuit du 22 juillet 1572 : il l'attaqua sans motif et sans sommation. Éveillés en sursaut, les Espagnols s'enfuirent d'abord vers la montagne ; quatorze ou quinze seulement se rallièrent, et, armés d'arquebuses, se portèrent sur le lieu de l'action. Leur exemple rendit du courage aux autres; la panique, au contraire, se mit dans les rangs des Anglais. Drake, blessé, dut regagner ses canots à la nage. Ce premier coup de main n'avait pas été heureux ; Drake voulut sur-le-champ prendre sa revanche. Rien ne dénote mieux l'homme de guerre qu'une pareille élasticité. Les plus vaillants officiers peuvent rester abattus sous un revers ou sous un naufrage; ceux qui rebondissent, qui font succéder, comme Nelson, Aboukir à Ténériffe, sont faits d'un métal qui finit tôt ou tard par lasser la mauvaise fortune. Ce serait, du reste, un triste aventurier, celui qui se retirerait après la première aventure d'où il est sorti sans butin. Au temps de Drake, les corsaires ne comptaient ni leurs insuccès ni leurs blessures. Drake laissa ses bâtiments mouillés dans le golfe du Darien et partit, suivi d'une centaine d'hommes, pour aller intercepter dans les bois le trésor qui, de Panama, s'acheminait en ce moment vers Nombre de Dios. Arrivé, le douzième jour après son départ, au sommet de la cordillère, il gravit à son tour l'arbre du haut duquel Balboa, cinquante-neuf ans auparavant, avait découvert l'océan Pacifique. Le convoi annoncé se fit peu attendre. Drake l'assaillit et se trouva du coup en possession de plus d'argent que ses hommes n'en pouvaient emporter. Chargé de ces dépouilles, il les avait à peine mises en sûreté à son bord que trois cents soldats espagnols se présentèrent sur la plage. La fortune le seconda jusqu'au bout; sa traversée de retour fut rapide. Vingt-trois jours après avoir quitté la Floride, il atteignait les Sorlingues. Déjà en 1525 deux caravelles espagnoles étaient revenues en vingt-cinq jours de Santo-Domingo à San-Lucar. Passer d'une rive de l'Atlantique à l'autre était devenu un jeu; la grande navigation commençait au delà du cap de Bonne-Espérance.

Drake arrivait à Plymouth un dimanche; le peuple quitta en masse le service divin pour courir au-devant du pirate qui rentrait à son aire après quatorze mois d'absence. Le pirate était riche; il équipa trois de ces barques longues connues alors sous le nom de frégates, et suivit en Irlande Walter, comte d'Essex, le père de l'infortuné favori d'Élisabeth. Les services que Drake rendit alors contre les rebelles lui valurent l'honneur d'être présenté à la reine. La Grande-Bretagne n'est pas la terre des élévations subites. Bien que les rangs de son aristocratie ne soient jamais fermés, il faut d'ordinaire dans ce pays patient le travail de plusieurs générations pour introduire au sein de la noblesse une nouvelle famille. Cette règle rigoureuse admet cependant des exceptions. Quelques siècles plus tôt, Drake eût pu songer à se conquérir un fief ; il n'était certes pas de plus humble naissance que la plupart des compagnons de Guillaume. Au temps d'Élisabeth, c'était déjà une ambition assez haute de vouloir s'appeler *sir* Francis Drake. Pour en arriver là, Drake conçut un projet qui montre bien jusqu'où les marins de cette époque pouvaient pousser l'audace. Il résolut d'aller chercher les Espagnols au centre même de leur puissance coloniale, de les aller chercher dans le Pacifique en franchissant le détroit périlleux que ceux mêmes qui l'avaient découvert s'étaient empressés d'abandonner. Surprendrait-on ainsi les conquérants du Pérou et du Chili, les possesseurs de ces mines dont la richesse venait de bouleverser le système économique de l'Europe ? La chose était au moins probable, car les Espagnols ne pouvaient guère soupçonner une telle témérité, mais il faudrait revenir du Pacifique, et au retour l'agresseur devait s'attendre à trouver les conquérants qu'il comptait dépouiller assemblés en force pour lui barrer le passage. Quand on combat, comme Drake allait combattre, avec la corde au cou, qu'on ne peut se promettre ni merci ni pitié, il est bien permis de songer à la façon dont on opérera sa retraite. Drake ne désespérait pas de rejoindre Forbisher à travers le continent américain. Il se proposait de pousser, au sortir du détroit de Magellan, droit au nord, de suivre ainsi la côte jusqu'au point où devait exister la rupture que Forbisher cherchait du côté de l'Atlantique. S'il ne la trouvait pas, il reviendrait, à l'instar de Sébastien del Cano, par le cap de Bonne-Espérance. Tout était donc prévu dans ce dessein d'une audace si grande, tout, excepté des misères et des contrariétés que ne connut pas Magellan lui-même.

Drake avait rassemblé quatre navires, dont le plus fort jaugeait à peine cent tonneaux. Avec ces quatre navires et pour éclairer leur marche, il emmenait aussi une pinasse, — autant vaudrait dire une embarcation pontée. On appelait cela au seizième siècle une escadre, et celui qui commandait en chef prenait sans hésiter le titre d'amiral. Le vaisseau que montait Drake s'appelait le *Pélican;* Drake lui donna plus tard le nom de *Golden-Hind,* — la *Biche d'or.*

Le 13 décembre 1577, l'escadre partit de Plymouth; le 25, elle mouillait sous l'île de Mogador. On naviguait alors par petites étapes, et l'on saisissait la côte, dès qu'on pouvait s'en rapprocher sans trop allonger sa route. Le 30 janvier 1578, les Anglais rencontrèrent près des îles du Cap-Vert un navire portugais chargé pour le Brésil. Tout navire sorti des ports de la Péninsule, on pourrait presque dire, tout navire étranger, était facilement réputé par les corsaires anglais de bonne prise. L'animosité mutuelle des deux races, l'antipathie des deux religions, ne se seraient peut-être pas manifestées avec autant d'énergie, si les galions eussent été moins richement chargés. Drake s'empara sans scrupule du bâtiment que la fortune envoyait sur sa route. Il n'y trouva pas seulement une cargaison de beaucoup de valeur, il y trouva, ce qui était infiniment plus précieux, un excellent pilote de la côte du Brésil. On ne possédait en 1578 aucune carte de cette partie du nouveau monde. Ceux qui auront par hasard jeté les yeux sur les croquis qu'élaborait à la même époque Mezquita Perestrello pour guider les Portugais dans la navigation des mers de l'Inde ne plaindront guère l'amiral anglais d'avoir quitté les ports de la Grande-Bretagne sans emporter le secours d'une semblable cosmographie; ils apprécieront mieux la portée du service que lui rendait la Providence en mettant à sa disposition les conseils d'une mémoire fidèle. Nuño da Silva, le pilote portugais conservé par Drake, ne lui fut pas moins utile que Malemo Canaca, le pratique Maure du Guzerate, ne l'avait été dans sa première expédition à Vasco de Gama. Le 14 avril 1578, Drake mouillait à l'entrée de la Plata. Je ne m'appesantirai pas sur les détails de son long itinéraire, sur les épisodes de tout genre qui jalonnèrent sa route. Je tiens surtout à montrer la physionomie des marins de cette époque, à étudier les mœurs, le caractère de ces êtres primitifs dont nous sommes les descendants amollis et dégénérés.

Arrivé au 37ᵉ degré de latitude australe, Drake avait dû détruire un de ses bâtiments dont le fâcheux état eût pu l'embarrasser; 3 degrés plus au sud, il retrouvait le port Saint-Julien, visité en 1520 par Magellan; il retrouvait aussi le gibet où Magellan avait pendu quelques-uns de ses compagnons. Le lieu était fatal. Drake eut à s'y défendre contre des attaques étrangères et contre la mutinerie intérieure. Le canonnier et un officier de l'escadre, John Winter, perdirent les premiers la vie dans un conflit avec les indigènes. Un autre officier, Thomas Doughty, traduit devant une cour martiale, fut déclaré coupable d'avoir fomenté un complot. Son rang seul le sauva de la hart; il devait avoir la tête tranchée. Le lendemain de la sentence, Drake partagea la communion avec le condamné; il le fit ensuite dîner avec lui. En sortant de table, Doughty tendit son cou à l'exécuteur. « J'espère maintenant, dit Drake à ses compagnons terrifiés, que désormais nous allons vivre en paix. Dimanche vous recevrez la communion; recevez-la avec l'esprit qui convient à des frères et à des amis chrétiens! » Qu'on juge de l'émotion d'une semblable scène dans le lieu désert où s'exerçait avec cette solennité triste et grave la justice impitoyable des hommes!

Il ne restait plus de l'escadre anglaise que trois navires. Le 6 septembre 1578, ces trois bâtiments entrèrent dans la mer du Sud; ils avaient franchi le détroit de Magellan en moins de quinze jours. Jamais navire espagnol n'avait fait traversée si rapide. Les contrariétés pour Drake n'étaient qu'ajournées. A diverses reprises, il se vit rejeté violemment vers le sud, entraîné jusqu'au 55°, jusqu'au 56° et même jusqu'au 57° degré de latitude, c'est-à-dire à plus de 20 lieues au delà du cap Horn. Il perdit sa chaloupe avec huit hommes de son équipage; un de ses bâtiments disparut dans la tourmente, un autre rentra involontairement dans le détroit, et prit le parti d'en sortir par l'est pour regagner l'Angleterre au mois de juin 1579. Le 25 novembre 1578, après dix mois de lutte, dix mois de tempêtes et de misère, Drake n'ayant plus de toute son escadre qu'un navire, la *Biche d'or*, venait jeter l'ancre sur la côte du Chili. Le 4 décembre, il faisait sa première prise. 60,000 piastres d'or, des joyaux précieux, des marchandises de toute sorte, déridèrent le front des corsaires et leur firent dès ce jour oublier leurs peines. Non contents de ce riche butin, ils se jettent sur l'église de Valparaiso, la dépouillent, mettent la ville au pillage et vont jusqu'au 19 janvier 1579 se refaire au port de Coquimbo. Tarapaza, Arica, ont à leur tour la visite inattendue des Anglais. Le 13 février, Drake arrive enfin sur la rade du Callao. Plusieurs navires y étaient mouillés. En un tour de main, la *Biche d'or* fait rade nette; le 24 février, elle passe la ligne; le 1er mars, elle capture le grand, le riche galion de Panama. La cargaison de ce bâtiment valait à elle seule près de 400,000 piastres.

Capturant et pillant toujours sur sa route, Drake n'en songeait pas moins à trouver le détroit qui devait le ramener par le nord en Angleterre. Il remonta ainsi jusqu'au 48e degré de latitude. Le mois d'août était venu, le froid se faisait déjà sentir, et les vents se maintenaient presque constamment contraires. Drake prit sans hésiter sa résolution. Du nord, il se tourne brusquement vers l'ouest et lance la *Biche d'or* à travers l'océan Pacifique. Pendant soixante-huit jours, il ne vit que le ciel et l'eau. Le 20 octobre 1579, il mouillait à Mindanao; le 3 novembre, à Ternate; le 9, sa cale était bondée jusqu'aux barrots du pont de piastres, de bijoux et de clous de girofle. La *Biche d'or* ce jour-là quittait les Moluques; elle calait alors 13 pieds d'eau. Comment eût-elle pu continuer à naviguer ainsi sans danger au milieu des bancs de sable ou de corail qui naguère se tenaient si loin de sa quille? Elle faillit rester sur un des récifs de la mer de Célèbes. Une saute de vent presque miraculeuse la sauva. Le 15 juin de l'année 1580 vit Drake doubler le cap de Bonne-Espérance, le doubler sans s'y arrêter, car Drake était trop chargé de butin pour ne pas fuir soigneusement de nouvelles rencontres. Il ne voulut toucher qu'à Sierra-Leone. Le 26 septembre, la *Biche d'or* arrivait à Plymouth après un voyage qui avait duré deux ans et dix mois. Comme les compagnons de Magellan, Drake avait perdu un jour; il se croyait encore au dimanche 25, quand les habitants de Plymouth dataient déjà du lundi 26.

Ce retour de Drake produisit en Angleterre un effet prodigieux. La crédulité publique exagérait encore les richesses que la *Biche d'or* avait rapportées. Voir revenir avec de tels trésors ce corsaire qu'on avait cru tant de fois englouti, il y avait bien là de quoi frapper l'imagination populaire. Le pirate heureux fut appelé à la cour, mais les plaintes de l'Espagne devinrent bientôt si vives qu'il fallut se résoudre à mettre les pillages de Drake sous séquestre. Au bout de quelques mois, la satisfaction donnée à Philippe II fut jugée suffisante; la reine Élisabeth avait pris son parti. Le 4 avril 1581, elle vint dîner à bord de la *Biche d'or*, mouillée en ce moment dans le port de Deptford. Le soir même, Drake, mettant un genou en terre, recevait de ses mains royales l'ordre de la chevalerie. Le fils de l'honnête marin de Tavistock s'appellera désormais sir Francis Drake. Hawkins et Forbisher ne gagneront leurs éperons que sept ans plus tard; ils les trouveront sur le champ de bataille du 26 juillet 1588.

Le moment approche où l'astre de la Péninsule va pâlir, mais quel éclat cet astre vient de jeter! Je n'aurai plus guère à m'occuper que de son déclin. Quand la mort du roi Sébastien aura confondu deux fortunes qui étaient restées jusque-là distinctes, les ennemis du Nord auront plus beau jeu pour les abattre à la fois d'un seul coup. Un autre esprit ne tardera pas à prévaloir dans le monde. De la bataille de Las Navas de Tolosa à la bataille d'Alcazar-Quivir, il s'est écoulé moins de quatre cents ans. Ces quatre siècles ont vu ce que l'humanité a connu de plus grand : des chevaliers et des navigateurs comme nous n'en reverrons plus.

CHAPITRE V

LA GRANDE ARMADA

L'esprit des croisades persistait encore dans la Péninsule, que depuis longtemps déjà il s'était complétement éteint dans le reste de l'Europe. La foi ardente, le besoin de prosélytisme, s'y nourrissaient de l'irritation et, jusqu'à un certain point, des craintes qu'inspirait aux populations de l'Andalousie et des Algarves la domination menaçante assise sur la rive africaine du détroit de Gibraltar. Le petit-fils du roi Jean III et le fils de Charles-Quint avaient pris possession presque à la même époque de leur héritage, l'un en 1557, l'autre en 1559. La fortune du Portugal commençait à fléchir dans les Indes, la glorieuse administration de don Jean de Castro en avait marqué l'apogée; celle de l'Espagne grandissait, au contraire, à vue d'œil dans le nouveau monde. La force vive de cette monarchie ne consistait pas dans l'immense étendue des États qui la composaient, elle résidait surtout dans les sept millions d'Espagnols qui gardaient fidèlement l'enthousiasme religieux et l'esprit chevaleresque des anciens jours. Ces Espagnols n'avaient pas moins en horreur l'hérésie que ~~~ Maures; ils trouvèrent dans le roi Philippe II un souverain dont l'âme se mit sans peine d'accord avec les sentiments dominants de ses sujets. Il est facile de blâmer les souverains qui répriment; l'histoire est-elle plus indulgente pour ceux qui cèdent? Je crains bien qu'en réalité elle ne garde ses faveurs pour ceux qui réussissent. Il fut un temps où l'on n'admettait pas plus l'anarchie religieuse que nous ne voudrions accepter de nos jours l'anarchie politique. Ce n'est pas uniquement sous le règne du fils de Charles-Quint, c'est aussi sous le règne de Louis XIV qu'on a pu voir les plus grands esprits accueillir avec un déplorable enthousiasme des persécutions qui devaient assurer le triomphe de l'orthodoxie, et qui ne firent qu'enraciner plus profondément le principe de la liberté de conscience. Philippe II était un souverain appliqué, de dévotion austère, pénétré de ses droits tout autant au moins que de ses devoirs. Lorsque commencèrent les troubles des Flandres, il reçut avec indignation les premières représentations qui lui furent faites. En 1567, il envoyait dans les Pays-Bas le duc d'Albe. C'était la plus cruelle réponse qu'il pût faire aux révoltés. Les deux principaux chefs de la ligue des seigneurs, le comte de Horn et le comte d'Egmont, ne tardèrent pas à porter leur tête sur l'échafaud. Ainsi délivré de tout contrôle, le duc usa de ses pouvoirs avec une telle rigueur que beaucoup d'habitants, réduits au désespoir, cherchèrent un asile dans la piraterie.

Un pays conquis sur la mer avait dû s'adonner de bonne heure à toutes les industries maritimes. Dès le XIIIᵉ siècle, en effet, on construisait des navires en Zélande. En 1512, lorsque l'empereur Charles-Quint, d'accord avec le pape et la république de Venise, s'apprêtait à faire la guerre aux Turcs, les Hollandais avaient pu armer cent vaisseaux ; ils en firent figurer quarante dans le cortége naval qui accompagna Philippe II en 1559 à son départ de Flessingue. Tous ces navires attendaient les mutins ; la plupart leur appartenaient. L'insurrection s'en fit une sorte de patrie flottante. On crut flétrir les rebelles en les appelant *les gueux de mer ;* mais sur toutes les côtes des Pays-Bas on trembla bientôt à ce nom. Adrien de Berghes, Ladislas de Brederode, Albert d'Egmont, se mirent à la tête de ces pirates, désavoués par l'Europe, secrètement assistés par tout ce qui s'intéressait à la cause de la réforme. Les gueux de mer se retiraient à la Rochelle devenue la citadelle du calvinisme, et en Angleterre, où les ennemis de l'Espagne étaient toujours assurés de rencontrer un appui. C'est là qu'ils allaient se ravitailler et déposer le fruit de leurs brigandages. Les forces du plus grand empire s'usent vite quand elles s'attaquent à une insurrection nationale. En 1569, la rébellion des Flandres semblait abattue sous le bras de fer du duc d'Albe. Dix ans plus tard, après une cruelle alternative de succès et de revers, sept des provinces insurgées se liaient par l'union d'Utrecht, et déclaraient le roi d'Espagne déchu de la souveraineté des Pays-Bas. L'action des flottes, plus encore que celle des armées, décida de ce grand événement. La prise de la Brille par les gueux de mer donna une place forte à la rébellion. Maîtres de cette ville, qu'ils occupèrent en 1572 au nom du prince d'Orange, les pirates secouèrent à la fois le joug de la domination espagnole et celui de l'Église romaine; plusieurs villes suivirent leur exemple. Dès ce jour, la confédération des Provinces-Unies se trouva fondée. Le duc d'Albe fit armer sur mer de toutes parts; il essaya vainement de reprendre la Brille. Les plus sanglants combats eurent lieu dans la mer intérieure. Victorieux sur le lac de Harlem, le comte de Bossu fut complétement battu et fait prisonnier dans le Zuiderzée. Le sieur de Beauvoir ne fut pas plus heureux : sa flotte, armée à Anvers, fut dispersée par la flotte de Zélande. On vit même, dans le cours de cette longue et impitoyable lutte, la guerre de terre ferme se convertir soudain en guerre maritime par la rupture inattendue des digues. Dans la plaine inondée, au milieu des arbres, des maisons, des villages devenus tout à coup des îlots, manœuvrèrent alors les navires et les barques. Ce fut de cette façon que le prince d'Orange obligea en 1574 les Espagnols à lever le siége de Leyde.

Ces rudes campagnes avaient fini par fatiguer le duc d'Albe ; elles usèrent deux autres généraux de renom, don Luis de Requesens et don Juan d'Autriche. En 1578, le prince de Parme, Alexandre Farnèse, succéda au vainqueur de Lépante. Il trouva dans les Pays-Bas des états généraux assemblés, une confédération tacitement reconnue par la plupart des souverains de l'Europe. La guerre des Flandres prit alors un autre caractère ; elle perdit de son acharnement et devint la première école de stratégie de l'Europe. Le duc de Parme y déploya les plus rare talents militaires.

En Portugal, on n'avait pas à faire la guerre aux hérétiques, — l'inquisition y avait mis bon ordre ; — on n'avait pas cessé de vouloir la faire aux Maures. Un roi de vingt-quatre ans, un jeune roi « sans bonheur », suivant la triste expression du poëte, entreprit en 1578 d'effectuer une descente en Afrique. La sage politique de Jean III avait enrichi ses États ; par une conséquence presque inévitable, elle y avait affaibli l'esprit militaire. Il fallut emprunter des troupes à l'Espagne, recruter des reitres et des lansquenets allemands pour se mettre en mesure de réaliser la nouvelle croisade. Le 4 juin 1578, la flotte portugaise emportait de Lisbonne 18,000 soldats. Débarqué sur la plage d'Arzila, le roi don Sébastien vit sa petite armée enveloppée par une nuée d'Arabes, dès qu'il tenta de marcher sur Larache. Ce prince héroïque, dont les historiens ont blâmé, non sans quelque amertume, l'imprudence, et dont ils ne se seraient pas fait faute d'exalter le succès, disparut au milieu de la déroute d'Alcazar-Quivir. Tout fait présumer qu'il trouva la mort le jour même sur le champ de bataille; mais le peuple, qui l'aimait, s'attendit, pendant plus de vingt ans, à le voir reparaître. Dom Sébastien emportait avec lui l'indépendance nationale. La couronne tombait en effet entre les mains d'un prêtre, et d'un prêtre de soixante-six ans, le cardinal dom Henrique. Après ce cardinal, Philippe II avait des droits d'étroite parenté à faire valoir ; il chargea le duc d'Albe de les appuyer. Le 25 août 1580, 20,000 soldats d'infanterie et 2,000 chevaux résolurent la question. Lisbonne capitula, et ses faubourgs furent livrés au pillage. Il n'en existait pas moins encore un prétendant, le prieur de Crato, dom Antonio, petit-fils illégitime d'Emmanuel. Le Portugal eût volontiers épousé la cause de ce compétiteur, qui seul le pouvait soustraire à l'absorption dont la bataille d'Aljubarrota et la dynastie d'Aviz avaient préservé en 1385 l'héritage de don Fernando; mais les temps étaient bien changés. Les sympathies d'un peuple n'étaient pas de force à prévaloir contre les vieilles bandes de

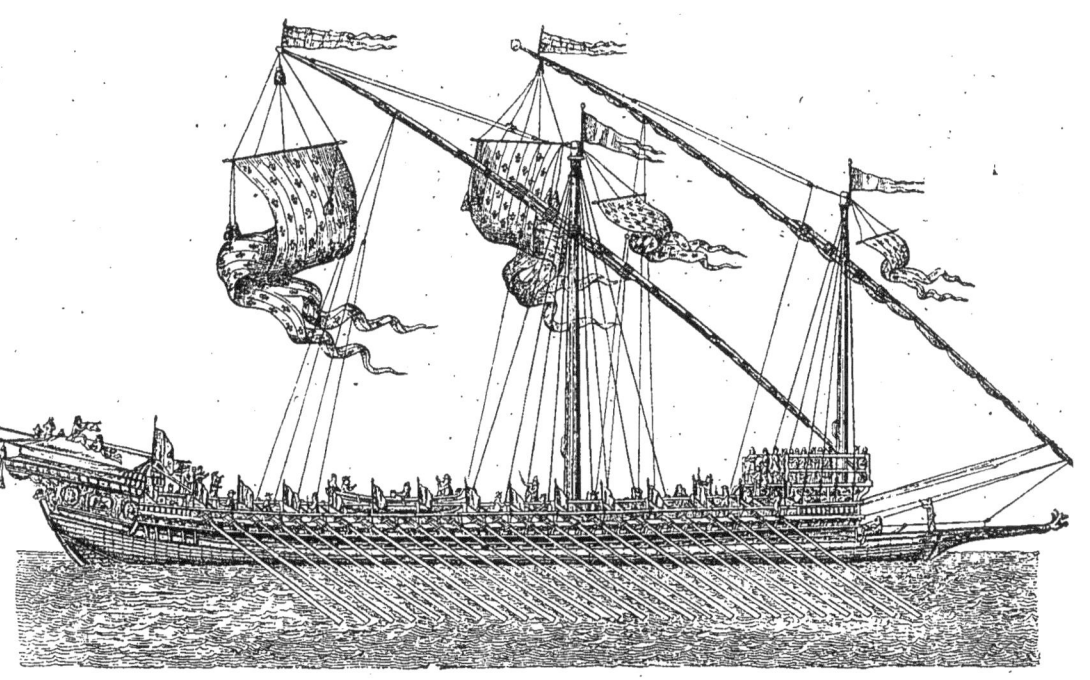

Galère du seizième siècle.

Castille. Après s'être défendu quelque temps avec vigueur dans Porto, et avoir erré fugitif de province en province, le prieur parvint à gagner la France au mois de janvier 1581. Il se vantait d'avoir des intelligences aux Açores; Catherine de Médicis lui fit donner une flotte de soixante vaisseaux. On y embarqua 6,000 hommes dont le colonel Strozzi eut le commandement et le comte Charles de Brissac, fils du maréchal de ce nom, la lieutenance. Charles Landereau, « gentilhomme de beaucoup de valeur », prit les devants avec neuf vaisseaux et 800 soldats. Le reste de la flotte fit voile quelque temps après, ayant à bord dom Antonio et le comte de Vimiosa, qui s'attribuait la qualité de connétable de Portugal. La descente s'effectua dans l'île de Saint-Michel. Six jours après paraissait la flotte d'Espagne commandée par le marquis de Santa-Cruz. Cette flotte se composait de cinquante galions, cinq pataches et douze galères. « Ce furent les premières galères qu'on vit s'engager si avant sur l'Océan. » Le combat commença par une canonnade à outrance; il finit comme il devait finir à cette époque : par l'abordage. Sur la flotte de Philippe II se trouvaient 6,000 Espagnols et 500 Allemands. Le succès, dit-on, fut longtemps douteux; il resta aux plus gros navires et aux plus gros bataillons. Strozzi fut blessé à mort; il expira au moment où on le présentait à l'amiral vainqueur. Le comte de

Vimiosa succomba également à ses blessures; le comte de Brissac ramena en France les débris de la flotte. Les Français avaient perdu 1,500 hommes; 600 prisonniers étaient tombés aux mains de Santa-Cruz. L'amiral de Philippe II ne voulut voir dans ces ennemis vaincus que des pirates; il les fit sans pitié mettre à mort. Pendant ce temps don Antonio se trouvait en sûreté dans l'île de Tercère. De cet asile, il réussit encore une fois à gagner la France, et, ce qui a lieu de surprendre, il y obtint de nouveaux secours. Au mois de mai 1583, le commandeur de Chaste débarquait dans la ville d'Angra à la tête de 500 hommes. Le gouverneur, don Emmanuel de Silva, n'avait pas cessé de tenir la place au nom du roi Antonio, dont il se proclamait le lieutenant général. Le marquis de Santa-Cruz amena de nouveau sa flotte dans ces parages; en quelques jours, il fut maître de la ville et fit chèrement expier à don Emmanuel de Silva sa fidélité honorable. Le gouverneur de Tercère pour le roi Antonio eut la tête tranchée.

Tout semblait donc sourire à Philippe II. En dépit de quelques brigandages qu'il lui fallait subir, sa suprématie navale demeurait incontestée. Il était impossible cependant qu'il vît sans quelque ombrage et sans quelque inquiétude grandir en face des provinces insurgées une puissance maritime toujours prête à leur tendre la main. La marine anglaise avait pris un rapide développement depuis le jour où les réfugiés flamands étaient venus lui apporter leur concours et les secrets de leur industrie. Jusqu'alors, l'Angleterre avait dû tirer sa poudre à canon des Pays-Bas; elle apprit à la fabriquer sur ses propres rivages. Non contente de soutenir les prétentions de dom Antonio au trône de Portugal, celles du duc d'Alençon à la couronne de Brabant, la reine Élisabeth venait de décerner les honneurs de la chevalerie au pirate qui avait si audacieusement porté le pillage et la dévastation dans les colonies espagnoles. Quel défi plus sanglant pouvait-elle jeter à ce puissant monarque dont elle avait refusé la main, et qui se vantait encore à la face de l'Europe de lui avoir sauvé la vie au temps où sa propre sœur la reine Marie Tudor et Gardiner complotaient en secret sa perte? Philippe II, calme et froid, ruminait sa vengeance. Le duc de Parme reçut l'ordre de se procurer une description exacte « des ports, châteaux, rivières et routes de l'Angleterre ». C'était dans leur île que le roi d'Espagne voulait aller attaquer les Anglais. Il se flattait d'y trouver de nombreux partisans et d'y rallumer aisément le flambeau mal éteint de la guerre civile. De pareils desseins ne peuvent être longtemps tenus secrets; ils exigent trop de préparatifs. La reine Élisabeth, informée de ce qui se tramait contre elle, n'hésita pas à prendre les devants. Il lui était facile de frapper sans se découvrir. Sir Francis Drake était là, enrichi, anobli, mais toujours aussi entreprenant. Pour le lancer sur les Espagnols, la reine n'eut à lui fournir ni vaisseaux, ni soldats; elle n'eut qu'à fermer les yeux. Drake sortit des ports d'Angleterre avec vingt-cinq voiles; le 17 novembre 1585, anniversaire du jour où Élisabeth était montée sur le trône, il jeta pendant la nuit un millier d'hommes sur la principale des îles du Cap-Vert, et s'empara de la ville de Santiago. Sans s'arrêter, il traverse l'Atlantique, pille Saint-Christophe et la Dominique, occupe pendant plus d'un mois Santo-Domingo, va rançonner la ville de Carthagène, ravager la côte de Floride, et finit par ramener en Angleterre les débris de la malheureuse colonie de Roanoke, fondée l'année précédente sur les côtes de la Virginie par sir Walter Raleigh. En 1586, il fait route avec une autre flotte non plus pour les Indes occidentales, mais pour Lisbonne même et pour Cadix. Les Espagnols se voient avec stupéfaction attaqués dans ceux de leurs ports qu'ils croyaient à bon droit les plus sûrs. Drake y brûle en une seule expédition les navires par centaines. Le fameux galion des Indes orientales, le *Saint-Philippe*, était attendu à Tercère. Drake s'établit en croisière au milieu des Açores, et y supporte des privations incroyables plutôt que d'abandonner son dessein. Sa patience est récompensée: il ramène en

Angleterre la plus riche capture qui ait jamais été faite.

Philippe II supportait tous ces coups, je ne dirai pas sans se plaindre, mais sans vouloir rompre encore ouvertement. Par les soins habiles de Walsingham, conseiller privé d'Élisabeth, ses traites venaient d'être protestées à Gênes. Walsingham retarda ainsi d'une année les projets d'invasion. L'orage cependant continuait de s'amasser en silence. Le duc de Parme s'emparait peu à peu sur les côtes de Flandre des places du littoral, et tous les ports de la monarchie équipaient des galions. La grande Armada ne va pas tarder à entrer en scène ; c'est l'histoire militaire de la marine moderne qui commence.

D'autres expéditions ont été préparées avec autant de maturité ; aucune n'a mieux mérité de réussir que la grande entreprise de 1588. L'invasion devait venir des côtes de Flandre. Le duc de Parme avait rassemblé d'Espagne, de France, de Savoie, d'Italie, de Naples, de la Sicile, de l'Allemagne et même de l'Amérique, une armée de 40,000 fantassins et de 3,000 cavaliers. Il voulait franchir le détroit avec 30,000 hommes au moins et 800 chevaux. Des forces navales supérieures lui fermaient le passage ; il n'attendait pour partir que d'être débloqué ; en attendant, il avait cantonné ses troupes. Près de Nieuport se trouvaient 30 compagnies d'Italiens, 10 de Wallons, 8 d'Écossais, autant de Bourguignons; — à Dixmude, 80 compagnies de Néerlandais, 60 d'Espagnols, 60 d'Allemands. 700 transfuges anglais, écossais, irlandais s'étaient rassemblés sous le commandement de sir William Stanley et de Charles Nevil, comte de Westmoreland. 12,000 hommes campaient avec le duc de Guise sur la côte de Normandie. L'Angleterre allait donc avoir à combattre la première infanterie du monde, commandée par le meilleur capitaine de l'Europe. Pour effectuer le transport de ses troupes, le duc de Parme avait à Dunkerque 38 navires de guerre montés par des marins de Brême, de Hambourg, d'Emden et de Gênes; à Nieuport, 200 bateaux de moindres dimensions. Flotte et flottille, tout était encore très-insuffisant. Le duc fit construire à Anvers, à Gand et jusque dans la rivière de Watten [1], des bateaux plats et de nouveaux navires. Après avoir construit ces barques, il fallait les amener de l'intérieur à la mer. On cura les rivières, on creusa des canaux de Gand à Ysendyck, à Sluys, à Nieuport. Sur ce dernier point, on embarquerait des fascines; à Gravelines, on prendrait 20,000 barriques destinées à former des ponts de débarquement. Cent hourques chargées de provisions viendraient par les canaux de

---

[1] Watten est une petite ville de la Flandre française, située à 34 kilomètres sud-ouest de Dunkerque.

Bruges dans les ports de Flandre. Tels étaient les préparatifs qui avaient lieu directement en face de l'Angleterre ; au loin, il s'en faisait de plus considérables encore.

Le duc de Parme ne pouvait rien tant qu'une flotte espagnole n'aurait pas éloigné la croisière combinée qui, sous les ordres de Justin de Nassau, amiral de Zélande, de lord Seymour et de sir William Winter, surveillait de près ses mouvements. Le sort de la campagne se déciderait donc en premier lieu dans la Manche. Philippe II ne doutait pas que sur ce terrain il n'eût facilement l'avantage. Montée par 32,000 hommes, armée de 3,000 canons, jaugeant près de 60,000 tonneaux [1], sa flotte comprenait 132 navires et lui coûtait par jour plus de 30,000 ducats. Il avait mis à bord 7,000 mousquets, 10,000 hallebardes et pertuisanes, 1,200,000 boulets, 5,600 quintaux de poudre, 800 mules pour le service de l'artillerie de campagne et six mois de vivres. Pour commander en chef l'expédition, il fit

---

[1] Je me suis livré à de très-longs et très-minutieux calculs pour arriver à estimer l'importance de chacune des deux flottes. Le *tonnage* n'est qu'une mesure de convention destinée à établir approximativement la capacité du navire. Ce mode de mesurage a souvent varié. Il n'y a de mathématiquement exact que le calcul du *déplacement*, c'est-à-dire le mesurage géométrique du volume d'eau déplacé par la partie immergée de la carène. La différence entre le déplacement du bâtiment lège et du bâtiment prêt à prendre la mer constitue ce qu'on appelle *l'exposant de charge*. — *Jauger* un bâtiment, c'est en évaluer, suivant les règles de douane, le tonnage.

choix de don Alfonso Perez de Guzman, duc de Medina-Sidonia ; pour conduire la flotte, il s'en reposa sur la vieille expérience de don Juan Martinez de Recalde.

La reine Élisabeth ne commença ses préparatifs de défense que le 1er novembre 1587. Ce fut son honneur pendant un long règne, on peut même ajouter que ce fut sa grande habileté, d'être avant tout une reine économe. En cette occasion, cependant, elle paraît avoir poussé l'économie trop loin, car elle faillit se laisser surprendre. L'élan populaire racheta heureusement l'imprudence de la souveraine. Le peuple anglais n'est pas de ceux qui laissent tout à faire à leur gouvernement; dès qu'il vit son territoire menacé, il courut aux armes et ouvrit ses coffres. Le 20 décembre, la flotte, en qui résidait l'unique espoir du protestantisme, se trouva en état de prendre la mer. Le grand amiral d'Angleterre, Charles lord Howard d'Effingham, la commandait. On lui donna pour vice-amiral sir Francis Drake, pour contre-amiraux John Hawkins et Martin Forbisher. Cette flotte comptait 197 navires. Le chiffre des bâtiments qui la composaient ferait illusion, il le faut compléter par un autre : l'Angleterre, en réalité, n'opposait que 30,000 tonneaux environ à 60,000, et moins de 16,000 hommes à plus de 30,000[1]. Une défaite navale était à pré-

---

[1] Dans l'appréciation des forces, c'est toujours à cette époque le ton-

voir. Tout eût-il été pour cela perdu ? L'Europe et Philippe II le pensaient, la noblesse anglaise était trop fière pour vouloir l'admettre. 20,000 hommes se tenaient sur les côtes méridionales d'Angleterre, prêts à s'opposer au débarquement; 1,000 chevaux et 22,000 fantassins, sous les ordres de Robert Dudley, comte de Leicester, étaient campés à Tilbury, près de l'embouchure de la Tamise. Une autre armée, commandée par Henry Carey (lord Hunsdon), comprenait 34,000 fantassins et 2,000 cavaliers ; ce corps était spécialement destiné à garder la personne de la reine. On se méfiait du roi d'Écosse, qui avait à venger la mort de sa mère. Le duc de Parme le sollicitait vivement d'opérer une diversion. La politique n'a pas de rancunes ; elle n'a que des intérêts. Il fut facile de persuader à l'Écosse que la perte de l'Angleterre compromettrait gravement son indépendance. Le roi Jacques céda aux caresses d'Élisabeth ou à la pression de ses conseillers ; il déclara les Espagnols ennemis de son trône et offrit son concours aux juges de Marie Stuart.

Tout était prêt enfin en Espagne et en Italie. Philippe II lança son manifeste, le pape Sixte-Quint

---

nage et non le nombre des navires qu'il faut considérer. Sur 197 bâtiments, la reine n'en avait fourni que 34. Cette escadre n'en constituait pas moins, avec ses 12,000 tonneaux et ses 6,900 hommes plus du tiers de la totalté des forces réunies sous la bannière de lord Howard.

excommunia la reine. Il la déclara illégitime et usurpatrice, dégagea ses sujets du serment de fidélité, et promit indulgence plénière à quiconque seconderait le duc de Parme. Le 19 mai 1588, la flotte espagnole sortait du Tage et se dirigeait vers la Corogne. Tel était le lieu choisi pour le rendez-vous général. A la hauteur du cap Finistère, une tempête dispersa l'armée; un tiers seulement put atteindre le port. Le bruit se répandit alors en Angleterre que la flotte espagnole était en partie détruite, et qu'elle ne pourrait rien entreprendre de cette année. Élisabeth crut le moment venu de réduire ses dépenses. Walsingham fit sur-le-champ savoir à lord Howard que, suivant le bon plaisir de la reine, il eût à renvoyer au port quatre de ses plus gros vaisseaux. L'amiral résista : s'il le fallait, il prendrait à sa charge l'entretien de ces bâtiments; il se garderait bien de s'en séparer. La nouvelle qu'on lui transmettait exigeait tout au moins confirmation. Howard voulut aller reconnaître lui-même les ports de la Galice; le 10 juillet, il n'était plus qu'à quarante lieues des côtes d'Espagne. Le vent tout à coup passa au sud. Ce vent pouvait porter la flotte ennemie sur la côte d'Angleterre. Howard craignit de s'y voir devancé; il retourna sur-le-champ à Plymouth. Ce fut à ce mouillage qu'un corsaire écossais vint lui annoncer, le 19 juillet, l'approche de la flotte espagnole. Le 20, les deux armées étaient en présence. Les Anglais sortaient en louvoyant de la baie de Plymouth; l'armée espagnole défilait lentement devant Eddystone et remontait la Manche toutes voiles déployées.

On vit passer d'abord douze galions portugais placés sous le commandement particulier du généralissime, le duc de Medina-Sidonia. Ces douze galions portaient près de 8,000 tonneaux, 389 canons, 1,242 matelots et 3,086 soldats. Le galion amiral était un navire de 1,000 tonneaux, armé de 50 canons [1]. Puis vint la flotte de Biscaye, commandée par don Juan Martinez de Recalde, avec ses 14 bâtiments, ses 5,861 tonneaux, ses 302 canons, ses 906 matelots, ses 2,117 soldats. La flotte de Castille, sous les ordres de don Diego Florez de Valdez, se présenta la troisième; elle comptait 16 navires, 8,054 tonneaux, 474 canons, 1,793 matelots, 2,924 soldats. Trois autres divisions se succédèrent : l'escadre d'Andalousie, l'escadre du Guipuscoa et la flotte du Levant. L'escadre d'Andalousie avait pour chef don Pedro de Valdez. C'était la plus forte escadre, bien qu'elle ne se composât que de 11

---

[1] 1,000 tonneaux de jaugeage correspondaient alors à un déplacement total de 1,500 tonneaux. C'était la capacité d'un vaisseau de 60 canons dans la flotte de Tourville, celle des frégates de 44 au commencement de ce siècle, la *Clorinde*, par exemple, dont le déplacement était de 1,743 tonneaux, ou l'*Armide*, qui en déplaçait 1,391. Dans la division du généralissime, on comptait aussi bien que dans les autres de gros et de petits galions. Les moindres jaugeaient 166 tonneaux, portaient 14 canons, 50 matelots et 60 soldats Un de nos bricks de 20, le *Palinure*, aurait offert un déplacement au moins double.

navires. Son tonnage total était de 8,692 tonneaux, son armement de 315 canons servis par 776 matelots et 2,359 soldats. Le plus gros de ses navires portait 1,550 tonneaux, le plus faible 569 [1]. L'escadre du Guipuscoa, confiée à don Miguel de Oquendo, pouvait mettre en ligne 12 navires, 7,000 tonneaux, 296 canons, 608 matelots et 2,120 soldats; elle semblait cependant presque chétive à côté de la flotte du Levant, commandée par don Martinez de Vertendona. Dans cette dernière flotte en effet, composée de 10 navires, on ne rencontrait que des montagnes mouvantes, des bâtiments comparables, par leurs dimensions, à nos grandes frégates ou à nos corvettes [2]. Il y avait là un groupe rassemblant sous une forme très-compacte 8,632 tonneaux de jauge, 319 canons, 844 matelots et 2,792 soldats. A la droite de ces six divisions de combat naviguaient les hourques et les pataches. Les hourques, c'était le convoi; les pataches tenaient lieu d'escadre légère. Monté sur le *Grand Griffon*, don Juan Lopez de Medina dirigeait les premières, au nombre de 23 navires; 24 pataches obéissaient aux ordres de don Antonio de Mendoza. Quatre galéasses, grosses galères de

[1] L'un, sous le rapport du déplacement, eût pu être comparé à nos frégates de 52, telles que la *Zénobie;* l'autre, à nos corvettes de 30 construites sur le type de l'*Ariane*.

[2] A la *Forte* par exemple, de 2,043 tonneaux de déplacement, ou à l'*Ariane*, de 1,050.

Naples, montées chacune par 130 matelots, 270 soldats et 300 galériens, suivaient la bannière de don Hugo de Moncada; 4 galères de Portugal, plus alertes, mais plus faibles aussi d'échantillon, n'ayant à bord chacune que 106 matelots, 110 soldats et 222 esclaves, reconnaissaient pour amiral don Diego de Medrana. Ces huit navires à rames, amenés jusque dans la Manche, pouvaient en temps de calme y rendre les plus grands services.

Voyons maintenant ce qu'étaient les forces anglaises : la flotte de la reine, composée de 34 navires, montée par 6,279 hommes, jaugeait 11,850 tonneaux. Le plus fort bâtiment de cette flotte était le *Triumph*, de 1,100 tonneaux avec 500 matelots à bord. La moyenne du tonnage, — 347 tonneaux, — celle des équipages, — 185 hommes, — indiquaient un corps de bataille où chaque unité avait sa valeur. C'est là que tous les pavillons de commandement avaient trouvé un navire digne de les porter. Le grand amiral, Charles Howard, s'était placé sur l'*Arche royale*, de 800 tonneaux; le comte de Cumberland sur l'*Elizabeth-Bonaventure*, lord Henry Seymour sur le *Rainbow*, lord Thomas Howard sur le *Lion d'or*, lord Edmond Sheffield sur l'*Ours blanc*, sir William Winter sur le *Van guard*, sir Francis Drake sur le *Revenge*, sir Robert Southwell sur l'*Elizabeth-Jonas*, John Hawkins sur le *Victory*, sir Henry Palmer sur l'*Antelope*, Martin Forbisher sur le *Triumph*, sir George Beston sur le *Dreadnought*. Six divisions formées de navires nolisés, une division de gabares, complétaient l'armée navale d'Angleterre [1].

Les divisions espagnoles, dès qu'elles eurent dépassé le rocher d'Eddystone, se groupèrent autour du généralissime, et cette flotte immense continua sa marche formée en croissant; son front seul occupait un espace de près de 7 milles. Les Anglais ne pouvaient songer à lui disputer le passage; ils voulaient conserver l'avantage du vent, suivre l'ennemi de près, et, quand l'occasion s'en présenterait, l'inquiéter sur ses derrières.

On n'avait pas encore oublié les traditions de l'antique chevalerie. En guise de héraut d'armes, lord Howard envoya le 21 juillet, vers neuf heures du matin, sa pinasse [2] faire sur les Espagnols une

---

[1] On se fera aisément une idée de la force de ces divisions nolisées qui ne comprenaient pas moins de 163 navires, si l'on place en regard des chiffres que j'ai déjà cités les moyennes suivantes : pour la première division appartenant au grand amiral, 75 tonneaux et 24 hommes; pour celle de sir Francis Drake, 160 tonneaux et 72 hommes; pour les trois divisions de caboteurs et de volontaires, 69 tonneaux et 48 hommes. Les escadrilles que les Grecs opposèrent dans la guerre de 1821 à 1828 aux escadres ottomanes pourraient seules être assimilées à cette flottille marchande. On y rencontrait; à côté de galions de 200 et 300 tonneaux; des barques qui en jaugeaient à peine 30, 40 ou 50.

[2] *Pinace; pinnace, pinasse*, « petit bâtiment à poupe carrée qui va à voiles et à rames, et qui porte trois mâts. » La pinasse devait être une espèce de lougre ou de chasse-marée. Les navires côtiers ont peu changé de forme ou de voilure depuis cinq cents ans.

décharge de tous ses canons. C'était la réponse au manifeste de Philippe II, la déclaration de guerre à l'étranger qui osait, sans saluer de son pavillon, pénétrer « dans les mers étroites ». Immédiatement après, le grand amiral ouvrit lui-même le feu sur le galion d'Alfonso de Leva. Recalde avec sa division se porta au secours de ce bâtiment. Sir Francis Drake, John Hawkins, Martin Forbisher, accoururent à leur tour. Recalde se replia en bon ordre vers le gros de la flotte. Il avait perdu 15 hommes dans cet engagement. La nuit vint, nuit noire et tempêtueuse ; la mer grossit beaucoup. Le galion que montait don Pedro de Valdez aborda un autre vaisseau espagnol ; dans cet abordage, le vaisseau de Valdez craqua son mât de misaine et son beaupré ; le lendemain 22 juillet il tombait entre les mains de sir Francis Drake. L'escadre espagnole continuait toujours sa route. C'était la seconde nuit qu'elle passait dans la Manche. Le jour la trouva au delà du cap Start. Drake avait reçu l'ordre de conduire l'armée anglaise. Lancé à la poursuite de quelques hourques allemandes, il se trouva bientôt hors de vue. La majeure partie de la flotte anglaise restait en panne, ne sachant plus qui suivre. Howard, lui, suivait le feu de l'amiral espagnol, se figurant marcher dans les eaux de Drake. Au jour il n'apercevait plus que le haut des mâtures de sa flotte ; il était au milieu de la flotte ennemie.

Deux navires seulement, l'*Ours blanc* et le *Mary-Rose*, avaient partagé sa fortune. La situation pouvait être critique, mais l'Armada tendait avec trop d'énergie à son but pour vouloir s'en laisser détourner. Elle préférait faire encore une fois la part du feu. Medina-Sidonia avait perdu un galion; il en sacrifia un autre, endommagé cette nuit même par un incendie. Déjà un messager était parti pour aviser le prince de Parme de la position de la flotte; le calme malheureusement survint; la fortune commençait à hésiter. Le 23 juillet, ce n'était plus par le calme, c'était par le vent contraire qu'on se trouvait arrêté.

Du moment qu'ils ne pouvaient plus avancer, les Espagnols ne demandaient pas mieux que de combattre. Ils étaient alors arrivés à la hauteur de Portland. Ils virèrent de bord et se portèrent sur la flotte anglaise. La cannonade, à cette époque, ne pouvait rien résoudre; il fallait en venir à l'abordage. Les Espagnols tentèrent plusieurs fois d'aborder. Plus agiles, les Anglais réussirent constamment à se dérober à leur étreinte. Une action assez vive et très-confuse s'engagea. L'*Arche royale*, le *Non-Pareil*, l'*Elizabeth-Jonas*, le *Victory*, se mirent en demeure de répondre aux galions. Le *Triumph*, le *Merchant royal*, le *Centurion*, le *Margaret and John*, le *Mary-Rose*, le *Lion d'or*, eurent affaire aux galères. Pendant une heure et demie, les navires anglais tinrent ces bâtiments à rames en échec. La brise vint encore une fois changer la face des choses. Elle passa successivement au sud-est, puis au sud-ouest. Les Espagnols se formèrent en demi-cercle, placèrent leurs meilleurs navires en dehors, ceux qui avaient souffert dans l'intérieur du croissant, et, ainsi rangés, ils reprirent leur chemin vers Calais. Les Anglais reprirent de leur côté leur poursuite. Un grand navire de Venise qu'ils étaient parvenus à désemparer tomba dans cette journée en leur pouvoir. La flotte de lord Howard commençait à manquer de poudre. L'amiral en envoya chercher dans le port le plus voisin. Malgré la perte de trois bâtiments, l'avantage n'en restait pas moins à la flotte espagnole, puisqu'elle continuait imperturbablement sa route et approchait insensiblement de son but. Le 25 juillet, au matin, les deux flottes se retrouvèrent à la hauteur de l'île de Wight. On se battit cette fois à 100 mètres environ de distance. Il faisait presque calme. Les Anglais se faisaient remorquer par leurs embarcations, les Espagnols s'aidaient de leurs galères. On vit dans cette journée le *Non-Pareil* et le *Mary-Rose* amener leurs huniers, — c'est ainsi qu'au seizième siècle on mettait en panne, — et braver à eux seuls toute la flotte espagnole. Le duc de Medina-Sidonia s'était de sa personne porté à l'arrière-garde. Son grand mât fut abattu ; il eût été pris, si Mexia et Recalde ne se fussent empressés de venir le couvrir. L'amiral anglais ne courut pas moins de danger. Un changement de vent le dégagea et lui permit de rallier autour de lui sa flotte dispersée par le calme. Le 26 juillet, Charles Howard d'Effingham appelait à l'ordre lord Thomas Howard, lord Sheffield, Roger Townsend, John Hawkins, Martin Forbisher. C'étaient les héros du combat de la veille. Sur le pont de l'*Arche royale,* le grand amiral d'Angleterre leur conféra, au nom de la reine, les honneurs de la chevalerie.

La brise cependant avait fraîchi et se maintenait au sud-ouest. Un second messager fut détaché au prince de Parme. Medina le pressait de sortir, de venir le rejoindre à tout prix. Bien qu'ils se soient vantés de pousser devant eux l'ennemi comme un troupeau, les Anglais ne pouvaient méconnaître à cette heure l'imminence du danger. Ils rappelèrent les vaisseaux de lord Seymour, ceux de sir William Winter, détachés sur la côte de Flandre, et demandèrent à l'Angleterre menacée des renforts. Il était inutile de stimuler le zèle de la noblesse et de la *gentry*. Les volontaires s'engageaient en foule, nolisaient des navires et venaient à chaque instant grossir les rangs de l'armée. Là se confondirent avec les vieux corsaires les plus beaux noms de la Grande-Bretagne : les comtes d'Oxford, de Northumberland et de Cumberland, lord Dudley, sir Thomas, sir Robert et William Cecil. Quand il eut été rallié par Henry Seymour et par sir William Winter, le lord d'Effingham se trouva entouré de cent quarante navires, tous en bon état et bien ravitaillés, commandés par les plus vaillants capitaines et montés par les plus vigoureux matelots qui aient jamais mis le pied sur un navire. Les juges de paix des comtés maritimes, le comte de Sussex, sir George Carey, les capitaines des forts et des châteaux envoyaient à l'envi des hommes, des vivres et des munitions. Quinze ou seize navires seulement avaient été jusqu'alors engagés ; le grand effort restait encore à faire.

Enfin le 27 juillet, dans la soirée, la flotte espagnole jeta l'ancre devant Calais. Tout dépendait désormais du duc de Parme. Qu'il chassât devant lui les vingt-cinq vaisseaux hollandais qui prétendaient encore le bloquer, et l'Angleterre se trouvait envahie. Le duc ne possédait, il est vrai, pour déboucher en mer que deux issues, le port de Dunkerque et celui de Nieuport ; son devoir n'en était pas moins de tenter la sortie. Il ne la tenta pas. « Ses bateaux plats faisaient eau ; ses matelots, retenus si longtemps contre leur gré, avaient déserté en grand nombre ; ses vivres n'étaient pas encore rassemblés. Il ne pourrait sortir avant le 4 août. » Telle fut la réponse que reçut Medina-Sidonia, et pendant ce temps l'escadre anglaise venait mouiller près de la flotte espagnole, presque à portée de coulevrine.

Le 28 juillet, le lendemain du jour où les deux flottes avaient jeté l'ancre, lord Howard reçut l'ordre de la reine de choisir huit de ses moins bons navires et de les convertir en brûlots. Ce moyen d'attaque avait été déjà employé avec le plus grand succès au siége d'Anvers. Deux capitaines, dont l'histoire a gardé les noms, Young et Prowse, acceptèrent la mission de conduire à portée de canon de la flotte espagnole les engins incendiaires. Vers deux heures du matin, ils les abandonnèrent au vent et au courant après avoir mis le feu à la mèche. En un instant, les brûlots furent en flammes ; le désordre se mit dans la flotte espagnole. Peu de navires prirent le temps de lever leurs ancres ; la plupart se hâtèrent de couper leurs câbles. La confusion sans doute en ce moment fut grande, mais le dommage fut moins considérable qu'on eût eu sujet de le craindre. La flotte espagnole avait été naturellement dispersée ; elle se rallia le 29 juillet vis-à-vis Gravelines. Ce même jour, le duc de Parme, ayant fait ses dévotions à Notre-Dame de Halle, entrait à Dunkerque. Il fit punir les fournisseurs qui auraient dû en temps opportun approvisionner la flotte ; il n'essaya pas de prendre la mer. L'expédition venait d'avorter.

La flotte espagnole n'avait été ni équipée ni construite pour combattre au milieu des bancs de la côte de Flandre. Les Anglais avaient dans de tels parages tout le bénéfice de leurs faibles tirants d'eau, de leurs coques plus légères. Ce fut sir Francis Drake, suivi de son escadre, qui attaqua le premier; le gros des Anglais vint ensuite, puis bientôt arrivèrent les Hollandais et les Zélandais. Tout vaisseau désemparé tombait sur les bancs. Ainsi furent capturés ou périrent un grand galion de Biscaye, le *Saint-Mathieu,* de 800 tonneaux, commandé par don Diego de Pimentelli, le *Saint-Philippe,* monté par don Francisco de Tolède, un vaisseau de Castille, de 400 tonneaux, et deux vaisseaux vénitiens. Malgré tant de désastres, il restait encore au duc de Medina-Sidonia cent dix ou cent douze navires dont la coque et le gréement avaient, il est vrai, beaucoup souffert. Que pouvait faire Medina-Sidonia sans le duc de Parme? Opérer sa retraite en tenant autant que possible l'ennemi à distance. Il l'eût fait sans doute, et eût emporté du moins dans ce grand insuccès l'honneur d'avoir courageusement et fidèlement accompli sa tâche, si le ciel ne se fût brusquement tourné contre lui. Le vent s'éleva du nord-ouest avec grains et fortes rafales. Ce contre-temps ne fermait pas seulement aux Espagnols la route vers le détroit de Douvres, il menaçait de les pousser vers les côtes de Zélande. Les Anglais ne songèrent plus qu'à leur propre sûreté; ils levèrent la chasse et firent force de voiles pour s'éloigner de ces dangereux parages. Le vent passa heureusement au sud-ouest ; Medina en profita pour virer de bord et pour faire route au nordest. Le soir, la flotte espagnole tint conseil. Les navires étaient encombrés de blessés et de malades ; les provisions commençaient à s'épuiser ; on se trouvait à court d'eau, et l'on avait laissé la majeure partie des ancres sur la rade de Calais. D'un avis unanime, le conseil déclara qu'il fallait rentrer en Espagne, et qu'il y fallait rentrer par le nord de l'Écosse. Revenir sur ses pas avec des gréements avariés, des équipages harassés ; un vent qui menaçait d'être constamment contraire, pendant qu'une flotte ennemie, ardente à la poursuite, obligerait chaque jour à suspendre la route pour repousser ses assauts, fut considéré à juste raison comme une manœuvre tout à fait impraticable. Quelle traversée cependant on allait entreprendre, — sans cartes, sans pilotes, sans connaissance des côtes, des vents et des marées ! Les Espagnols s'imposaient ainsi le devoir de recommencer leur ancien métier de découvreurs ; mais ce n'était plus avec des barques de 50 ou de 60 tonneaux, c'était avec des galions presque aussi gros et assurément beaucoup plus lourds que nos frégates. « Combien ils auraient voulu à cette heure, disait Drake, se trouver sous leurs orangers ! » Ce sont là des insolences de vainqueur. Les Espagnols avaient montré plus d'une fois, même avant l'expédition de Magellan, qu'ils savaient naviguer, eux aussi, par les hautes latitudes; seulement tout concourait en 1588 à leur rendre plus que jamais périlleuse la navigation des mers boréales.

Pour épargner leur eau, ils jetèrent à la mer les chevaux et les mules; puis, favorisés par le vent, ils firent route sous toutes voiles vers la pointe septentrionale de l'Écosse. Les Anglais les suivirent; ils furent loin de trouver des gens aussi intimidés que leurs historiens l'ont prétendu. Maintes fois ces vaincus amenèrent leurs huniers pour défier et attendre un ennemi qui triomphait trop tôt. Lord Howard n'alla pas au delà du 55° degré de latitude. Il jugea suffisant de laisser à quelques avisos le soin d'observer l'ennemi et alla jeter l'ancre sur la rade de Yarmouth. Quelques-uns des vaisseaux de sa flotte mouillèrent à Harwich, d'autres rétrogradèrent jusqu'aux Dunes.

Vingt-cinq navires suivaient le duc de Medina, quarante étaient groupés autour de Recalde. La flotte espagnole passa ainsi entre les Orcades et Fair Isle par 59° 30′ de latitude nord. Le 23 août 1588′, soixante-dix-huit navires s'étaient réunis. Jamais ces affreux parages n'avaient eu un tel spectacle.

Le duc n'avait plus d'attaques à redouter; il voulut laisser à ses capitaines toute liberté pour regagner le port. La tempête leur réservait un périlleux retour. Du 23 août à la fin de septembre, les coups de vent, les brumes, ne cessèrent de se succéder. Ces contre-temps amenèrent enfin la déroute. Les Anglais, comme le proclamait fièrement Philippe II, n'avaient pas vaincu l'invincible Armada. Ils l'avaient tenue en échec, lui avaient fait subir des pertes considérables ; ce fut le duc de Parme qui fit avorter son dessein, et la colère céleste qui entraîna sa ruine. A Lough-Foyle [1], il se perdit un vaisseau avec 1,100 hommes ; trois vaisseaux et 1,500 hommes périrent à Sligo-Haven [2]. *Notre-Dame du Rosaire*, amiral de l'escadre du Guipuscoa, était un galion de 1,000 tonneaux. Ce galion s'échoua sur les roches de Blasket-Sound [3]. De 500 hommes, un seul parvint à se sauver. Neuf autres bâtiments furent jetés à terre entre les rivières de Lough-Foyle et de Lough-Swilly [4]. Quelques-uns, repoussés par les vents d'ouest jusque dans la Manche, eurent de nouveau à y combattre les Anglais. On en vit arriver de mésaventure en mésaventure jusqu'au Havre de Grâce en Normandie. Vers la fin de septembre, les débris de la flotte espagnole étaient rassemblés à

---

[1] Lough-Foyle, sur la côte d'Irlande, par 55° 13′ de latitude nord, 9° 15′ de longitude ouest.

[2] Sligo-Haven, sur la côte occidentale d'Irlande : latitude 54° 21′, longitude 11° ouest.

[3] Blasket-Sound, côte occidentale d'Irlande : latitude 52° 14′ nord, longitude 12° 42′ ouest.

[4] Lough-Swilly, sur la côte nord d'Irlande, par 55° 16′ de latitude nord, 9° 58′ de longitude ouest.

Santander; le duc de Medina-Sidonia rentrait en Espagne avec vingt-cinq vaisseaux. La perte totale de l'expédition paraît avoir été de 35 navires et de plus de 13,000 hommes; 2,000 furent faits prisonniers en Irlande et dans les Pays-Bas Il n'y eut pas une famille noble en Espagne qui n'eût à déplorer la perte d'un fils, d'un frère ou d'un parent. Le deuil fut si général que le roi, par une proclamation, dut en abréger la durée. Telle fut l'issue de la formidable entreprise que les Espagnols avaient mis trois ans à préparer.

De toutes parts, on se plut à railler ce désastre. On le raille encore aujourd'hui sur la foi de récits légers ou empreints d'une exagération évidente. La monarchie qui avait si longtemps fait trembler l'Europe ne pouvait s'attendre dans son malheur à de la justice ou à de la pitié. Il appartient aux marins d'être plus équitables envers des marins malheureux. Quelle escadre de nos jours, et à plus forte raison au temps de Louis XIV ou de Louis XV, eût mieux résisté aux épreuves de tout genre que la grande Armada eut à subir? Medina-Sidonia amena ses vaisseaux jusque devant Calais. L'empereur Napoléon Ier n'en demandait pas davantage à Villeneuve.

Pendant que l'Espagne pleurait le sort funeste de sa flotte, l'Angleterre et les Provinces-Unies s'abandonnaient aux transports de leur allégresse. La

Zélande faisait frapper une médaille d'argent avec cet exergue : « La gloire n'appartient qu'à Dieu » ; au revers on voyait figurée la flotte d'Espagne ; au-dessous étaient écrits ces mots : « Elle est venue, elle s'en est retournée, elle n'est plus. » En Angleterre, un jeûne public fut ordonné pour remercier Dieu ; le jour de jeûne fut suivi du plus éclatant des jours de fête. Le 29 novembre 1588, la reine Élisabeth, portée sur un char de triomphe d'où pendaient les pavillons enlevés aux ennemis, accompagnée du parlement et des grands officiers de la couronne, se rendit en habit de cérémonie de son palais à l'église Saint-Paul. Toutes les rues par où elle devait passer étaient « tendues de drap bleu et bordées de bourgeoisie sous les armes ». Accourue à ce spectacle, la multitude acclamait la reine avec frénésie, et ne cessait de témoigner par ses cris de joie et de reconnaissance que c'était à elle seule que l'Angleterre sauvée voulait attribuer son bonheur.

Il était permis de triompher, il eût été plus sage peut-être de songer à tirer parti de la victoire, car Philippe II n'était pas homme à se laisser abattre par un seul revers ; mais la reine Élisabeth tenait avant tout à ménager ses finances. Ses revenus ne s'élevaient guère au-dessus de 15 millions de francs, et elle avait à peine quatre millions de sujets. L'Angleterre se reposa six ans. Pendant ce temps, le roi d'Espagne reprenait peu à peu des forces. On apprit bientôt qu'il méditait une sérieuse revanche. Élisabeth ne pouvait différer plus longtemps d'aviser; Drake proposa une expédition aux Antilles. C'était d'Amérique que venaient les trésors à l'aide desquels Philippe II équipait ses galions et soldait ses troupes; c'était en Amérique qu'il fallait frapper. Drake et Hawkins s'associèrent; la reine leur fournit six vaisseaux; ils en armèrent vingt et un à leurs frais et partirent de Plymouth au mois d'août de l'année 1595. La flotte emmenait 2,500 matelots et soldats.

On espérait surprendre au mouillage de Porto-Rico le galion du Mexique. Un des bâtiments de Hawkins se laissa par malheur capturer en route; le projet des Anglais se trouva ainsi éventé. Hawkins en conçut un violent chagrin, et ce chagrin paraît avoir abrégé ses jours. Le 12 novembre 1595, au moment où la flotte arrivait devant Porto-Rico, le vieux corsaire rendait l'âme. Le trésor du Mexique avait échappé aux ennemis de l'Espagne; restaient les richesses du Pérou. Drake n'avait pas oublié le chemin de ces ports, où vingt-sept ans auparavant, conduit par Hawkins, il portait le pillage; il se souvenait de Nombre de Dios, où les Espagnols en 1572 lui avaient fait un si rude accueil. Cette fois il était en force. Rio de la Hacha, la Rancheria, Sainte-Marthe, Nombre de Dios, d'autres places encore furent réduites en cendres. Partout où il passait, il fallait rebâtir les villes. Toutes ces dévastations nuisaient plus à l'ennemi qu'elles ne profitaient au vainqueur. Drake voulut faire enlever la ville de Panama par un détachement de 750 hommes. Cette troupe se fondit dans l'isthme et ne réussit pas à le traverser. Ce fut le tour de Drake d'éprouver les cruels effets du désappointement. Une fièvre lente le saisit ; le 28 janvier 1596, il expirait à Porto-Bello. Ce héros — car Drake fut à la fois un héros et un pirate — avait droit au tombeau du marin. Ses compagnons renfermèrent ses restes mortels dans un cercueil de plomb et les confièrent à l'Océan. Ainsi finit à l'âge de cinquante et un ans un des plus vaillants hommes de mer qu'ait produits ce pays, qui devait se vanter un jour de « régner sur les flots ». On avait dit de Colomb qu'il était « avisé et beau parleur » ; Drake aussi avait la parole facile. De petite taille, mais bien proportionné, la tête ronde, la poitrine large, le teint coloré, l'air ouvert, les yeux grands et vifs, il était fait pour entraîner à sa suite ce peuple qui commençait à trouver sa ruche trop étroite.

Philippe II laissait ravager ses colonies ; il rassemblait sa flotte dans la baie de Cadix. Déjà se trouvaient réunis sur rade soixante-cinq gros vaisseaux de guerre, deux galéasses, un grand nombre de navires de transport, des frégates. C'était une nouvelle armada qui se préparait. La reine Elisabeth résolut cette fois d'aller au-devant du danger.

Le grand-amiral d'Angleterre, lord Howard, partit de Plymouth le 13 juin 1596 avec cinquante-six vaisseaux de guerre; cinquante vaisseaux de charge portaient les troupes et les munitions. Le jeune comte d'Essex, brillant, plein d'ardeur, commandait cette armée. La flotte espagnole était rangée en bataille dans le golfe. Les Anglais se jetèrent sur sa ligne d'embossage, et, par l'impétuosité de leur attaque, portèrent le désordre dans ses rangs. La confiance n'existait plus dans cette marine d'où la faveur céleste s'était retirée. Les vaisseaux se hâtaient de couper leurs câbles et s'allaient échouer sur les vases de Puerto-Real et de Santa-Maria. Howard ne put s'emparer que de deux galions; il en brûla deux autres. Le dommage était peu de chose sans doute, mais la ville n'était plus couverte par la flotte. Les Anglais l'assiégèrent et la prirent. Le comte d'Essex était d'avis qu'on gardât au moins le château. Il s'offrait à y demeurer avec 400 hommes; l'amiral préféra livrer Cadix au pillage et démolir les forts. On ne respecta que les églises. Le 5 juillet 1596, la flotte anglaise quittait les côtes de l'Andalousie, ne laissant derrière elle que des décombres.

Les Espagnols étaient désormais hors d'état de tenir la mer. Un premier échec les avait affaiblis; le second les terrassa. Philippe II venait de descendre dans la tombe, en 1598, quand une flotte anglaise pilla les Canaries et prit Porto-Rico. Sous son successeur, en 1602, un galion portant plus de 6 millions fut enlevé à l'embouchure du Tage. La puissance de l'Espagne n'effrayait plus personne; ses richesses excitaient les convoitises de tout le monde.

Vaisseau rond ou galion du quinzième siècle.

CHAPITRE VI

LES GRANDS ARSENAUX DU NORD

La découverte du nouveau monde, en ouvrant aux navires à voiles un champ forcément interdit aux bâtiments à rames, avait donné naissance à une marine nouvelle. Les progrès de l'artillerie en assurèrent bientôt sur toutes les mers la prééminence. Le corps royal des galères, créé sous Charles VI, conserva néanmoins en France jusqu'en 1749 son organisation propre, ses crédits spéciaux, ses officiers militaires et ses officiers de finances. Les vaisseaux ronds, — ce fut le premier nom sous lequel on désigna les vaisseaux à voiles, — auront eu, malgré leur perfection relative, une moins longue existence ; ils n'auront guère duré plus de deux siècles. Ces deux siècles comprennent toute l'histoire de la marine moderne, histoire héroïque et sanglante qui a traversé dans le court espace de deux cents années trois phases bien distinctes. La première de ces périodes est remplie par les luttes successives que l'Espagne soutient contre les Provinces-Unies, contre l'Angleterre, et en dernier lieu contre la France. Le gros des flottes se compose alors de navires d'une centaine de tonneaux, de trois ou quatre cents tout au plus. C'est le temps où, après en être venu aux mousquetades, on s'efforce de jeter à la faveur de la fumée les grappins sur le bâtiment ennemi. Les piques rendent alors plus de service que les canons. Dans la seconde période, l'Angleterre et la Hollande se disputent la suprématie des mers. Nous assistons à de grands combats éclairés par la lueur d'immenses incendies; ce sont les vaisseaux qui ébauchent la victoire, ce sont les brûlots qui l'achèvent. Une troisième époque enfin semble s'ouvrir avec l'apparition de la marine de Louis XIV. Les lignes deviennent plus serrées et plus régulières, l'action du canon est plus efficace. Les véritables combats d'artillerie commencent; ils vont se prolonger jusqu'à nos jours. La marine à voiles a en quelque sorte trouvé sa position d'équilibre; elle ne subit plus que des transformations de détail presque insignifiantes. C'est au contraire par ce qu'elle se transformait dans ses dispositions les plus essentielles que, pendant presque toute la durée du dix-septième siècle, on la voit modifier sans cesse ses procédés de combat.

Qu'étaient les vaisseaux ronds au début? De grandes barques munies d'un seul mât et pour la plupart non pontées. Quand il partait de Saint-Valery pour envahir l'Angleterre, Guillaume le Conquérant n'emmenait pas moins de neuf cents de ces vaisseaux. Trois cents ans plus tard, Édouard III en

conduisait près de sept cents à la bataille de l'Écluse.
Ces flottes, jusqu'à un certain point pareilles à celle
qui aborda aux rives de la Troade, étaient-elles autre
chose que des flottes de chaloupes? Mais lorsque
vers la fin du quatorzième siècle les Vénitiens eurent
introduit l'usage de l'artillerie à bord des bâtiments
de guerre, toute une révolution dans l'art naval se
laissa soudain pressentir. Les canons furent d'abord
placés sur le pont, et tirèrent en barbette par-dessus
la lisse des navires. Un constructeur breton inventa
les sabords, et à dater de ce moment les étages
chargés de bouches à feu de tous les calibres commencèrent à se superposer rapidement les uns aux
autres. Fernand Cortès entreprenait la conquête du
Mexique, Magellan partait de San-Lucar pour se
rendre aux Moluques quand on vit pour la première
fois apparaître sur les mers ces grands châteaux ailés
qui dans leur inexpérience trébuchaient encore à la
moindre brise. Henri VII à Erith, la duchesse Anne
à Morlaix, font construire presque à la même époque
l'un le *Great-Harry*, l'autre la *Cordelière*. Ces deux
vaisseaux jaugeaient de 1,000 à 1,200 tonneaux. Ils
portaient sur leurs flancs de trente à quarante
pièces de 18 et de 9, une dizaine de pièces destinées à tirer en chasse ou en retraite, et de plus
une foule de petits canons offrant une certaine analogie avec nos perriers et nos espingoles. Pour se
mouvoir, ils avaient quatre mâts, y compris le

beaupré; — pour loger leur nombreuse artillerie, trois étages. La batterie supérieure ne s'étendait cependant pas d'une extrémité à l'autre du navire. Coupée par le milieu, elle offrait à la proue, aussi bien qu'à la poupe, un réduit complétement fermé d'où l'on dominait le pont de la seconde batterie et où l'on se retirait à la dernière heure pour repousser l'abordage.

Les caraques des Vénitiens, les galions des Espagnols, le grand vaisseau des Suédois, le *Non-Pareil*, qui portait deux cents canons, et qui périt en 1564, étaient, comme le *Great-Harry* et la *Cordelière*, des navires à plusieurs étages; mais ces constructions massives ne figuraient encore dans les armées navales qu'à l'état d'épouvantail. La gaucherie de leur manœuvre leur réservait généralement un sort funeste. Il était surtout périlleux de les aventurer dans les mers étroites, où tout semblait leur manquer à la fois : l'espace, le fond et les abris. « Ce qui est tempête à un petit vaisseau, écrivait en 1643 l'auteur de l'*Hydrographie de la mer*, le Révérend Père Fournier, n'est que bon temps à un galion; mais le galion est difficile à loger, car il y a fort peu de havres où il puisse entrer. Aussi les Anglais, les Hollandais et les Portugais, qui se servent de galions, ne reviennent-ils jamais chez eux qu'en été, où les nuits sont courtes, et où l'on peut de loin reconnaître les côtes. »

Le nom de galion emportait l'idée de pesanteur; celui de frégate, l'idée de vitesse. La frégate avait d'abord été une sorte de galère pontée, construite pour naviguer à la voile aussi bien qu'à la rame. Il y eut des frégates anglaises plus grandes que la plupart des vaisseaux hollandais; on en compta dont la taille dépassait à peine les dimensions d'une chaloupe. Les charpentiers avaient commencé par donner pour largeur aux vaisseaux le tiers de la longueur. Les Anglais les premiers changèrent cette proportion; ils allongèrent les anciens galions, ou, suivant l'expression de Seignelay, ils les *frégatèrent*. En 1626, sous le règne de Charles Ier, les navires de la marine royale furent pour la première fois partagés en six classes distinctes. Les vaisseaux de premier rang eurent trois batteries couvertes et deux gaillards, c'est-à-dire deux portions de pont complétement isolées l'une de l'autre. Le deuxième rang comprit quelques vaisseaux à trois ponts avec un seul gaillard. Le plus grand nombre des navires de cette classe n'eut que deux ponts complets et deux gaillards. Les vaisseaux de troisième et de quatrième rang présentèrent deux ponts et un gaillard d'arrière; ceux du cinquième et du sixième, un seul pont et un seul gaillard.

Les charpentiers de la Grande-Bretagne montraient dès cette époque une judicieuse tendance à réduire autant que possible l'antique échafaudage qu'une routine opiniâtre s'efforçait partout ailleurs de conserver. « Ils ménagent, disait Seignelay, jusqu'à un pouce de hauteur, de telle sorte qu'un vaisseau de 2,000 tonneaux construit en Angleterre n'a guère plus d'apparence qu'un vaisseau de 1,200 sorti des mains des charpentiers de France ou de Hollande. » Non contents de réduire à 6 pieds 1/2 la hauteur de leurs batteries, les constructeurs anglais furent les premiers à donner aux parties hautes du navire une *rentrée* considérable. Rien de plus intéressant que de voir éclore, dans l'espace de quarante ou cinquante ans, sous une lente et graduelle incubation, le vaisseau qui doit suffire, sans modification sensible, à quatre ou cinq générations d'hommes de mer. La poupe des vaisseaux, pareille à celle des barques, avait été d'abord plate et quadrangulaire. Vers le milieu du dix-septième siècle, les Anglais l'arrondissent et en rattachent les bordages à l'étambot. On n'avait, dans le principe, divisé la coque en plusieurs étages que pour y placer des canons. Recevait-on quelque projectile au-dessous de la batterie basse, il fallait dresser des échelles dans la cale pour arriver jusqu'à la voie d'eau. Ce furent encore les Anglais qui songèrent à établir au-dessus des barriques, au-dessus des cordages, un pont léger sur lequel les charpentiers pouvaient circuler pendant le combat. Telle fut l'origine du *faux-pont* actuel.

Quand on étudie de près tous ces détails, on est étonné du peu de différence qui existe entre la coque d'un vaisseau de 1672 et celle d'un vaisseau de 1840. Ce n'est plus que par la voilure et par le gréement que les navires du dix-septième siècle peuvent encore nous sembler étranges. De ce côté, en effet, le progrès fut très-lent. Les anciennes nefs faisaient surtout usage de leurs basses voiles. Quand par-dessus la basse voile on eut établi le hunier et, plus haut encore, le perroquet, il fallut bien des années pour qu'on sût trouver le moyen de donner quelque solidité aux mâtereaux qui portaient ces voiles supplémentaires. Les basses voiles demeurèrent pendant plus d'un siècle les voiles de résistance, celles sous lesquelles on mettait à la cape quand on se trouvait « chargé d'un gros temps ». Déjà cependant on savait, au témoignage du marquis de Seignelay, prendre des ris aux huniers, c'est-à-dire, suivant la définition de l'auteur, « diminuer ces voiles par en haut lorsque le vent est assez fort pour qu'il y ait danger de démâter, si on les laissait plus étendues ». Rien ne marqua, d'ailleurs, dans l'antique voilure un progrès plus notable que l'adoption de ces voiles triangulaires qui portent le nom de *focs* et vont de l'extrémité du beaupré à la tête du mât de misaine. Au temps où les Anglais et les Hollandais se disputaient l'empire de la Manche, la voilure était balancée par un appareil bien autrement compliqué. Sous le beaupré des vaisseaux, on voyait se déployer alors une grande voile carrée, traînant jusqu'à la mer, qui servait à favoriser les mouvements d'arrivée; c'était ce qu'on appelait la *voile de civadière*. On désignait sous le nom de *perroquet de beaupré* une autre voile légère hissée, à la façon des huniers, sur un mâtereau branlant que soutenait le mât horizontal déjà chargé de la voile de civadière. Dans tous les arts, mais surtout dans l'art de la navigation, il est merveilleux de voir par quelles complications il a fallu passer avant d'arriver à la solution la plus simple. Les focs ne font leur apparition sur la scène navale que dans le cours de la guerre de Sept ans; la brigantine ne remplace la voile de poupe enverguée sur la longue antenne qui portait le nom d'*ource* que peu d'années avant la guerre d'Amérique.

N'insistons pas davantage sur de pareils détails, et considérons la marine de ces temps déjà reculés dans son ensemble. Jusqu'au milieu du dix-septième siècle, on ne rencontre rien qui rappelle à un degré quelconque la constitution actuelle de nos armées navales. Charles II et Louis XIV furent les premiers souverains qui entreprirent de donner à leur marine le caractère de permanence sur lequel repose aujourd'hui la sécurité des grands États. Menacée depuis plusieurs années d'une formidable invasion par le roi d'Espagne, la reine Élisabeth ne possédait en propre, quand il lui fallut repousser cette agression, que 36 bâtiments jaugeant à peine 12,000 tonneaux. Ce furent les ports de commerce qui fournirent à la couronne la majeure partie de la flotte qu'on opposa au gigantesque armement de Philippe II. A cette époque, on levait des vaisseaux comme on continuait à lever des soldats, par une sorte d'appel féodal. Chaque paroisse était taxée à un certain nombre d'hommes, chaque ville du littoral à un certain nombre de navires. Cette milice navale se rassemblait autour de la bannière de l'amiral, et c'était l'amiral qui la partageait en escadres et en divisions; c'était également ce grand officier de la couronne qui choisissait parmi les capitaines le vice-amiral et le contre amiral destinés à commander l'avant-garde et l'arrière-garde de l'armée.

La distinction entre le navire de guerre et le navire de commerce ne fut pas dans le principe aussi tranchée qu'elle l'est aujourd'hui. Le commerce se faisait au seizième siècle à main armée, et la course était une industrie des plus répandues. Les ordonnances de François Ier et de Henri II nous peuvent encore donner une idée de ce qu'étaient ces armements dont les navires de Jean Ango sont restés le type un peu légendaire. Des particuliers s'associaient et obtenaient « congé de l'amiral de faire sortir un bâtiment du port pour aller faire la guerre aux ennemis ». Le bourgeois du navire fournissait le vaisseau d'artillerie, de boulets, de plomb, de cuirs verts, d'avirons, de piques, d'arbalètes [1], de compas et de lignes à sonder. L'avitailleur se chargeait de l'approvisionner de vivres, de poudre, de lances à feu, de lanternes et de gamelles. Le quart du butin appartenait à ces deux associés, le dixième à l'amiral, le reste aux compagnons de guerre, c'est-à-dire à l'équipage, soldats ou matelots.

De la course à la piraterie, en ces temps troublés, il n'y avait qu'un pas. Aussi fut-il ordonné en 1543 que « de toutes les prises faites en mer, deux ou trois prisonniers au moins, des plus apparents, seraient amenés devers l'amiral, son vice-amiral ou son lieutenant, afin, si la prise avait été bien faite, de la déclarer telle, sinon de la restituer à ses légitimes possesseurs ». Il fallut prendre également des mesures pour prévenir le pillage et la fraude de la part des compagnons de guerre. Ces bandits, à la fois sacriléges et parjures, ne craignaient pas de faire venir un prêtre et de prêter serment en sa présence, sur le pain, sur le vin, sur le sel, de ne rien révéler de tout ce qu'ils pourraient dérober à bord des prises. L'autorité royale édicta contre cet

---

[1] L'arbalète partageait alors avec l'arquebuse et le canon à main le droit de figurer dans les armes de jet du navire. « Les armes à feu, écrivait Montaigne au temps de la bataille de Lépante, sont de si peu d'effet, sauf l'étonnement des oreilles, qu'on en quittera ' sage. »

abus les peines les plus sévères. Elle dut s'occuper à la même époque de mettre un terme « à ces mutinations et querelles » par lesquelles les équipages contraignaient si souvent les capitaines « à se soumettre à leur simple vouloir ». Le roi Henri II autorisa, en pareille circonstance, l'emploi des moyens les plus énergiques. Il voulut que les capitaines « restassent les plus forts ». Sur l'avis de sept « des principaux du navire », la seule vérité du fait étant connue, la sentence était prononcée, et, fût-ce sentence de mort, elle était exécutée sur-le-champ. Il n'y avait à cette époque, on le comprendra sans peine, que des âmes fortement trempées qui pussent affronter ce qu'on appelait déjà, mais avec infiniment plus de raison qu'aujourd'hui, les hasards de la mer. La famine, la peste, le naufrage, étaient les épreuves habituelles de la plupart des expéditions. Quelque sédition grondait toujours au sein des équipages; on n'attendait pas de quartier de l'ennemi, on ne songeait pas à lui en faire. Telle fut la marine au seizième siècle, la marine des gueux de mer, des corsaires normands et des aventuriers anglais.

Avec le dix-septième siècle s'ouvre une autre époque; les flottes régulières commencent à se constituer. Les deux grandes puissances du Nord, la Suède et le Danemark, devancèrent dans cette voie non-seulement la France, qui n'eut une marine que sous Richelieu, mais l'Angleterre même et les Provinces-Unies. La Suède possédait à la fois le bois, le fer et le cuivre; la main-d'œuvre y était à vil prix. Elle ne tarda pas à fabriquer des navires et des canons pour tous les peuples. On comptait en 1643 dans ses arsenaux 8,000 bouches à feu et 50 navires de guerre portant pour la plupart 50 canons de fonte.

Uni à la Norvége, le Danemark n'en tenait pas moins la flotte suédoise en échec. Dès l'année 1564, il avait fait passer la victoire de son côté. Plein de vigueur et de courage, le peuple norvégien montrait une merveilleuse aptitude pour les choses de la mer. Le sang des anciens pirates scandinaves ne s'était pas démenti, et les Hollandais eux-mêmes s'estimaient heureux quand ils avaient pu attirer sur leurs flottes ces marins énergiques, qui n'avaient pas alors leurs pareils en Europe. La Flandre avait été, pendant plus d'un demi-siècle, la grande école de guerre des soldats. La Baltique devint, grâce aux rivalités des deux États qui s'y disputaient la suprématie, une école non moins instructive pour les marins de toutes les nations. Elle partagea cet honneur avec la Méditerranée, où l'on trouvait toujours à faire la chasse aux Barbaresques.

Ce n'était cependant ni dans la Méditerranée ni dans la Baltique que devaient avoir lieu les grandes luttes du dix-septième siècle. L'Angleterre et les Pays-

Bas remplirent, pendant près de vingt ans, la Manche de leurs vaisseaux, et la marine moderne naquit de l'acharnement de leur querelle. L'industrieuse et vaillante population des provinces néerlandaises n'entendait pas se contenter de l'étroit territoire qu'elle avait deux fois conquis, — sur l'Océan d'abord, sur les armées de Philippe II et de Philippe III ensuite. Son indépendance n'était pas encore reconnue par l'Europe qu'elle faisait déjà flotter sa bannière sur toutes les mers du globe. Les Espagnols et les Portugais virent avec étonnement le nouveau pavillon apparaître dans les Indes. Comment ces pêcheurs de harengs, ces gueux de mer à peine émancipés avaient-ils pu arriver jusqu'aux parages presque fabuleux d'où venaient les épices? Toutes les routes qui y conduisaient ne leur étaient-elles pas interdites? Toutes les stations de repos et de ravitaillement n'étaient-elles pas occupées par leurs ennemis? Pour pénétrer dans les mers orientales, les Hollandais s'étaient d'abord portés jusqu'aux solitudes inexplorées du pôle. Repoussés par les glaces, ils reprirent à regret les voies qu'avaient suivies Vasco de Gama et Magellan. Quand, après avoir échappé à la tempête, aux piéges des princes malais, aux violences et aux trahisons de leurs rivaux, ces honnêtes marchands d'Amsterdam et de Flessingue avaient enfin réussi à remplir la cale de leurs vaisseaux de poivre et de girofle, c'était encore à coups de canon qu'ils devaient se frayer un passage jusqu'aux embouchures de la Meuse. On ne cède pas aisément des richesses si péniblement acquises. Combattant avec leurs épices sous les pieds, les Hollandais se montrèrent en toute occasion héroïques, la plupart du temps invincibles. Aussi entreprenants qu'économes, ils exploitaient par la pêche les mers du nord, par le trafic les mers de l'Europe et les mers de l'Orient. La Compagnie des Indes tripla en moins de sept années son capital; le port d'Amsterdam devint l'entrepôt du monde.

Le commerce de l'Angleterre ne prenait pas, pendant cette période, un moins rapide essor. La dynastie des Stuarts avait le goût de la paix; aussi s'appliqua-t-elle à donner à l'activité nationale une direction pacifique. Jacques Ier fonda la Compagnie à laquelle devait échoir, deux siècles plus tard, l'empire de l'Hindoustan. Les habitants de Londres avaient fait construire, dans la huitième année de son règne, un vaisseau de 1,200 tonneaux, qui alla malheureusement se perdre aux mers lointaines où il fut expédié. Jacques Ier en fit sur-le-champ bâtir un autre dont la capacité égalait presque celle de nos modernes frégates. Ainsi grandissaient parallèlement, en face l'une de l'autre, ces deux marines destinées à se mesurer bientôt avec un bruit formidable.

Dès que les Hollandais reconnurent la nécessité de placer leurs richesses sous la garde d'une marine de guerre permanente, ils instituèrent cinq conseils électifs qui prirent le nom d'amirautés et furent chargés de disposer des fonds affectés à l'entretien de la flotte. Chacun de ces conseils fut composé de sept députés nommés pour trois ans. La première amirauté fut celle de la Meuse. Elle eut pour siége Rotterdam. Celle de Zélande fut installée à Middelbourg. La troisième amirauté ne comprit qu'une seule ville dans son ressort, Amsterdam. Le conseil du Nord-Hollande s'établit tantôt à Hoorn, tantôt à Enkhuizen. Celui de la Frise fixa sa résidence à Harlingen. Fallait-il entrer en campagne, les cinq arrondissements maritimes recevaient l'ordre de rassembler chacun leur contingent. Le chiffre à peu près constant de l'armée navale était fixé à cent cinquante-neuf vaisseaux. L'amirauté d'Amsterdam était tenue d'équiper à elle seule le tiers de la flotte. Rotterdam y contribuait pour un quart; la Zélande, la Frise et le Nord-Hollande par portions égales fournissaient le reste.

L'organisation des arsenaux se trouvait singulièrement simplifiée dans cette république marchande. La Hollande n'était alors qu'un vaste marché, le plus riche et le mieux assorti de tous les marchés du globe. Elle tirait les bois de construction des bords du Rhin et de la Norvége, le fer et les canons de la Suède, le cuivre du Japon, l'étain de l'Angleterre ou des Indes, le goudron de la Moscovie. Quant aux toiles et aux petites armes, elle les fabriquait elle-même. L'État n'avait pas d'autres magasins que ceux du commerce; il puisait à pleines mains dans ces approvisionnements sans cesse renouvelés par une infatigable industrie.

Outre son conseil dirigeant, chaque province avait son corps distinct d'officiers : un amiral, un vice-amiral, un contre-amiral, un chef d'escadre, un certain nombre de capitaines entretenus. L'amirauté d'Amsterdam maintenait en tout temps vingt capitaines dont la solde annuelle était de 1,500 livres, monnaie de France. Tous ces capitaines avaient commencé par être mousses; c'était en montant de grade en grade qu'ils avaient, par leur expérience et par leurs services, obtenu leur commission. Ils levaient eux-mêmes leurs équipages et étaient chargés de les nourrir.

Il n'y avait pour toute la Hollande qu'une seule armée navale; mais dans cette armée l'on comptait autant de flottes ou de divisions qu'il existait d'amirautés. L'amiral de Rotterdam commandait à tous les autres. S'il était tué, l'amiral de Zélande arborait le pavillon; les amiraux d'Amsterdam, de Nord-Hollande et de Frise prenaient à leur tour le commandement dans l'ordre assigné à ces trois amirautés.

Pour avoir la première marine du monde, il ne manquait aux Provinces-Unies que des ports d'un accès plus facile et d'une profondeur plus grande. La Hollande n'était pas à cet égard aussi richement dotée que l'Angleterre. La ville d'Amsterdam ne pouvait faire sortir de son arsenal que des vaisseaux sans lest, sans canons et sans vivres. Rotterdam, Middelbourg et Flessingue offraient sans doute de meilleures conditions. Les vaisseaux hollandais n'en étaient pas moins tous construits à fond plat. Ce mode de construction avait ses inconvénients; il présentait aussi ses avantages. La flotte néerlandaise, tirant fort peu d'eau, dérivait beaucoup; elle pouvait, du moins, s'échouer avec une impunité relative et trouvait aisément, en se jetant au milieu des bancs de la côte de Flandre, un refuge où les armées ennemies hésitaient à la suivre. D'un échantillon en général très-faible, assemblés presque entièrement avec des chevilles de bois, charpentés pour la plus grosse part en sapin, ces vaisseaux duraient peu et passaient pour « ne point faire de résistance au canon »; mais les bonnes gens des Provinces-Unies, tout en faisant vigoureusement la guerre, voulaient rester économes. Ils se seraient reproché d'exposer à de si grands hasards des constructions trop somptueuses, et ce n'était pas sans raison qu'ils comptaient sur le courage de leurs marins pour abréger la durée des combats en passant promptement de la canonnade à l'abordage.

Les Hollandais, sur plus d'un point, avaient été obligés de forcer la nature. Les Anglais trouvèrent le terrain mieux préparé. Des rades immenses, des ports profonds, des fleuves pareils à de longs bras de mer, s'ouvraient pour recevoir les flottes qu'ils allaient bâtir. Les plus grands navires qui fussent alors connus pouvaient remonter la Tamise et arriver jusqu'à quatre milles de la capitale. La marée même, insuffisante sur les côtes des Pays-Bas, secondait merveilleusement sur celles de la Grande-Bretagne les constructions navales et les radoubs. Porté par le flot dans le havre factice que l'on creusait à terre, le navire y restait à sec quand l'eau se retirait. Ces bassins, qu'on n'a pu se procurer qu'à grands frais et après maints essais infructueux dans le pays où le mouvement diurne de la mer n'a qu'une amplitude peu considérable, les Anglais les possédèrent dès le début de leurs armements. Ils y construisirent leurs navires, ils les y firent entrer pour les caréner. Le roi d'Angleterre avait établi ses arsenaux dans les ports de Woolwich, de Deptford, de Portsmouth et de Chatam ; sa flotte en 1671 se composait de 132 vaisseaux montés par 29,000 hommes. Les forêts royales du comté de Sussex et de la Cornouailles lui fournissaient du chêne en abondance. Il faisait venir de Suède ses canons ; les bois de sapin, le goudron et les mâtures, de Hambourg ou de Lubeck.

Toutes les forces navales de l'Angleterre étaient sous les ordres du grand amiral. Le *navy-office* ou cour d'amirauté présidait à la construction, au radoub, à l'armement et à l'équipement de la flotte; mais c'était le grand amiral qui nommait les capitaines et faisait, au moment d'entrer en campagne, expédier par le secrétaire du *navy-office* les brevets de commandement. Ces commissions étaient essentiellement temporaires; la Hollande fut pendant bien des années la seule puissance navale qui crût nécessaire et juste de conserver en temps de paix des capitaines pensionnés sur les fonds de l'État.

L'état-major d'un vaisseau anglais de premier rang comprenait, vers la fin du dix-septième siècle, outre le capitaine, trois lieutenants, un *master*, un pilote, trois aides-pilotes, trois aides-masters et huit *midshipmen*. Pendant plus de deux siècles, les fonctions de ces officiers sont restées à peu de chose près ce qu'elles étaient au début de la marine anglaise. Sous Charles II, comme plus tard sous les princes de la maison de Hanovre, le capitaine était avant tout le commandant militaire du navire. Le pilote dirigeait la route, le master se chargeait de la manœuvre. Un agent spécial, le *purser*, surveillait la distribution des vivres, qui lui étaient fournis, non pas comme en Hollande par le capitaine, mais par un munitionnaire. général.

Composés pour les deux tiers de matelots, pour l'autre tiers de soldats, les équipages se recrutaient autant que possible par des enrôlements volontaires. Cependant, en cas d'urgence, le capitaine recevait de l'amiral un *warrant*, en vertu duquel il pouvait faire embarquer sur son vaisseau tous les marins, tous les gens sans aveu qu'il parviendrait à saisir. Il y avait sur la flotte britannique trois classes de matelots : la première classe touchait 24 shillings; la seconde, 18; la troisième, 14. Les mousses ne recevaient pas de paye. On citait déjà les Anglais comme les meilleurs canonniers qui fussent au monde. « Un canonnier anglais, disait-on, pourra tirer cinq coups de canon dans le temps qu'un Français ou un Hollandais mettrait à en tirer quatre. » On n'embarquait cependant que deux ou trois canonniers de profession par vaisseau; mais tous les matelots étaient régulièrement exercés deux fois par semaine à la manœuvre du canon. Le service de l'artillerie était ainsi, sur la flotte britannique, le dernier qui pût courir le risque de rester en souffrance.

Tels étaient le degré d'organisation, le développement de puissance, auxquels étaient parvenues les deux marines rivales d'Angleterre et de Hollande quand Louis XIV entreprit de faire jouer un rôle maritime à la France.

Si l'on veut retrouver les origines de notre établissement naval, ce n'est pas à Colbert, c'est jusqu'à Richelieu qu'il faudra remonter. Henri IV, en mourant, avait laissé 41 millions de francs dans les coffres de l'État, pour plus de 12 millions d'armes et de munitions dans les arsenaux. La prospérité de la France disparut avec lui. Richelieu rétablit l'ordre dans les finances après l'avoir ramené dans les esprits; en quelques années, il éleva le chiffre des revenus de 23 millions à 80 millions. Les charges léguées par un passé désastreux exigeaient un prélèvement annuel de 46 millions; les dépenses du département de la guerre en absorbaient à peu près 18; il en fallait réserver 4 ou 5 pour le roi, pour la reine et pour les princes, autant pour les pensions. Ce fut donc le signe d'une politique toute nouvelle que d'attribuer 2 millions 1/2 aux dépenses de la marine, quand on ne consacrait que 300,000 livres à l'entretien et à l'agrandissement des bâtiments royaux. On a cherché à établir par des calculs plus ou moins ingénieux la valeur de l'argent à diverses époques de notre histoire. Le prix du pain et des autres denrées s'est accru de 1 à 6 dans l'espace de trois siècles. Les 80 millions perçus par Richelieu représenteraient donc de 400 à 500 millions de notre monnaie; mais la valeur absolue des fonds consacrés par ce grand ministre à l'entretien de la marine française n'est pas ce qui importe;

ce qui mérite d'être constaté, c'est la part considérable que le cardinal voulut faire à ce grand intérêt. Il lui réserva d'abord le dixième et plus tard le cinquième des revenus disponibles.

Au début du dix-septième siècle, les notions du droit des gens étaient encore fort confuses. On pillait, on rançonnait sans merci et sans scrupule tout bâtiment qui n'était pas couvert d'un pavillon puissant et respecté. Les pirates barbaresques désolaient la Méditerranée ; ceux de Salé et de Larache osaient se lancer en plein Océan. N'ayant point de flotte de guerre qui pût protéger notre navigation marchande, nous nous résignions à rester tributaires du commerce étranger. Sur trois cents lieues de côtes, on n'eût pas trouvé en 1626 vingt navires français. La Hollande et l'Angleterre auraient dû nous encourager dans cette apathie ; elles cédèrent maladroitement à la tentation d'en abuser. Des édits empreints de l'esprit étroit et jaloux du temps réservèrent à l'industrie ainsi qu'à la navigation nationale l'exploitation exclusive des comptoirs et des plantations fondés au delà des mers. Tout débouché extérieur se trouvait ainsi fermé aux produits de nos manufactures; les épices ne nous seraient plus livrées qu'à des prix exorbitants, le sucre à près de 4 francs la livre, et, ce qui était peut-être plus grave encore, tous ces objets devenus de première nécessité, il faudrait les payer aux puissances coloniales argent comptant, puisque la voie des échanges nous était désormais interdite. Une semblable situation n'était point acceptable pour un grand pays où l'ordre commençait à renaître et qui pouvait se rendre aisément compte des admirables ressources que la nature lui avait départies. Nous avions, remarquaient avec raison les notables de 1626, plus de havres que les Anglais, plus de bois de construction, et du meilleur. Nos Biscayens, nos Bretons, nos Normands, composaient la majeure partie des équipages qui montaient les navires partant des ports d'outre-Manche ; nous fournissions à l'Angleterre les toiles, les cordages dont elle faisait usage, le cidre, les vins, les salaisons qu'elle embarquait sur ses vaisseaux. Pourquoi donc ne faisions-nous pas pour notre compte le trafic qui enrichissait nos voisins, et qui les enrichissait à nos dépens ?

La question, cependant, était complexe. Pour s'affranchir d'un tribut onéreux, il fallait à son tour fonder des colonies ; pour avoir des colonies, il fallait se mettre en mesure de les approvisionner et de les défendre. Par l'octroi de priviléges exclusifs accordés aux grandes compagnies commerciales de Saint-Christophe, du Canada et de Madagascar, par le concours des principaux personnages du royaume à ces entreprises, Richelieu parvint à jeter, de 1626 à 1642, les bases de notre établissement colonial. Dans le même espace de temps, il créa la flotte qui devait protéger ces possessions lointaines et empêcher que les sujets du roi ne fussent « déprédés en haute mer ». Nos flottes avant cette époque ne se composaient que de bâtiments loués ou achetés en Hollande et en Suède; on avait même vu en 1621 un amiral de France obligé de combattre sous le pavillon des Provinces-Unies. Richelieu nous donna une marine nationale. Il voulut s'assurer le moyen de construire dans nos propres ports les navires que nous avions jusqu'alors demandés à l'étranger; car il avait reconnu, notamment dans la guerre dirigée contre les habitants de la Rochelle, les graves inconvénients qui pouvaient résulter de cette dépendance.

La construction des vaisseaux avait pris peu de développement en France avant l'année 1626; ce n'en était pas moins une industrie reconnue et réglementée par la sollicitude de nos rois depuis près d'un siècle. Dès l'année 1557, le roi Henri II remarquait que « les charpentiers et les calfateurs compromettaient souvent par leur négligence la vie des équipages et le succès des voyages ». Il prescrivait en conséquence que « nul ne pût être maître avant d'avoir été apprenti pendant trois ans et d'avoir fait chef-d'œuvre en présence des gardes établis par l'amiral ». Ces prescriptions demeurèrent insuffisantes, car en 1634 on se plaignait encore « que les bâtiments construits en France, faute d'avoir été bien liés, s'ouvraient souvent les uns de leur propre poids et sans naviguer, les autres à la mer avec perte d'hommes et de marchandises ».

Si nous n'avions pas de vaisseaux en 1626, nous avions du moins des arsenaux où l'on en pouvait bâtir : dans la Méditerranée, Marseille ; — dans l'Océan, Brest et Brouage à l'embouchure de la Seudre ; — dans la Manche, le Havre de Grâce et Calais. Richelieu établit sur ces divers points des chantiers, mais il exigea qu'à l'avenir on ne construisît aucun navire pour le service du roi sans que les plans en eussent été soumis à un conseil composé de six ou de sept capitaines, qui devraient prendre en outre à ce sujet l'avis de deux maitres charpentiers « anglais ou flamands ». Qui ne voit déjà poindre dans cette ordonnance l'institution des conseils de marine auxquels sera déféré pendant plus de cent cinquante ans l'examen de toutes les constructions projetées [1] ? Il est bien peu de nos institutions dont nous ne puissions ainsi retrouver la source dans les dispositions édictées à cette époque par le grand ministre de Louis XIII. La flotte construite, il fallait aviser à la conserver. Richelieu prescrivit que tous les vaisseaux du roi seraient à leur retour

---

[1] Les conseils de marine ont été remplacés en 1831 par un conseil central des travaux siégeant à Paris.

de la mer conduits dans les ports de Brouage, de Brest ou du Havre. Les canons étaient mis à terre, les agrès rangés dans des magasins; des agents spéciaux dressaient l'inventaire de tous les objets. Un chef d'escadre et un commissaire général de marine s'en partageaient la garde avec des attributions très-distinctes. Le premier avait sous ses ordres un capitaine et deux lieutenants; le capitaine résidait à terre, les lieutenants à bord de vaisseaux désarmés. De ces deux vaisseaux, l'un était posté au fond du port, l'autre en occupait l'entrée. Trois commissaires et deux contrôleurs assistaient le commissaire général. La police, la défense de l'arsenal, appartenaient au chef d'escadre; le soin des radoubs revenait à l'autorité administrative. Les travaux s'exécutaient généralement au rabais, c'est-à-dire avec toutes les garanties que pouvait offrir une honnête et sérieuse concurrence. L'ordre arrivait-il d'équiper un vaisseau, le maître du port remettait au commissaire général la liste des objets nécessaires à l'armement; le commissaire général prescrivait la délivrance, le garde général des magasins l'exécutait; l'écrivain du navire opérait la recette et la constatait par ses écritures. A dater de ce moment, c'était l'écrivain seul qui devenait responsable du matériel embarqué. Il devait en faire connaître l'emploi et le justifier par la présentation d'ordres écrits émanant du capitaine.

Au retour, il rendait ses comptes; les objets qui n'avaient pas été consommés rentraient dans les magasins. On peut reconnaître aisément dans cette grossière ébauche les principaux traits d'une organisation qui subsiste encore aujourd'hui. Le génie maritime seul chercherait en vain sa place dans l'ordonnance de 1631 : il n'y est représenté que par les maîtres de hache. Ces habiles charpentiers, dont la science était presque toujours un héritage de famille, seront devenus des savants de premier ordre avant qu'on ait songé à leur faire la moindre part dans l'administration des arsenaux.

Le service du commissariat devait être, aux yeux d'un ministre économe et soupçonneux, la branche la plus importante de l'organisation générale à laquelle Richelieu semble avoir prêté une attention soutenue pendant plusieurs années. Aussi ce service fut-il le premier constitué. Ce ne fut que plus tard qu'on vit naître l'embryon de ce qui devait être un jour le grand corps par excellence, le corps royal de la marine. Au seizième siècle et dans les premières années du dix-septième, quand les chefs d'escadre de Guyenne, de Bretagne, de Normandie, de Provence, avaient reçu du roi l'ordre « d'équiper une flotte », ils se mettaient sur-le-champ en quête de capitaines qui sussent « faire tirer à propos le canon et empêcher que le feu ne prît aux poudres », sur lesquels on pût compter pour « bien placer les mousquetaires, manier avec jugement les voiles et gagner le dessus du vent, aborder enfin le vaisseau ennemi avec le moins de perte possible ». Les officiers de valeur étaient alors connus, on pourrait presque dire cotés sur toutes les places maritimes de l'Europe. Les uns appartenaient à l'ordre de Saint-Jean de Jérusalem, les autres avaient servi sur les corsaires de Dieppe, sur les flottes de Suède ou sur celles de Hollande. Pour s'assurer leurs services, il suffisait d'y mettre le prix. On pouvait être ainsi à peu près certain de confier ses vaisseaux à des commandants « gens de cœur, assurés dans les périls, prudents et expérimentés, incapables de baisser pavillon tant qu'il leur resterait une goutte de sang dans le corps ». Une pareille faiblesse eût été plus qu'une félonie ordinaire ; l'État, fidèle à son rôle d'armateur, l'aurait presque considérée comme une trahison commerciale. Un vaisseau de guerre, aux termes du contrat passé entre le souverain et le capitaine, pouvait « être forcé l'épée à la main », pouvait « être brûlé » ; il ne devait jamais « être rendu à l'ennemi ». — « Ceux qui manqueront de faire leur devoir pour la gloire des armes du roi, Sa Majesté leur fera couper le cou. » Voilà le code militaire dans sa simplicité primitive. L'ordonnance de 1689 ne se montrera pas sous ce rapport moins rigoureuse et moins exigeante que l'ordonnance de 1634. Les progrès de l'artillerie viendront seuls modifier en 1765 ces doctrines par trop absolues. Le jour où il sera établi qu'un navire de guerre peut être détruit à distance, on cessera d'imposer au commandant l'obligation de ne rendre son épée qu'à celui qui viendra la prendre ; on se contentera de lui demander de prolonger autant que possible la résistance et de défendre son vaisseau « jusqu'à la dernière extrémité ».

CHAPITRE VII

LES ORDONNANCES DE RICHELIEU

Ces capitaines, dont on louait les services au moment du besoin et qu'on licenciait aussitôt que la campagne était terminée, vivaient du métier de la mer et n'hésitaient pas à porter en tous lieux leur industrie. Quelques-uns faisaient la course pour leur propre compte; d'autres s'adonnaient paisiblement au commerce; aucun ne s'endormait sur sa gloire passée. Leurs services antérieurs ne leur créaient aucun droit. L'État, qui les employait, ne cherchait pas parmi eux le plus ancien, le plus élevé en grade; il confiait le commandement supérieur au plus digne. Les illustrations vieillies, les bras fatigués ne pouvaient s'attendre qu'à un froid accueil. Il y avait quelque avantage à ce mode de recrutement, qui rappelle assez celui qu'on voit généralement pratiqué en temps de guerre civile; un pareil système devait toutefois pécher par l'ensemble : rassemblés de tous les points du globe, les capitaines ne se connaissaient pas, s'entendaient mal et s'obéissaient encore moins.

Par ce procédé d'armement, on pouvait avoir

d'intrépides corsaires, on ne constituait que difficilement une flotte. Richelieu résolut de garder au service un certain nombre de capitaines et de lieutenants qu'il choisit avec soin parmi les plus capables. Le trésorier de la marine reçut l'ordre de leur payer une pension annuelle indépendante de la solde ordinaire de cent écus par mois qui leur était allouée lorsqu'ils commandaient. C'était un premier jalon posé pour arriver à une organisation permanente. Les officiers ainsi entretenus se trouvaient du même coup mis en possession d'une sorte de privilége. L'amiral lui-même ne pouvait les destituer, s'il ne les avait préalablement convaincus « d'avoir contrevenu aux ordonnances ». Ce n'était point toutefois de semblables aventuriers que le grand cardinal se proposa de composer le corps de la marine ; il les voulait seulement conserver comme instituteurs des jeunes seigneurs qu'il embarquerait sous leurs ordres. Dans la pensée de Richelieu, la noblesse française ne pouvait ambitionner de plus grand honneur que celui de commander les vaisseaux du roi. Le roi, de son côté, n'avait-il pas sujet d'espérer que cette généreuse élite, formée par de bons maîtres, lui fournirait bientôt « des capitaines économes, sachant beaucoup mieux les fonctions de tous les officiers que ces officiers eux-mêmes, charitables envers les malades et envers les blessés, surtout craignant Dieu » ? On vit en effet, sous le règne de Louis XIII, « plusieurs personnes de condition » faire leur apprentissage sous les chefs d'escadre et les capitaines entretenus, se préparant ainsi à exercer à leur tour le commandement. La marine française fut dès lors *un corps;* elle cessa d'en former un lorsque la parcimonie du ministre d'Anne d'Autriche eut fait descendre de 5 millions de livres à 300,000 le chiffre des sommes affectées aux dépenses navales.

Avait-on, sous cette administration nécessiteuse et avare, armé quelques vaisseaux, on se croyait encore en droit de parler bien haut de la marine et des escadres du roi; mais après quelques mois de campagne tout rentrait de nouveau dans le néant. Les capitaines étaient licenciés; ils ne se trouvaient pas alors seulement sans emploi, ils se trouvaient aussi sans pension. La marine de Richelieu ne lui avait pas survécu; Colbert n'en retrouva plus que les ruines. S'il ne rencontra pas au milieu des décombres les matériaux dont il avait besoin pour ériger un nouvel édifice, il y découvrit du moins des fondations qui lui parurent assez fermes encore pour qu'il n'hésitât pas un instant à y asseoir son œuvre.

L'ordonnance promulguée en 1634 a servi de base à tous les travaux d'organisation qui ont suivi. Au temps où parut cet édit mémorable, les Hollandais étaient les meilleurs guides que l'on pût consulter; aussi fut-ce à leurs institutions maritimes que l'on crut devoir faire les plus larges emprunts. Les capitaines qui s'assemblèrent à Brouage, sous la présidence du sieur de Manty [1], chef d'escadre de la province de Guyenne, ne copièrent cependant pas servilement les maîtres qu'ils avaient choisis pour modèles. Ils surent accommoder leurs prescriptions à nos traditions, à nos habitudes, à notre tempérament national. Ce travail, achevé en quelques mois, nous frappe encore aujourd'hui par sa clarté et par sa précision. Tout ce qui est essentiel y figure. Bien des règlements sont intervenus depuis lors; ils ont été plus explicites, sont entrés dans de plus minutieux détails; ils n'ont pas mieux tranché les grandes questions de principe.

Pour assurer le bon armement des vaisseaux du roi, la première chose à faire était de déterminer la composition normale des équipages. Richelieu voulut que nos vaisseaux « fussent toujours garnis d'un nombre suffisant d'officiers, de matelots et de gens de guerre dont le courage et l'expérience fissent espérer dans les occasions de bons succès ». La même préoccupation a motivé de nos jours l'or-

---

[1] M. Jal, s'appuyant sur une signature dont il donne le fac-simile, a cru devoir appeler « De Mantin » le chef d'escadre qui en 1636, montant le vaisseau de quarante canons *l'Europe*, fut chargé « de dresser par écrit un mémoire des choses sur lesquelles il était besoin de donner des ordres ». L'examen de la signature reproduite par M. Jal ne m'a pas convaincu. Tous les documents que j'ai consultés portent *De Manty*. C'est bien là, je crois, le véritable nom du vice-amiral de Guyenne.

donnance de 1827 et plus tard le décret de 1856.
On n'a pas seulement tenu à mettre un nombre de
bras suffisant à bord de nos vaisseaux ; on s'est
proposé en même temps d'y réunir toutes les aptitudes qu'exige la nature complexe de notre service.
Quelque prévoyants que nous ayons été à ce sujet,
nous n'avons fait que marcher sur les traces des
auteurs du règlement de 1634. Suivant les proposi-
tions que la conférence de Brouage fit agréer au
cardinal, il devait y avoir, sur chacun des grands
bâtiments de la flotte, 32 officiers mariniers. Il
semble que ce nom d'*officiers mariniers* soit venu
aux hommes spéciaux dont il marquait la fonction
subalterne de l'obligation qui leur était imposée
d'être avant tout marins, tandis que les officiers
proprement dits, — le capitaine, le lieutenant, l'enseigne, — pouvaient à la rigueur se dispenser de
l'être. Cette disposition était, sur nos vaisseaux,
aussi bien d'ailleurs que sur les vaisseaux anglais,
où elle persista plus longtemps, un reste des usages
et des mœurs militaires d'une autre époque. Au moyen
âge, les chevaliers s'embarquaient pour combattre; ils
ne songeaient pas à s'occuper de la manœuvre ; ce
soin était laissé « à de petites gens » qui en faisaient,
dès l'enfance, l'objet de leurs études. Il y avait des officiers mariniers pour les diverses branches et pour tous
les détails du service : 1 maître, 2 contre-maîtres,
4 quartiers-maîtres, 2 maîtres de misaine ou esqui-

mans, 3 pilotes, 1 maître canonnier assisté de 3 compagnons, 1 maître valet et 1 cuisinier ayant chacun leur aide, 2 calfats et 2 charpentiers, 1 traînier ou faiseur de voiles, 1 tonnelier, 3 caporaux, 1 dessaleur et 1 prévôt.

Les fonctions de ces bas officiers étaient beaucoup moins humbles que les noms par lesquels on les désignait ne sembleraient l'indiquer. Le *maître* avait la charge du gréement et le commandement de la manœuvre. Il ne connaissait de supérieurs que le capitaine et son lieutenant, d'égaux que le maître canonnier. C'était lui qui faisait « appareiller les voiles et mouiller les ancres ». Tous les matelots devaient être « attentifs à ses ordres ». Il les instruisait « doucement » et leur apprenait à observer le silence. Nul avant le combat n'avait une plus minutieuse inspection à passer, n'avait de plus importantes dispositions à prendre. Il lui fallait « apprêter son funin », placer les hommes aux bras, aux cargues et aux écoutes, veiller à ce que les charpentiers fussent munis de plaques et de tampons, les calfats de goudron, de mousse et d'étoupe pour boucher les coups de canon à fleur d'eau.

Le *pilote* devait être avant tout « bon connaisseur de côtes et savoir parfaitement bien compter les marées », car le soin de diriger la route lui était abandonné sans réserve. De son expérience et de celle du maître « dépendait, après Dieu, tout le bon succès des voyages ». Il devait, aidé de ses cartes réduites et de son arbalète [1], pouvoir se reconnaître en haute mer. Aussi réservait-on pour ces officiers mariniers, imbus des éléments d'une astronomie pratique, le nom de *pilotes hauturiers;* on les distinguait ainsi des pilotes côtiers, dont la responsabilité cessait aussitôt qu'on avait perdu la terre de vue. Le vaisseau *la Couronne,* partant en 1638 de l'embouchure de la Seudre pour aller croiser sur les côtes septentrionales d'Espagne, avait, outre ses deux pilotes hauturiers, six pilotes côtiers : deux pour le fond du golfe de Gascogne, deux pour les côtes de Saintonge, deux enfin pour les côtes de Bretagne. Il fallait ces précautions infinies pour suppléer à l'imperfection de l'instrument naval, à l'inexpérience des mains auxquelles on le remettait.

Le *master* anglais de nos jours a cumulé les fonctions du *maître* et du *pilote* de 1634. Nous retrouverons à peu de chose près dans le *contre-maître* de cette époque le *maître d'équipage* de 1827. Seulement la découpure des ponts, qui faisait alors de l'avant et de l'arrière du vaisseau deux îlots séparés par une sorte d'abime, cette découpure, qui n'a complétement disparu que depuis un demi-siècle, limita longtemps le domaine du contre-maître et de son compagnon. Ces deux officiers mariniers n'avaient

---

[1] Il s'agit ici, non d'une arme, mais de l'instrument de navigation que nous avons décrit sous le nom de *bâton de Jacob.*

à s'occuper que du grand mât et du mât d'artimon. Les *esquimans*[1] ou *maîtres de misaine* gouvernaient le mât d'avant et le mât de beaupré. Le contre-maître avait sous sa dépendance les pompes et le cabestan ; l'esquiman mettait les ancres à poste et jetait le grappin sur le navire ennemi.

Dès que l'action était engagée, le *maître canonnier* apparaissait dans toute la plénitude de son rôle. Il faisait distribuer les gargousses, ayant soin de choisir, pour les passer de main en main par les écoutilles, « les hommes les meilleurs et les plus sages ». — « Pour tirer le canon à propos », on attendait ses ordres ; il donnait le signal, et six, sept ou huit pièces partaient à la fois ; car on jugeait alors avantageux de tirer « par volées[2] ». Ce n'était pas uniquement pendant le combat que le maître canonnier avait l'œil sur ses coulevrines. Dans les gros temps, il devait constamment prendre garde que ces énormes masses venant à se détacher ne fissent « courir grande fortune au navire ». La nuit venue, lui et ses compagnons parcouraient les batteries avec des lanternes sourdes : ils s'assuraient que les canons ne

---

[1] *Esquiman*, du hollandais *schicman*, composé de *man*, homme, et de *schieff*, chaloupe. (Voyez JAL, *Glossaire nautique*, p. 659.) Les anciennes ordonnances écrivent *les esquimauts*, probablement par une de ces erreurs de typographie si fréquentes dans les documents qui nous sont parvenus du dix-septième siècle.

[2] Ce fut aussi l'avis de l'amiral Bruat aux combats de Sébastopol et de Kinburn.

jouaient pas dans leurs amarrages, faisaient resserrer au besoin les cordages qui les assujettissaient, plaçaient, en arrière des roues, des coins « pour les empêcher de branler ». Les pièces, communément chargées à l'avance pour éviter toute surprise, étaient bouchées « avec du liége et du suif par-dessus ». Le maître canonnier ne s'en faisait pas moins un devoir « de visiter la poudre des canons tous les huit jours, de rafraîchir l'amorce tous les soirs ». Dans sa chambre étaient rangés « en bel ordre et suivant les calibres » les porte-gargousses, sur chacun desquels se trouvait inscrit en grosses lettres le poids de la charge de poudre. La même indication était reproduite au-dessus de chaque sabord. Déjà le canon était devenu « la principale force du navire, celle qui termine le plus tôt les combats »; mais on en tenait encore le maniement pour « fort dangereux et d'un très-grand soin ». S'agissait-il de remettre en batterie la pièce qui venait de tirer, il fallait, pour peu que la brise fût fraîche, « la reconduire doucement au sabord ». Le canon qui heurtait trop brusquement la membrure l'ébranlait à ce point qu'on eût dit, — suivant la judicieuse remarque de l'ordonnance de 1634, — « que le vaisseau allait se crever ». Dès cette époque, on le voit, la plupart des précautions que nous observons aujourd'hui étaient prises, et l'on s'étonne vraiment que nous ayons eu si peu à y ajouter.

S'il est un lieu où la sécurité soit inséparable du bon ordre, c'est à coup sûr cet empire flottant contre lequel tous les éléments de temps à autre se conjurent. La police du navire était confiée au prévôt. Le *prévôt* était au dix-septième siècle ce qu'est de nos jours le *capitaine d'armes*. « Il faisait monter l'équipage au quart et tenait les clefs des prisons. » Pour chaque délinquant qu'il mettait aux fers, il recevait 5 sous. Il prélevait en outre un tiers de toutes les amendes; les deux autres tiers étaient pour les pauvres.

Le *maître valet*, lui, ne régnait qu'au fond de cale, mais il y régnait sans partage. Il donnait reçu à l'écrivain de tout ce qu'il engouffrait dans ce sombre domaine; il lui rendait compte chaque jour de ce qu'il en avait laissé sortir. C'était lui qui distribuait à l'équipage pour la semaine le pain tous les samedis, le fromage et le beurre au jour fixé. Chargé de l'achat du poisson et des viandes salées, il fallait qu'il fût « homme entendu et soigneux ». Nos *contre-maîtres de cale* ne sont plus que le pâle reflet de ce personnage important, en qui se concentraient les triples attributions du *contre-maître*, du *commis aux vivres* et du *magasinier*.

Le *cuisinier* apprêtait déjà au dix-septième siècle ce brouet noir du matelot qui n'a guère changé depuis deux cents ans, — « potage au gras, potage de pois ou de fèves ». — Ce maigre festin était servi à l'équipage trois fois par jour. L'ordonnance de Mgr le cardinal assignait, d'ailleurs, au cuisinier une place fort honorable dans la hiérarchie militaire. Le cuisinier était officier marinier tout aussi bien que le maître, le prévôt ou le pilote. En revanche, il lui était recommandé « d'être fort propre de linge et de nettoyer soigneusement ses chaudières ».

Il faudrait tout citer, si l'on voulait montrer à quel point M. de Manty et ses collaborateurs s'étaient montrés prévoyants; bornons-nous à indiquer sommairement les fonctions spéciales des officiers mariniers que nous n'avons pas mentionnés encore. Le *charpentier* « visitait ce qui était affaire de charpenterie et de calfatage »; le *traînier* « ne souffrait pas dans la voilure un trou grand comme un pois qui ne fût raccommodé »; le *tonnelier* « devait être perpétuellement auprès de ses tonnes et de ses barriques »; le *caporal*, « soldat hardi », apprenait à ses hommes l'exercice du mousquet; les *quartiers-maîtres* se tenaient près du gouvernail pour s'assurer que les *timoniers* suivaient exactement la route qui leur avait été donnée. Telle était en 1634, sur un vaisseau de premier rang, monté par quatre ou cinq cents hommes d'équipage, la composition de ce que nous nommons aujourd'hui le petit état-major. Le grand état-major se composait du capitaine, du lieutenant, quelquefois d'un enseigne, du chapelain, de l'écrivain, du chirurgien et de son barbier. Le *lieutenant* faisait le second quart de nuit et la seconde veille de jour. Il assistait aux repas de l'équipage « pour aviser aux crieries et disputes qui pouvaient arriver [1] ». Son principal office était de suppléer le capitaine en cas d'absence, de le remplacer en cas de mort ou de maladie. L'*enseigne* n'était, à proprement parler, qu'un second lieutenant, un lieutenant aux gages de 50 livres. Le temps vint, s'il faut en croire les déclarations de Colbert, où, la faveur présidant sans discernement à la distribution des emplois, plus d'un capitaine dut payer de ses propres deniers un supplément de solde au lieutenant, dont le concours était indispensable à son insuffisance. Une fois engagé dans ce sentier, il n'y avait pas de raison pour ne pas aller jusqu'au bout. Le capitaine, le lieutenant et l'enseigne finirent par se trouver également incapables de conduire le navire qu'on leur avait imprudemment confié; ils se cotisèrent alors pour entretenir à leurs frais un quatrième officier qui leur pût apprendre ce qu'ils avaient à faire « dans les occurrences ».

Le service de Dieu ne pouvait être négligé dans un règlement préparé par les ordres d'un prince de

[1] Les lieutenants se dispensent aujourd'hui de ce soin. Ils s'y astreignaient encore quand je suis entré dans la marine.

l'Église. Ce que Richelieu demandait surtout au *chapelain,* c'était d'être « homme de bonne vie et de bon exemple », d'instruire l'équipage « par ses actions tout autant que par ses paroles ».

Le *chirurgien* devait, avant de quitter le port, faire garnir son coffre « de scies et de crochets, d'onguents, d'huiles de lis, de rose et de camomille, de thériaque, de rhubarbe, de séné, de poudres céphaliques, — myrrhe, encens, mastic et limon ». — Pendant le combat, il se tenait dans la cale, au pied du grand mât, « ses fers au feu, ses emplâtres et ses ligatures rangés autour de lui ». C'est là qu'il attendait les blessés, prêt à cautériser les chairs vives, à lier les artères, à répandre sur les plaies saignantes ce fameux « astringent » dans la composition duquel on avait fait entrer, avec le poil de lièvre, la cendre de crâne humain. Le chirurgien ne faisait office de médecin qu'en cas de nécessité, et encore lui était-il prescrit « de ne pas rançonner les malades ». Les escadres un peu nombreuses étaient généralement suivies d'un ou de deux navires-hôpitaux. Là seulement se trouvait représentée d'une façon digne d'elle la savante Faculté. Le chirurgien et son barbier, si un médecin se fût par hasard rencontré sur le vaisseau qu'ils montaient, n'auraient eu « qu'à suivre son avis et à garder de point en point ses ordonnances ». Livrés à leurs propres lumières, ils ne pouvaient donner aux malades que l'assistance qu'ils tiraient de leur coffre et les rafraîchissements qu'ils réussissaient quelquefois à obtenir de la libéralité du capitaine.

Le *capitaine* était chargé de la fourniture des vivres et du payement de la solde; il recevait à cet effet pour chaque homme embarqué 10 écus par mois. Les autres dépenses ne le concernaient pas. L'*écrivain* seul était comptable de tout ce qui s'embarquait et de tout ce qui se consommait à bord du vaisseau; pendant le combat, il présidait au passage des poudres, non-seulement « pour y empêcher le désordre », mais aussi « pour *écrire* les coups de canon qui étaient tirés [1] ». Les fraudes en tout genre étaient à cette époque très-fréquentes; l'écrivain avait la mission spéciale de les prévenir. Il était l'œil du prince, et le prince était le bourgeois du navire. Jamais Richelieu ni Colbert n'auraient consenti à laisser sortir du port un vaisseau sans avoir pris leurs sûretés contre l'inexpérience ou la mauvaise foi du capitaine. Il leur fallait mettre les intérêts du roi sous bonne garde. L'action de leur représentant, de leur fondé de pouvoirs, s'il est permis d'emprunter à la langue des affaires cette expression, s'étendait jusque sur la discipline.

---

[1] Je m'explique maintenant comment le *commissaire* se rencontre à un poste qui ne semblait pas appeler l'intervention de l'officier comptable.

L'écrivain faisait aux équipages lecture des ordonnances ; il avait vis-à-vis des capitaines un droit de remontrance pour en assurer l'exécution.

Ces ordonnances, il faut bien le dire, n'étaient en majeure partie que la sanction légale d'usages séculaires, transmis aux gens de mer de tous les pays de génération en génération. Elles se distinguaient généralement par une sévérité outrée et n'admettaient que l'emploi d'une justice sommaire. La moindre infraction entraînait les plus rudes châtiments corporels. Était attaché au grand mât et battu par le quartier-maître celui qui jurait le nom de Dieu, — trois fois plongé du haut de la grande vergue dans la mer celui qui, lorsqu'on battait la caisse pour mettre le navire en rade, ne se hâtait pas de s'embarquer, — qui négligeait de se pourvoir des armes dont il était tenu de se fournir lui-même, — qui répandait inutilement le vin ou jetait un ustensile quelconque à la mer, — qui tentait d'enlever de force des vivres « hors de la bouteillerie [1] », — qui osait « pétuner [2] » après le soleil couché, — qui frappait « de colère » avec le poing, avec un bâton ou avec une corde. Quant au malheureux convaincu d'avoir « tiré le couteau dans le navire », son sort était plus rigoureux encore ;

---

[1] La cambuse.
[2] Fumer.

n'eût-il blessé, n'eût-il atteint personne, on lui clouait de ce même couteau la main contre le mât. S'il tuait son compagnon, le vivant et le mort étaient attachés dos à dos, puis jetés dans la mer. Quand le code a contre la violence de telles pénalités, il importe de s'habituer de bonne heure à maîtriser ses instincts. Aussi le législateur prenait-il le soin paternel de recommander « aux jeunes garçons qui commençaient d'apprendre le métier de matelot » de n'être « ni blasphémateurs ni querelleurs, et de bien vivre avec leurs compagnons ».

La dureté des lois a le plus souvent pour effet d'imprimer une brutalité sauvage aux caractères. Les marins du dix-septième siècle étaient, si l'on en doit croire l'édit de l'éminentissime cardinal, « des hommes de diverses humeurs, pour la plupart incivils et brutaux, n'ayant que peu ou point de reconnaissance pour les bienfaits qui leur étaient départis ». Les rigueurs de la discipline ne les décourageaient pas. Ils venaient en foule s'offrir à monter les vaisseaux du roi, parce que là du moins ils étaient certains « d'avoir à boire et à manger », — certitude assez rare en France à cette époque. Leur humeur inconstante les portait-elle à promettre leurs services à deux capitaines, il n'en fallait pas davantage pour qu'ils fussent pendus sans pitié. On les pendait encore, s'ils recevaient ou s'ils écrivaient des lettres à l'insu de leurs chefs ; on se contentait « de les châtier sévèrement à coups de bouts de corde » quand il ne s'agissait que de « leur faire perdre la mauvaise coutume de crier », — coutume déjà reprochée aux matelots français.

CHAPITRE VIII

LA TACTIQUE NAVALE DES ANGLAIS ET DES HOLLANDAIS

Le premier besoin qu'on éprouve quand on se transporte par la pensée au milieu de ces flottes qui ont rougi de tant de sang l'Atlantique et la Manche, c'est de les faire revivre dans leur réalité et telles qu'elles étaient au jour du combat. Alors seulement les mouvements ordonnés trouvent leur explication, la bataille se dessine, la tactique mise en œuvre se dégage. Les Anglais et les Hollandais nous offriront les premiers l'appareil d'armées navales régulièrement constituées et se heurtant, sur de vastes étendues, dans des chocs opiniâtres. Nous aurons enfin sous les yeux des escadres. La marine moderne est fondée. Les mâtures toutefois sont encore mal assujetties, la voilure est très-imparfaitement balancée; l'exécution de certains mouvements giratoires est loin d'avoir le degré de sûreté que maints progrès de détail lui feront plus tard acquérir. De là une part plus grande à faire aux moindres variations du vent, à l'influence alternative des marées; mais ce qui modifie le plus les conditions essentielles du commandement, c'est l'extrême difficulté que le chef éprouve à transmettre ses ordres. La langue des signaux n'est encore qu'un bégayement imparfait; les vaisseaux, suppléant à la taille par le nombre, sont répandus sur un immense espace. Dans ces parages sillonnés par les courants les plus capricieux, il est impossible de songer à ranger une flotte sur de longues lignes continues. Il faut former ses bâtiments en groupes, en paquets, en divisions. L'amiral a sous ses ordres deux ou trois lieutenants et plusieurs chefs d'escadre. Il leur fait connaître à l'avance ses intentions. Des chefs d'escadre, l'impulsion arrive aux capitaines. Le rôle le plus important peut-être, c'est celui que la tactique navale de cette époque se voit forcée d'attribuer aux vaisseaux qui marchent en tête ou qui occupent la queue de chaque colonne. Ce sont ces chefs de file et ces serre-files qui, selon que l'armée navigue en ordre naturel ou en ordre renversé, remplissent l'office du bélier au cou duquel le berger a pris soin d'attacher la sonnette; ils savent où l'amiral veut se rendre, à quelle distance il désire se tenir de terre. Ils agissent en conséquence; les autres vaisseaux les suivent dans toutes les inflexions de leur route.

Rarement on en vient aux mains sans s'être disputé, quelquefois pendant plusieurs jours, l'avantage du vent. Celui des deux amiraux que les circonstances ont favorisé, ou qui, par son habileté, a réussi à primer son adversaire de manœuvre, se porte, par un mouvement d'ensemble, par une arrivée générale, vers la flotte ennemie. Il cherche ainsi à la faire plier, il se tient prêt à profiter du désordre qui va se mettre dans les rangs. Les brûlots jusque-là ont été tenus à couvert; le moment est venu de les faire avancer. C'est l'heure solennelle, l'heure vraiment critique de la bataille. Chaque commandant de division dispose d'un certain nombre de ces enfants perdus. S'il manque de sang-froid ou de coup d'œil, s'il n'appuie pas assez énergiquement les navires incendiaires qui attendent ses ordres, il les aura sacrifiés sans profit. Victimes résignées, les brûlots sont sortis de la ligne ; ils poussent droit devant eux. Combien atteindront le but qu'on leur désigne ? Quelques-uns s'abîment sous les volées de canon qu'ils bravent, d'autres se consument inutilement en route, abandonnés trop tôt par leurs équipages ou détournés par les chaloupes qui se sont portées à leur rencontre. L'ennemi rassuré fait tête ; il n'y a plus qu'une ressource : il faut l'enlever à l'abordage. Les vaisseaux s'accrochent, les équipages se mêlent, on fait feu des mousquets, on combat l'épée à la main. Pendant ce temps, le vent tombe, la fumée envahit le champ de bataille. Des divisions entières se trouvent à leur insu entraînées par le courant. Le calme les retiendra-t-il loin de l'amiral? un souffle favorable les ramènera-t-il à sa portée? L'aspect du combat, les chances de la bataille vont se modifier ainsi plusieurs fois avant que le soleil se couche. Près de faiblir, les courages se relèvent tout à coup, ranimés par la vue d'un secours qu'ils avaient cessé d'espérer ; la victoire échappe au contraire à qui la croyait tenir. La lutte recommence, plus terrible et plus acharnée encore. La nuit seule vient mettre un terme au carnage.

Il règne dans ces combats une ardeur sanguinaire, une soif d'extermination qu'on ne retrouvera pas cent cinquante ans plus tard. Les Hollandais ont à couvrir leurs flottilles de pêche dans la mer du Nord, à escorter leurs convois marchands dans la Manche. Dès que les deux armées se rencontrent, elles montrent un égal désir d'en venir aux mains. De part et d'autre, on se charge avec furie. Le plus souvent ce sont les Hollandais qui, pour mettre à l'abri leurs richesses, font les premiers mine de battre en retraite. Ils reculent lentement, presque toujours en bon ordre, vers les bancs que leurs vaisseaux seuls peuvent franchir. S'ils se sentent serrés de trop près, quelles qu'aient été leurs pertes, ils reprennent sans hésiter l'offensive. Tromp et Ruyter ont soutenu plus d'un assaut avec un tronçon d'épée. On ne ménage point les navires à cette époque, on ménage encore moins les hommes. La mer est couverte de malheureux qui surnagent ; défense est faite aux chaloupes de les recueillir. Tromp, abordé, fait sauter le tillac de son vaisseau pour se débarrasser des Anglais qui s'en sont rendus maîtres. Il est telle bataille qui, après avoir duré trois jours, a coûté à chacune des deux flottes près de quinze cents morts. Ce sont, d'ailleurs, en toute occasion les vaisseaux-pavillons qui suportent le plus gros effort. Dans un engagement où les Hollandais eurent trente vaisseaux détruits, de neuf vaisseaux-pavillons il ne leur en resta qu'un seul. Chez les deux adversaires, l'héroïsme est le même, et ce qui sera notre éternel honneur, c'est que le jour où la fortune les aura réunis contre nous, nos capitaines se montreront de taille à les combattre, de force quelquefois à les vaincre.

La marine française peut dater ses débuts du ministère de Richelieu; ce n'est cependant qu'à partir du règne de Louis XIV que ses annales s'appuient sur des documents constamment sérieux et authentiques. Avec Colbert, nous entrons de plain-pied dans le domaine de la réalité. Nous assistons jour par jour à la création méthodique d'une œuvre admirable. Il semble que le génie qui lui donna naissance l'ait vraiment trempée dans le Styx. Les escadres s'effondrent, les corps d'officiers disparaissent; la marine française survit à toutes ces catastrophes. Dès qu'un rayon de soleil réussit à percer la nuée et vient de nouveau briller sur la France, c'est encore de nos gloires celle qu'on trouve la plus prompte à refleurir. D'où a pu venir cette vitalité, sinon de la valeur des institutions dont nous avons souvent modifié l'économie, dont nous avons toujours fort heureusement respecté le principe? L'étude des ordonnances promulguées par Richelieu, par Colbert, par M. de Choiseul, par MM. de Boyne, de Sartines et de Castries, devra tenir une grande place dans toute histoire maritime qui voudra être complète. Cette étude pourra en effet éclairer notre route, nous arrêter souvent dans des modifications imprudentes, nous en suggérer d'autres fois de nécessaires; mais ce qui touche à l'administration concerne particulièrement l'homme d'État; pour le marin, comme pour le soldat, il y a quelque chose de plus essentiel à connaître, quelque chose qui prime à la fois les questions théoriques et les détails purement pratiques du métier. « La tactique, les évolutions, la science de l'ingénieur et de l'artilleur, a dit l'empereur Napoléon Ier, peuvent s'apprendre dans des traités à peu près comme la géométrie; la connaissance des hautes parties de la guerre ne s'acquiert que par l'étude des campagnes et des batailles des grands capitaines. » Sur mer, ces campagnes et ces batailles sont peu nombreuses. Du règne d'Élisabeth et de Philippe II à celui de Napoléon Ier, on n'en trouverait peut-être pas plus de vingt ou trente dont le souvenir méritât d'être recueilli. L'empereur n'en comptait que quarante sur terre, et il remontait jusqu'à Annibal. Nous avons donc intérêt à ne pas trop limiter notre horizon. L'historien qui ne voudrait étudier que les combats livrés par nos flottes, qui négligerait l'expédition espagnole de 1588, expédition non moins merveilleusement préparée et encore plus malheureusement déçue que ne le fut l'expédition française de 1805, qui omettrait de propos délibéré le récit des grandes luttes auxquelles notre marine ne prit part qu'à dater de l'année 1672, nous priverait des enseignements le plus applicables à la situation présente. La science navale, il ne faut pas l'oublier, a fait depuis vingt ans un retour bien étrange sur elle-même. Ces deux longues allées de peupliers qui, dans les tableaux contemporains du règne de Louis XVI, ont la prétention de représenter des combats d'escadre, nous disent assez combien à cette époque les procédés de guerre différaient des combinaisons stratégiques, dont les flottes de l'avenir nous commanderont impérieusement l'emploi. Tout au contraire, ces gros corps de bataille derrière lesquels s'abritent ces flottilles de brûlots, ces vaisseaux qui s'avancent de pointe, ces navires enflammés qu'ils escortent, ces lignes qui se traversent, ces combats qui se rétablissent et se renouvellent sans cesse, toutes ces manœuvres brusques, toutes ces confusions sanglantes, que nous a retracées le pinceau des peintres du dix-septième siècle, ne sont-elles pas l'image des mêlées qu'il nous faut de nouveau prévoir aujourd'hui ?

Et pourtant ce n'est pas de ce côté technique que doivent nous venir les leçons les plus profitables. Le spectacle des épreuves par lesquelles ont passé les hommes appelés à exercer le commandement des armées ou des flottes est bien autrement instructif. Les plus hautes renommées ont eu de tout temps leurs vicissitudes ; les plus éclatants triomphes n'ont pas été exempts d'inquiétantes péripéties. Tout événement militaire est un drame dans lequel la fortune et les hommes jouent leur rôle. Il n'en est pas moins vrai que si l'on veut se défendre soigneusement « de convertir l'accident en principe », on pourra discerner encore, à travers les surprises incontestables et multipliées du sort, le chemin qui mène à la victoire.

DEUXIÈME PARTIE

LA MAPPEMONDE DE SÉBASTIEN CABOT

CHAPITRE PREMIER

LES DEUX CABOT ET LES VILLES HANSÉATIQUES

On sait par quel enchaînement de circonstances le riche trafic de l'Orient échappa, dans le cours du seizième siècle, aux républiques italiennes. Presque à la même époque, les villes hanséatiques se virent supplantées sur les marchés du nord. Demeuré jusqu'alors à l'état d'enclave et soumis à la surveillance ombrageuse de la marine allemande, l'empire russe se trouva brusquement affranchi, — la chose est à noter, — par des mains anglaises. Cette émancipation, si grosse de conséquences, fut encore un des effets imprévus du merveilleux progrès réalisé, dans le court espace de quelques années, par l'astronomie nautique.

Le mouvement maritime avait pris, vers la fin du

moyen âge, un développement sur l'importance
duquel l'histoire n'a peut-être pas suffisamment
insisté. Si l'on veut considérer ce mouvement dans
son ensemble, on ne saurait mieux faire que de se
transporter en premier lieu à Bruges, reliée par un
canal au fameux port de l'Écluse, un peu plus tard
à Anvers. C'est là que, pendant près de trois siècles,
s'échangèrent avec une régularité que les événements les plus graves eurent à peine le don d'interrompre, les produits de l'Orient et de l'Occident,
ceux du Midi et du Nord. Chaque année, aux premiers jours du printemps, une immense caravane
s'ébranlait pour rayonner de Venise vers tous les
points de la Méditerranée. Une portion considérable
de cette flotte prenait la direction de l'Océan. Avant
de franchir le détroit de Gibraltar, elle touchait à
Manfredonia, à Brindes, à Otrante, à Messine; elle
faisait escale à Tripoli, à Tunis, à Alger, à Oran,
grossissant peu à peu ses cargaisons sur la route.
Entrée dans l'Océan, elle serrait d'aussi près que
possible les côtes de l'Andalousie, du Portugal, de
la Galice et de la Biscaye; elle s'accrochait ensuite
aux rivages de la France, multipliant à dessein ses
étapes, prenant mille précautions pour n'être pas
entraînée au large. Elle arrivait enfin, soit au port
de l'Écluse, soit à l'embouchure de l'Escaut. Elle
n'allait pas plus loin. A Anvers comme à Bruges, le
placement de ses marchandises était assuré; les

chargements de retour se trouvaient déjà prêts. Les vaisseaux de Lubeck, de Hambourg et de Brême étaient venus des embouchures de la Trave, de l'Elbe et du Weser au rendez-vous que la reine de l'Adriatique leur avait assigné.

Quelle était donc cette marine rivale, assez puissante pour mesurer à Venise sa tâche et son domaine, assez active pour accomplir à elle seule tous les transports qu'elle s'était réservés? On la vit naître le jour où les chevaliers teutoniques, revenus d'Asie à la fin des croisades, reprirent l'œuvre de Charlemagne au point où ce grand civilisateur l'avait laissée, le jour où, s'établissant sur les bords de la Baltique, l'ordre nouveau s'unit en 1237 aux chevaliers porte-glaives pour faire reculer pas à pas le monde païen. A dater de ce moment, aussi important dans l'histoire de la navigation que dans celle de l'humanité, la longue péninsule, jadis occupée par les Cimbres, cessa de marquer la limite extrême où venaient s'arrêter les vaisseaux. De vastes territoires avaient été mis en culture. On ne tarda pas à en écouler vers les cités industrieuses des Flandres les principaux produits : le blé et les bois de charpente. Ce n'étaient là que les produits du sol; la mer en gardait d'autres dont nous ferons sans peine apprécier la richesse. Qui ne sait en effet avec quel religieux scrupule le moyen âge observait les prescriptions du carême? Le poisson étant devenu pour tous les peuples chrétiens une denrée de première nécessité, la récolte annuelle du *stock-fish*, de la morue pêchée sur les côtes de la Norvége et sur celles de l'Islande, occupa dès le onzième siècle une grande place dans l'alimentation de l'Europe[1]. L'exploitation des bancs de harengs, qui tous les ans, vers le mois de janvier, surgissent en troupes innombrables du fond des abîmes qu'ils ont choisis pour refuge, devait en acquérir une plus considérable encore. On a pu constater les divers chemins que suivent ces immenses colonnes dans leurs migrations périodiques. Leur itinéraire n'a pas toujours été le même. On l'a vu se modifier soudainement et vouer à la stérilité telle portion de l'Océan réputée naguère entre les plus fécondes. Le Sund, et dans la Baltique les abords de l'île Rugen, furent jusqu'à la fin du quatorzième siècle des parages particulièrement favorisés. Les bancs y étaient si denses que l'emploi des filets devenait superflu. On eût pu ramasser le poisson à la main, ou, suivant l'expression de Philippe de Maizières, voyageur français du temps de Charles VI, « le tailler

---

[1] « La morue, nous apprend Sébastien Cabot, se pêche en hiver, et on la fait sécher à l'aide du grand froid qui règne sur les côtes de l'Islande. Ce poisson séché est si dur que, pour le manger, il faut le battre avec des marteaux de fer sur des pierres qui aient elles-mêmes la dureté du marbre. On le met ensuite à tremper un jour ou deux dans l'eau, et on l'apprête alors avec du beurre. » (Légende de la mappemonde de 1544. *Tabula prima*, n° 9.)

à l'épée ». Pendant deux mois, en septembre et en octobre, quarante mille bateaux ne faisaient autre chose que « prendre le hareng » ; cinq cents grosses nefs s'employaient à le recueillir; sur la côte de Scanie, on le salait. trois cents mille hommes vivaient de cette industrie, et, grâce à leur labeur, l'Allemagne, la France, l'Angleterre, d'autres pays plus éloignés encore « se trouvaient repus en carême ». Voilà ce que nous apprend, dans son naïf et pittoresque langage, « le vieux pèlerin » qui errait vers l'année 1380 sous ces latitudes.

A la vue de cette manne, plus sûre dans ses promesses que le grain de blé confié à la terre, l'antique piraterie laissa tomber ses armes. Les rivages de la Baltique n'avaient pas encore de moissons que déjà la mer qui les baigne se montrait couverte de pêcheurs. C'est ainsi que commença la fortune de Lubeck, qui, par sa position, se trouvait dotée d'un accès facile aux salines d'Oldesloe et de Lunebourg. Le commerce des grains porta bientôt cette fortune à son apogée.

Une prospérité si soudaine ne pouvait manquer d'exciter l'envie. Fière de ses richesses et de la protection impériale, Lubeck résolut d'opposer la force aux prétentions des Danois et des Norvégiens. Deux autres villes, séparées de Lubeck par toute la presqu'île du Jutland, partageaient les profits de la florissante cité. Les navires de Brême, les vaisseaux de Hambourg apportaient dans la Trave les marchandises qui, de tous les points de l'Allemagne et de l'Italie, se rassemblaient à Bruges. Lubeck leur livrait en échange une partie des divers produits que ses marins se chargeaient d'aller récolter jusqu'au fond du golfe de Finlande. Ces trois cités avaient les mêmes ennemis et des intérêts identiques; elles cherchèrent leur sécurité dans l'association. Le contrat qui les lia, vers l'année 1241, devint l'origine de la célèbre ligue avec laquelle les plus grands rois devaient bientôt avoir à compter. Composée d'abord de trois villes, la ligue hanséatique finit par en embrasser quatre-vingt-quatre. Elle exploita les côtes de la Poméranie, de la Livonie, de l'Esthonie, de l'Ingrie. De Brême à Narva on comptait, en y comprenant l'entrepôt central de Wisby sur l'île de Gotland, plus de vingt ports ouverts aux vaisseaux des Osterlingues [1]. Les eaux du Rhin, de l'Ems, du Weser, de l'Elbe, établissaient une circulation continue entre l'Océan et l'intérieur de l'empire germanique; celles de la Trave, de l'Oder, de la Vistule, du Pregel, du Niémen, de la Duna, aspiraient par vingt bouches les arrivages qu'accueillait la Baltique. Trois comptoirs fondés, le premier à Novgorod, le second à Bergen, le troisième à Londres, com-

---

[1] C'est sous ce nom qu'étaient connus à Londres et à Anvers les marins de la Baltique.

plétaient le réseau dans lequel Venise et la Hanse semblaient s'être entendues pour enlacer le monde.

Le déploiement de tant d'activité n'amena néanmoins aucun progrès sensible dans les procédés de l'art naval. La seule navigation que connaisse le moyen âge, c'est la navigation qui va de cap en cap, en d'autres termes, la navigation de cabotage. Le pilote côtier tient lieu de boussole, d'astrolabe et de carte marine. Sur les deux rives de la mer d'Allemagne stationnaient constamment de nombreux lamaneurs, relais échelonnés qui devaient, à l'instar de nos maîtres de poste, se passer, avec une fidélité scrupuleuse, les flottilles marchandes de main en main. Tel pilote prenait les vaisseaux sur la côte de Flandre et les conduisait à l'entrée du détroit de Douvres; tel autre les ramenait le long de la côte d'Angleterre, au nord des bancs de Yarmouth. Le guide avec lequel on franchissait le pas de Calais n'était pas celui qui vous faisait doubler l'île de Batz. Ce dernier vous livrait à un nouveau pratique, si vous deviez pousser jusqu'à Vannes. La Rochelle, Bordeaux, Lisbonne même, sont des postes de pilotage mentionnés par le code maritime de Wisby côté de Travemunde, le port de Lubeck, de Sluys [1], le port de Bruges, d'Amsterdam, le grand entrepôt

---

[1] Sluys, nom flamand du port de l'Écluse.

du Zuiderzée. Cette marine puissante ne serait probablement jamais sortie de l'enfance. Sûre de son monopole, elle n'avait aucun intérêt à tenter des voies inconnues. Nous la retrouverions encore aujourd'hui avec ses lisières, si, du foyer allumé au sein des cités lombardes, quelque étincelle n'eût jailli jusqu'aux rivages de la Grande-Bretagne.

Un Génois pouvait se vanter en l'année 1505 « d'avoir fait don des Indes au roi d'Espagne ». Un autre Génois rendit à l'Angleterre un service non moins signalé peut-être, en lui apportant ces notions de cosmographie générale si répandues alors en Italie, si peu familières en revanche aux pilotes du nord dont le suprême exploit consistait à passer des Orcades aux Shetland, des Shetland aux Féroë, des Féroë en Islande[1]. Le fauconnier ne se contente pas de faire tomber le chaperon des yeux du gerfaut. A l'oiseau impatient, il désigne du doigt la proie lointaine et, par ses cris, l'excite à déployer toute son envergure. Tel fut à cette époque le double rôle d'un des compatriotes de Christophe Colomb vis-à-vis des marins anglais. Jean Cabot, chevalier aux éperons d'or, — *miles auratus*, — était né aux environs de Gênes. Il ne devint citoyen de Venise qu'à partir de l'année 1476, en vertu de lettres

---

[1] On compte des Orcades aux Shetland 15 lieues ; — des Shetland aux Féroë, 52 lieues ; — des Féroë en Islande, 90 lieues.

patentes qui lui furent octroyées par le sénat[1]. La plupart des gentilshommes italiens s'adonnaient à cette époque au commerce. Cabot alla fonder un établissement commercial à Bristol. Il y arriva en 1477 avec sa femme et ses trois enfants, Louis, Sébastien et Sanche. Qui disait commerçant disait au quinzième et au seizième siècle voyageur. Ce négociant italien, que le soin de ses affaires avait plus d'une fois conduit des bords de l'Adriatique aux terres du soudan d'Égypte, devint en Angleterre le père de la navigation hauturière. On n'a pas encore exactement mesuré l'étendue des découvertes accomplies par les navigateurs qui partirent de Mayorque ou de Dieppe longtemps avant que l'écuyer du prince Henri fût revenu du cap Bojador, mais on peut affirmer sans crainte que les marins anglais, privés du concours de la science italienne, auraient difficilement atteint les rivages du nouveau monde. Nous trouvons, dès l'année 1480, trois ou quatre navires de Bristol occupés à la recherche des îles fabuleuses de Brasil, de Saint-Brandan, d'Antilia. Quel avait été l'instigateur de ces entreprises? Tout porte à croire que ce fut Jean Cabot. Qui se chargea de les diriger? Celui-là même qui les avait conçues, s'il est permis de reconnaître le savant cosmographe génois

---

[1] On peut consulter à ce sujet le remarquable travail de M. d'Avezac intitulé : *les Navigations terre-neuviennes de Jean et Sébastien Cabot*, Paris, 1869.

dans cette simple mention : *magister navis scientificus marinarius totius Angliæ.*

Suivant les idées universellement admises au moyen âge, Cabot ne pouvait poursuivre qu'une île se rattachant par d'invisibles racines à quelque continent voisin. En dehors de cette condition, l'esprit ne concevait que des masses éternellement errantes au sein d'un océan alors jugé sans fond. Les Açores étaient un rameau des montagnes de Cintra ; Porto Santo et Madère se rattachaient à la chaîne des Algarves ; l'île d'Antilia devenait le prolongement naturel de l'Irlande. Ce mystérieux archipel, annoncé par Toscanelli, ne cessait pas cependant de fuir devant les navires de Bristol. En 1491, en 1492, en 1493, on ne l'avait pas encore trouvé. Jean Cabot poussa la poursuite jusqu'à sept cents lieues, et le 24 juin 1494, à cinq heures du matin, il recueillit le prix de sa persévérance. La terre que son fils devait désigner cinquante ans plus tard sous le nom de *tierra de los Bacalaos* venait de surgir à l'horizon. Dans un second voyage, le chevalier vénitien dépassa cette terre de *Prima-Vista;* il alla jusqu'au continent. Cabot avait probablement retrouvé le Vinland des anciens Scandinaves ; mais, comme Christophe Colomb, il s'imaginait avoir abordé au Cathay. Les Anglais, auxquels il montrait vers la fin du mois d'août 1497, non pas des perroquets, des Indiens et des palmes vertes, mais des piéges tendus pour prendre le gibier et une navette propre à confectionner des filets, le crurent aisément sur parole. Les Espagnols n'étaient donc plus les seuls qui se pussent vanter d'avoir atteint l'Orient par l'Occident ! L'enthousiasme populaire fut immense. On vit les habitants de Londres « courir après Jean Cabot comme des fous » et le saluer du nom de grand amiral. « Vêtu de soie et gratifié sur la cassette royale d'une première libéralité de dix livres sterling », l'heureux aventurier savourait son triomphe. Tout à coup sa figure s'efface; son nom, que répétaient toutes les correspondances, n'éveille plus d'échos. Le chevalier génois a disparu subitement de la scène. Son second fils, Sébastien, heureusement l'y remplace. La science cosmographique ainsi que le commerce étaient chez ces Lombards, rivaux et successeurs du juif industrieux, une tradition de famille et jusqu'à un certain point un art héréditaire. Devenu chef d'expédition à son tour, Sébastien Cabot se prépare à traverser de nouveau l'Atlantique.

Le roi Henry VII lui a fourni six navires d'environ deux cents tonneaux de jauge; il a fait plus, il lui a ouvert ses prisons. Sébastien Cabot peut y enrôler autant de bandits qu'il lui convient. La campagne de 1497 s'était faite sur une chétive barque montée par dix-huit hommes; elle avait réussi au delà de toute espérance. Jean Cabot, dans le court espace de deux mois, reconnut près de trois cents lieues de côtes. En dépit de ses vastes préparatifs, la campagne de 1498 fut beaucoup moins heureuse. La moitié des équipages succomba aux fatigues et aux privations du voyage. Pour prix du généreux concours que Henry VII lui avait prêté, que pouvait offrir Sébastien Cabot à ce souverain, qui espéra un instant devancer à la cour du Grand Khan Ferdinand le Catholique et Emmanuel le Fortuné? Il pouvait lui offrir l'éclaircissement d'un point resté jusque-là douteux. Les profits de l'entreprise se chiffraient par la perte d'une illusion. Pas plus que les Espagnols, les Anglais n'avaient à aucune époque foulé les lointaines contrées décrites par Marco-Polo. La terre sur laquelle en 1497 Jean Cabot avait débarqué ne conduisait ni à Quinsaï ni à Khanbalich ; elle était au contraire, selon toute apparence, une barrière interposée entre l'Europe occidentale et l'orient de l'Asie. Ce ne fut qu'au bout de dix-huit ans qu'un nouveau souverain anglais accueillit la pensée de vérifier si l'obstacle était continu et s'il n'existait pas quelque ouverture par laquelle on le pût franchir. Qu'on jette les yeux sur le grand planisphère que Cabot traça en l'année 1544 de sa propre main, — ce planisphère fait partie des trésors de notre Bibliothèque nationale, — on y verra figurés les résultats de l'expédition équipée aux frais de Henry VIII et dirigée, comme celle de 1498, par l'illustre astronome vénitien associé cette fois à un chevalier anglais, Thomas Pert. L'apparition des glaces n'a pas découragé le généreux émule de celui que tous les cosmographes appelaient encore par excellence « el almirante ». Sébastien Cabot s'est avancé jusqu'au 67ᵉ degré de latitude nord. Les deux détroits, dont l'un porte aujourd'hui le nom de Davis, l'autre le nom d'Hudson, seront visités, explorés soixante-huit ans, quatre-vingt-seize ans plus tard; en 1516, ils sont déjà découverts.

Ainsi deux Italiens ont complété, dans l'espace de vingt-quatre années, l'œuvre de l'école astronomique de Mayorque et de la célèbre académie de marine du cap Sagres. Les Portugais et les Catalans avaient, les premiers, osé perdre à dessein la terre de vue. Guidés par Christophe Colomb, les Espagnols ont dissipé les chimériques horreurs de la mer Ténébreuse. Sous la conduite de Sébastien Cabot, les Anglais ont fait évanouir les terreurs beaucoup mieux justifiées que pouvaient inspirer les parages situés au nord de la neuvième zone [1].

---

[1] Les zones de l'hémisphère boréal étaient comprises entre les latitudes suivantes :

La 1ʳᵉ entre 10° 45′ et 20° 30′.
La 2ᵉ   »   20° 30′ » 27° 30′.
La 3   »   27° 30′ » 33° 40′.
La 4ᵉ   »   33° 40′ » 39° 0′.
La 5ᵉ   »   39° 0′ » 43° 10′.
La 6ᵉ   »   43° 10′ » 47° 0′.
La 7ᵉ   »   47° 0′ » 50° 30′.
La 8ᵉ   »   50° 30′ » 53° 10′.
La 9ᵉ   »   53° 10′ » 56° 0′.

L'idée de patrie au seizième siècle n'avait pas encore la puissance que lui ont fait acquérir les grandes luttes auxquelles la passion populaire s'est mêlée ; l'ambition inconstante y pouvait sans remords porter de cour en cour sa fidélité nomade. Compatriote de Vasco de Gama et compagnon d'Albuquerque dans les Indes, Magellan alla mourir au service de l'Espagne ; employé d'abord par François 1er, Verazzano perdit la vie en pilotant deux navires de Henry VIII [1] ; fils d'un père né à Gênes et naturalisé à Venise, Sébastien Cabot, qu'un séjour de quarante années sur les bords de l'Avon avait fait plus qu'à demi Anglais, nous apparaît en 1518 installé à Séville et y remplissant les fonctions successivement confiées au Florentin Améric Vespuce et au Castillan don Juan Diaz de Solis. Cabot va continuer ainsi, en qualité de pilote-major du roi Charles-Quint, le *Padron real*, ce grand tableau des positions géographiques officielles, inauguré le 22 mars 1508. Il va « interroger les pilotes espagnols sur l'emploi de l'astrolabe et du quart de cercle, s'assurer qu'ils réunissent la connais-

---

[1] M. d'Avezac s'est chargé de discuter la date de la naissance de Christophe Colomb. Un autre savant, M. Harrisse, a passé au crible d'une érudition non moins vaste et non moins patiente les diverses versions qui ont eu cours au sujet de la mort de Verazzano. Suivant lui, ce ne serait pas dans le nouveau monde que l'astronome de Florence aurait perdu la vie ; ce serait en Espagne, où il aurait été pendu, pour crime de piraterie, par ordre de Charles-Quint.

sance de la théorie à la pratique ». Ces fonctions sédentaires l'ont bientôt lassé. Son métier, à lui, est de découvrir, car, ne l'oublions pas, c'est encore le seul nom qu'on puisse opposer à celui de Christophe Colomb. En 1526, il part pour les Moluques et croit y arriver en s'enfonçant de plus en plus avant dans la Plata. Il passe ainsi cinq années entières à explorer ce fleuve. Enfin en 1548 sa première patrie d'adoption le reconquiert. Charles-Quint lui avait alloué, par an, trois cents ducats ; Édouard VI d'Angleterre lui accorde une pension de cent soixante six livres sterling.

Sébastien Cabot débarquait sur le sol anglais avec sa fameuse mappemonde elliptique. Il y débarquait aussi avec son infatigable ardeur et avec un bagage de connaissances considérablement accru, quoique encore encombré de beaucoup de chimères. Le pilote-major de Séville ne pouvait ignorer aucun des secrets de l'hydrographie espagnole. L'heure était propice pour concevoir de nouvelles entreprises maritimes, car les Anglais, enflés d'un juste orgueil par le développement de leur prospérité intérieure, ne supportaient plus qu'avec impatience l'ascendant importun de Lubeck et de Hambourg. La ligue hanséatique avait vu se détacher peu à peu de ses liens la plupart des cités que couvrait, depuis l'année 1434, le puissant patronage des ducs de Bourgogne ; les villes impériales, Cologne entre autres, s'étaient, en plus d'une occasion, montrées des alliées peu sûres ; la Confédération n'en conservait pas moins, à la veille des événements qui devaient porter une atteinte mortelle à son vieux privilége, le monopole à peu près exclusif du roulage maritime dans les régions du nord. Un seul chiffre suffira pour faire ressortir l'inégal partage auquel se résignait alors la navigation anglaise : « La Compagnie teutonique exporta en 1551 d'Angleterre 44,000 pièces de drap ; tous les marchands anglais réunis n'en avaient expédié que 1100. »

Partout où la ligue allemande prenait pied, elle réclamait et obtenait de gouvernements peu éclairés encore les concessions les plus exorbitantes. Admis à Bergen, les Hanséates y auraient bientôt fondé une colonie, si le roi Haquin n'eût eu soin de leur interdir d'hiverner sur la terre de Norvége ; introduits à Londres en 1256, ils ne se contentèrent pas d'y accaparer le commerce d'exportation ; ils s'attribuèrent dans la cité même tous les droits d'une corporation nationale. Vainement Édouard III, après lui Richard II, tentèrent-ils de protéger et de stimuler la navigation de leurs propres sujets ; le pli était pris, l'élan contraire donné. En 1474, le comptoir de Londres ne fut pas seulement agrandi ; il eut deux succursales : Lyn dans le comté de Norfolk, Boston dans le comté de Lincoln. Tour à tour souple ou arrogante, la Hanse avait capté la faveur de Henry VI; elle imposa ses volontés à Édouard IV; Henry VII, à diverses reprises, essaya de lutter contre ses exigences. En 1491, les négociateurs qu'il chargea de le représenter à la diète d'Anvers firent entendre à la ligue de hautaines paroles. Ils déclarèrent que les Allemands seraient, pour l'exercice de leur commerce, traités, en Angleterre, comme les Anglais le seraient eux-mêmes dans les villes hanséatiques. La menace, par malheur, était sans portée. Ni l'industrie ni la navigation anglaise n'étaient, à cette époque, en mesure de se passer du concours des Hanséates. Pendant plus de soixante ans encore, l'Angleterre devait rester tributaire non-seulement de Lubeck et de Hambourg, mais aussi de Cadix et de Lisbonne. Jamais nation ne fut plus vivement sollicitée par sa situation à devenir une nation maritime, et ne supporta, faute d'avoir compris assez tôt sa fortune, un asservissement plus complet.

Dès l'année 1527 cependant, un négociant anglais, Robert Thorne, qui avait longtemps résidé à Séville, mesurant sur le globe les diverses distances des États de l'Europe aux Moluques, ne pouvait s'empêcher de faire remarquer à Henry VIII que, de tous ces États, le royaume de la Grande-Bretagne était encore celui devant lequel s'ouvrait la plus courte voie vers les îles à épices. « En effet,

lui disait-il, comment y arrivent les Espagnols?
D'Espagne ils se rendent aux Canaries; des Canaries
ils vont couper la ligne et se dirigent au sud jusqu'au cap Saint-Augustin. De ce cap au détroit de
Todos Santos [1], il y a de 1700 à 1800 lieues. Le
détroit de Todos Santos traversé, les Espagnols
remontent vers la ligne équinoxiale jusqu'aux îles à
épices, qui sont éloignées du détroit de 4,200 ou
4,300 lieues. La route des Portugais est plus courte.
Elle part du Portugal, va au sud vers le cap Vert,
puis du cap Vert au cap de Bonne-Espérance;
entre ce dernier cap et Lisbonne, on compte 1,800
lieues. Il y en a 2,500 du cap aux Moluques. La
route totale s'élève à 4,300 lieues. Quelle serait pour
nous la distance à parcourir? Nous ne sommes éloignés du pôle que de 39 degrés; de la ligne au pôle,
il y en a 90. Les deux chiffres ajoutés font 129 degrés
ou 2,580 lieues. Si, entre les terres nouvelles que
nous avons découvertes et la Norvége, la mer vers
le nord demeure navigable, nous pouvons arriver
aux îles par une route qui nous fera gagner 2,000
lieues au moins sur les Portugais, plus de 3,000 sur
les Espagnols [2]. On a dit, il est vrai, qu'au-dessus

---

[1] C'est sous ce nom que fut d'abord connu le détroit de Magellan.
[2] La route des Espagnols était en réalité d'environ 6,000 lieues, celle des Portugais de 4,000. Par le nord-ouest, il eût fallu faire, pour aller d'Angleterre en Chine, 3,000 lieues, — 2,700 pour accomplir le même trajet par le nord-est.

de la septième zone, la mer n'était que glace, le froid impossible à supporter. Ne disait-on pas également que sous la ligne la chaleur était telle qu'aucun être humain n'était capable d'y vivre? Nulle zone n'offre, au contraire, meilleure température, climat plus délicieux. *Nihil fit vacuum in rerum natura.* Aucune terre n'est inhabitable; aucune mer n'existe qu'on n'y puisse naviguer. »

Sébastien Cabot était loin de nourrir en 1548 les illusions qui pouvaient trouver encore un si facile accès auprès de Robert Thorne en l'an 1527. Quelque horreur que pût avoir la nature pour les créations inutiles, Cabot savait parfaitement, par sa propre expérience, par celle de Cortereal et d'Estevan Gomez, qu'il était de vastes bassins où la Providence ne nous avait pas ménagé la faculté de pénétrer. Il n'en songeait pas moins à réaliser le projet accueilli à deux reprises différentes par Henry VIII; car, après vingt années d'absence, la lecture de Pline et de Cornelius Nepos le ramenait convaincu qu'on devait trouver au nord-est ce qu'on avait jusqu'alors inutilement cherché au nord-ouest. La mer qui baigne les côtes de Tartarie n'était pas seulement, si l'on en croyait le vieux cosmographe, navigable; au temps des anciens, on y avait navigué. Comment, si l'océan Scythique n'eût été en communication directe avec la mer des Indes, le roi des Suèves aurait-il pu jadis adresser à un proconsul des Gaules

« des Indiens que la tempête avait jetés, avec leur navire et leurs marchandises, sur les côtes de la Germanie » ? Ces naufragés ne venaient pas évidemment de l'Afrique. Ils auraient dans ce cas rencontré sur leur route les îles du Cap-Vert, les Canaries, les côtes d'Espagne, la France, l'Angleterre ou l'Irlande. Ils ne pouvaient pas davantage venir de l'occident. Les peuples du nouveau monde, lorsque Colomb mit le premier le pied sur leurs rivages, semblèrent considérer les navires espagnols comme des objets étranges, les Espagnols eux-mêmes comme des êtres tombés du ciel ; il était donc impossible d'admettre que ces peuples naïfs se fussent jamais livrés au moindre essai de commerce maritime. Les naufragés offerts à Quintus Metellus n'avaient pu arriver que des contrées situées à l'orient du promontoire extrême qui termine au sein des mers hyperboréennes le grand continent de l'Asie. La tempête avait emporté cette épave, à travers l'océan des Scythes, jusqu'aux plages où le roi des Suèves s'était trouvé prêt à la recueillir. Pourquoi le chemin que ces Indiens avaient sans doute suivi ne conduirait-il pas d'autres navigateurs aux lieux d'où la barque égarée était involontairement venue ? Il suffisait de reprendre la même route dans le sens opposé.

Si l'on met en regard la mappemonde de Martin Behaim et le planisphère de Sébastien Cabot, on verra d'un coup d'œil quel prodigieux chemin avait fait la science géographique dans le court espace de temps qui sépare l'année 1492 de l'année 1544. Le contour général des deux grands continents n'a plus rien qui nous fasse sourire. L'Afrique et l'Inde, le Cathay, le Japon, l'Amérique jusqu'au détroit de Magellan, sont connus; mais, dès qu'on jette les yeux sur la partie septentrionale de notre hémisphère, dès qu'on veut s'avancer de ce côté au delà du 53e degré de latitude, on s'arrête étonné. Comment s'expliquer que la cosmographie du seizième siècle ait pu rassembler des notions si exactes sur les portions les plus récemment découvertes du globe, quand elle en est réduite à tracer encore les rivages de la Baltique, les côtes de la Norvége, sur la foi des huit livres et des vingt-six tables de Ptolémée? C'est qu'au delà du 53e degré commence le domaine de la ligue hanséatique. Le port de l'Écluse sur la côte de Flandre, celui d'Anvers à l'embouchure de l'Escaut, — nous l'avons déjà signalé, — marquèrent, pendant toute la durée du moyen âge, l'extrême limite que s'étaient engagées à ne jamais franchir les escadres marchandes de Venise. Les autres nations se hasardaient parfois à empiéter sur la zone que s'étaient réservée le Hanséates; elles n'y pénétraient jamais sans combat, et ce fut en vain qu'en l'année 1437 les Hollandais arborèrent en tête de leurs mâts un balai pour faire connaître au monde qu'ils venaient de purger la mer de ses tyrans. La Baltique n'en resta pas moins aux Osterlingues, comme l'Adriatique aux doges. L'état des connaissances géographiques résultait en 1544 de ce double et jaloux privilége. Les Italiens, observant soigneusement le gisement des côtes, comptant leurs pas, notant dans chaque direction leurs routes, avaient pu tracer dès l'année 1497 d'excellents portulans. De Venise à Bruges, on trouverait encore une sécurité relative à se laisser guider par Freduci d'Ancône. Il faudrait se garder de suivre Sébastien Cabot, — à travers l'Oceanus Germanicus et le Pontus Balceatus, — sur les côtes du Denmarca, de la Norvegia, de la Scandia et de la Finmarchia.

Les Allemands, les Danois, les Flamands, les pêcheurs du nord de l'Écosse, sont les seuls marins qui aient encore fréquenté ces parages. Sébastien Cabot gagnerait peu à les consulter. « Ces gens-là » n'ont pas cessé de mériter la dédaigneuse exclamation du prince Henri; « ils n'entendent rien à l'emploi des cartes marines et de la boussole ». Un point lumineux ne laisse pas cependant de briller à travers l'épaisseur des antiques ténèbres. Là où vous iriez aujourd'hui chercher Hammerfest, le cap Nord, le fiord de Varanger, vous verrez indiquée sur le planisphère de 1544, au fond d'un large golfe, la forteresse danoise de « Varduus [1]. » Ni Martin

---

[1] Vardoëhuus, sur l'île de Várdoë, dans le diocèse de Tromsoë, ville

Behaim, étendant jusqu'au pôle sa Laponie sauvage, ni Juan de la Cosa, ni le cosmographe inconnu de Henri II, n'ont fait mention de cette station extrême. Sébastien Cabot la montre au navigateur comme la borne à doubler pour entrer dans la mer de Tartarie, et, chose merveilleuse, il s'en faut de bien peu qu'il ne l'ait mise à sa place [1]. L'Islande est, il est vrai, remontée à tort de toute sa hauteur; elle figure indûment au-dessus du cercle polaire arctique; mais la côte septentrionale du Finmark, cette côte qui se prolonge au loin sur le même parallèle, a réellement le droit d'occuper, comme l'entend Sébastien Cabot, le 70° degré de latitude. C'est là que finit l'Europe, et, pour un cosmographe sérieux, c'est là aussi que doit finir le monde. Un seul mortel, en effet, a franchi les vingt degrés qui séparent Varduus du pôle, et pour les franchir, il lui fallut invoquer l'aide des puissances infernales. Ce mortel audacieux était un frère mineur qui avait jadis étudié les mathématiques à Oxford. En 1360, sous le règne d'Édouard III, il quitta les Orcades, muni de son astrolabe. Nulle barque ne le porta au terme de son voyage; ce fut à travers les airs qu'il atteignit le 90° degré de latitude. L'extrémité de

---

de 200 habitants, située par 70° 22′ de latitude nord et 28° 47′ de longitude est.

[1] 70° 38′ de latitude nord, au lieu de 70° 22′; — 40° de longitude à l'est du méridien de Paris, au lieu de 28° 47′.

l'axe du monde apparut alors à ses yeux. A moitié caché dans les nues, le pôle, noir îlot, occupait le centre d'un bassin vers lequel l'Océan faisait irruption par quatre côtés à la fois. L'impétuosité du flot torrentueux était telle qu'en aucune saison la gelée n'en suspendait le cours. Tourbillonnant sans cesse autour du haut rocher, l'onde allait s'engouffrer dans l'ouverture béante, qui la vomissait de nouveau par mainte issue secrète. Malheur au navire qu'un sort fatal eût entraîné dans de pareils parages! Une fois saisi par le tourbillon, il lui eût été impossible d'en sortir. Le vent même lui aurait fait défaut, car le vent qui souffle au pôle, assurait le frère Nicholas de Lynna, « ne ferait pas tourner la meule d'un moulin ».

Sébastien Cabot ignorait-il l'exploration magique dont Gérard Mercator devait prendre la peine, vingt-cinq ans plus tard, de traduire, sous forme de projection polaire, l'étonnant résultat? La mappemonde elliptique est muette à cet égard. Le rôle de Cabot n'était pas, d'ailleurs, de prêter l'oreille aux rumeurs de tout genre que le moyen âge avait mises en circulation. La crédulité trop facile dont il eût fait preuve aurait pu ébranler la confiance des navigateurs qu'il voulait convertir à son grand projet. Assez de dangers certains, incontestables, se trouvaient malheureusement accumulés sur la route, sans qu'il fût besoin d'y ajouter les fantômes

évoqués peut-être par une imagination en délire.
Dans l'océan Scythique, aussi bien que dans la mer
d'Islande, on devait s'attendre à rencontrer ces
terribles murènes, ces serpents gigantesques qu'on
a vus si souvent attaquer les navires, pour y dévorer
« matelots et capitaines ». En avançant, on trouverait, sur le revers des monts hyperboréens, une
nation tout à fait sauvage. Ces hommes ne connaissent ni le pain, ni le vin; ils sont venus à bout
d'apprivoiser des cerfs, et, cavaliers étranges, ont
pris l'habitude de les monter. Ils sont sans cesse en
guerre avec un autre peuple qui habite plus au nord
et qu'on nomme les *Nocturnes*. Véritables enfants
des ténèbres, les Nocturnes peuvent vaquer de nuit
à leurs affaires, ou publiques, ou privées, avec
autant d'aisance que nous en trouvons à nous occuper des nôtres à la lumière du jour. Il a bien fallu
qu'il en fût ainsi, car dans ces régions boréales les
jours, du 14 septembre au 10 mars, sont si courts
qu'il n'y a pas une heure de clarté. La nation des
Nocturnes est méchante et voleuse. Aucun navire
n'ose aborder la côte où elle a fixé sa résidence; les
équipages y seraient à l'instant pillés ou massacrés.

Le voyageur qui poursuivra sa route vers le sud-
est, le long des rivages de la Tartarie, ne tardera
pas à se trouver en présence d'êtres monstrueux,
non moins à redouter que les Nocturnes. Les uns
ont tout le corps d'une personne humaine, mais

leur tête ressemblé à celle d'un porc, et leur langage n'est que le grognement d'un pourceau ; d'autres se montrent avec des oreilles qui leur descendent jusqu'à la ceinture.

Plus loin, vers l'orient, vivent des peuples dont les genoux et les pieds sont dépourvus d'articulations. Les Sylvestres occupent, dans la province de Balar, longue de cinquante journées de marche, des forêts et des monts d'où jamais ils n'ont consenti à sortir. Plus loin encore, et toujours plus à l'est, sont agenouillés les adorateurs du soleil. Toutes ces tribus diverses, toutes ces races étranges reconnaissent la domination du Grand Khan. Il en est dont le culte et les hommages s'adressent à un simple morceau de drap rouge attaché au bout d'une lance ; quelques-uns se prosternent devant le premier objet qui, au moment où le jour se lève, a frappé leurs regards. En somme, chez les Tartares, chacun paraît adorer ce qui lui convient. Leur empereur, le Grand Khan, est un très-grand et très-puissant monarque ; il s'intitule le roi des rois et le seigneur des seigneurs. Il a coutume de donner à ses barons un costume complet treize fois l'an, à l'occasion de treize grandes fêtes. La valeur de ces costumes varie suivant la qualité des personnes. A chacun le khan donne une ceinture, des chaussures, un chapeau garni d'or et de pierres précieuses. Il distribue cent cinquante mille vêtements par année.

Quand il meurt, on le porte sur une montagne nommée Alcay [1], où l'on enterre les empereurs des Tartares. Les gens qui accompagnent son convoi tuent tous ceux qu'ils rencontrent sur leur passage, leur disant : « Allez servir notre maître dans l'autre monde ! » Quand mourut Mongui-khan [2], on tua trois cents mille hommes que leur mauvaise fortune plaça sur la route des soldats qui allaient l'enterrer.

Peu à peu cependant, si vous continuez de naviguer à l'est, vous approcherez du point où la terre fuit et où la région qui s'étend au delà du mont Imaüs [3] commence à descendre rapidement vers le sud. Entre le 175ᵉ et le 185ᵉ degré de longitude, prenant pour point de départ les îles Fortunées, vous couperez très-probablement le méridien sous lequel gisent les îles Moluques et le cabo de Peiscadores, extrémité orientale de la Chine. Vous contournerez alors la terre des Anthropophages, et laissant les États du Grand Khan sur la droite, l'île de Zipangri, qui en est éloignée de 1,500 milles

---

[1] L'Altaï, auquel les Chinois ont donné le nom de Tien-chan (mont Céleste), se prolonge sur une étendue de plus de 1,400 kilomètres, entre le pays des Kirghiz et celui des Mongols.

[2] Mongui-khan, petit-fils de Djinghis-khan, avait été couronné en 1250. Il périt en 1259, en assiégeant une des villes de la Chine. C'est à Mongui-khan que saint Louis, partant pour faire la guerre aux Sarrasins d'Égypte, voulut envoyer une ambassade.

[3] Grande chaîne de montagnes dans laquelle on a pu reconnaître l'Himalaya des Indiens (séjour de la neige). L'Imaüs séparait la Scythie d'Asie en deux régions distinctes.

environ, sur la gauche, vous pourrez aller à votre guise aborder au Cathay ou aux îles à épices. Le voyage est périlleux sans doute ; remarquez cependant qu'il y a bien peu de cet océan septentrional qui n'ait été déjà visité par les anciens navires partis de Cadix et des colonnes d'Hercule : n'ont-ils pas souvent, ces navires, dépassé, au mois d'août, le promontoire des Cimbres? n'ont-ils pas même touché les rivages de la Scythie? Dans l'océan Indien, la flotte de Macédoine, sous le règne de Séleucus et d'Antiochus, ne s'est-elle pas élevée au nord du parallèle de la mer Caspienne ? La part de l'inconnu est donc infiniment moins grande qu'au premier abord on serait porté à le croire. Ainsi raisonnait le savant cosmographe à son arrivée de Séville. La seule question, suivant lui, à résoudre concernait l'existence d'une communication entre les deux mers. Martin Behaim ne l'avait pas admise, Cornelius Nepos l'affirmait ; c'était ce dernier que Cabot voulait croire. Il ne s'agissait plus que de trouver des aventuriers assez hardis pour se charger d'aller vérifier sur les lieux l'une et l'autre hypothèse.

CHAPITRE II.

SIR HUGH WILLOUGHBY

Nous voici revenus par un long détour à l'âge héroïque où les navigateurs plongeaient dans l'inconnu, et devaient jouer leur vie sur un simple pressentiment scientifique. Certes on ne saurait faire à ces imaginations en travail le reproche d'avoir, par leurs ingénieuses fantaisies, atténué ou dissimulé les obstacles; leur tendance habituelle nous paraît avoir été, au contraire, de les exagérer; en retour, il se trouvait alors des hommes dont l'audace se laissait tenter par les difficultés mêmes que l'amour du merveilleux lui opposait. Ce qui suspendit pendant cinq années l'exécution des projets de Sébastien Cabot, ce ne fut pas l'embarras de trouver des marins disposés à courir l'intrépide aventure que ruminait depuis une dizaine d'années son esprit, ce fut l'état troublé du royaume. Le 20 mars 1549, le grand amiral d'Angleterre portait sa tête sur l'échafaud; le 22 décembre 1551, le lord-protecteur était à son tour décapité à Tower-Hill. Toute cette agitation, aggravée par « la malice des Écossais, des Français et de l'évêque de Rome », était peu favorable aux visées pacifiques d'un pilote-major. Les choses parurent prendre une meilleure tournure quand la tutelle politique d'Édouard VI eut passé aux mains de lord Dudley, comte de Northumberland. Une souscription publique fut alors ouverte; bien que le montant de chaque souscription individuelle ne dût pas dépasser 25 livres sterling, la somme de 5,000 livres se trouva en très-peu de temps rassemblée. Les souscripteurs avaient élu un conseil composé « de personnes graves et prudentes »; ce conseil nomma Sébastien Cabot « gouverneur de la mystérieuse compagnie des marchands aventuriers pour la découverte des régions, domaines, îles et lieux inconnus ». Cabot s'occupa immédiatement de prendre les dispositions nécessaires pour qu'on pût, dès le printemps prochain, « aller à la recherche des parties septentrionales du globe ». On acheta d'abord trois navires, et ces navires ne furent pas seulement soigneusement réparés, ils furent reconstruits en partie [1]. La foi dans le succès était telle que ce ne fut pas contre la pression ou contre le choc des glaces qu'on se mit avant tout en devoir de les pré-

---

[1] Ni les caravelles de Christophe Colomb ni celles de Vasco de Gama n'avaient eu des dimensions inférieures à celles des trois « shippes » de la Tamise. La *Bona-Esperanza* était un navire de 120 tonneaux; l'*Édouard-Bonaventure* en jaugeait 160; la *Bona-Confidentia*, 90.

munir; on se préoccupa d'abord du ravage des tarets. Christophe Colomb se plaignait de trouver ses carènes, après un long séjour dans les mers tropicales, perforées et percées « comme des rayons de miel » : la Compagnie des lieux inconnus voulut épargner cette épreuve à ses bâtiments. Elle les fit doubler de minces lames de plomb. Artillerie, munitions, armes de toute espèce, rien ne leur fut refusé de ce qui pouvait les mettre en état de faire sur les côtes de Chine bonne figure. Quant aux vivres, on en calcula l'approvisionnement sur la durée probable de la campagne. Cabot supposait qu'on n'arriverait pas avant six mois au Cathay; il y faudrait peut-être hiverner; on emploierait six autres mois à opérer le retour. Il était sage de fixer à dix-huit mois au moins la quantité de vivres embarqués. Le conseil ne lésina pas sur cet article; malheureusement il ne suffit pas d'entasser du biscuit et des salaisons dans la cale; il faut que ces provisions s'y conservent. Le déchet fut grand dès les premiers jours, et le mécompte qui en résulta ne fut probablement pas étranger à la catastrophe.

Il ne s'agissait plus que de donner un chef à l'expédition. Sébastien Cabot ne pouvait prétendre à la conduire en personne. Il devait avoir plus de soixante-seize ans, puisque nous avons déjà signalé sa présence à Bristol en 1477 et que nous l'avons vu diriger la campagne de 1498. Se fût-il, d'ailleurs, trouvé d'âge à s'engager dans un nouveau voyage de découvertes, qu'il n'est pas très-certain qu'on ne lui eût pas adjoint cette fois encore un chevalier anglais. Dans ces sortes de campagnes, il faut bien distinguer le commandement militaire du commandement maritime. L'officier que le souverain a pourvu d'une commission est « le capitaine »; celui que la compagnie investit du soin de préparer et de manœuvrer le navire s'appelle « le master » ou « le maître ». Au capitaine appartient la responsabilité de l'expédition, et par conséquent le pouvoir suprême. « L'amiral » est le premier capitaine; en d'autres termes, « le capitaine général » de la flotte. Le second capitaine prend le titre de « vice-amiral ». Ce sont là, du reste, des fonctions essentiellement temporaires; elles n'ont jamais eu que la durée de la campagne. Quant au « pilote », il ne commande rien; il répond de tout, puisque c'est à lui que se trouve la plupart du temps dévolu le soin « de donner la route ». Le maître et le pilote ont peu de chose à faire quand l'escadre a pour chef un Christophe Colomb ou un Magellan. Leur tâche garde plus d'importance si ce chef s'appelle sir Thomas Pert, Cortès, Albuquerque ou Vasco de Gama.

Le commandement d'une expédition au Cathay était assurément de nature à tenter l'ambition de la jeune noblesse qui entourait le trône d'Édouard VI.

Plus d'un personnage complétement étranger au métier de la mer n'hésita pas, en effet, à se présenter. Sir Hugh Willoughby, chevalier-baronnet, originaire de Riseley, dans le comté de Derby, l'emporta sur tous ses concurrents. Sa haute stature, son aspect imposant, ne le recommandèrent pas seuls au choix du conseil. On le citait pour son extrême vaillance et pour son habileté à la guerre. Après le général, rien n'était plus urgent que de trouver le pilote. Un jeune seigneur qu'affectionnait particulièrement Édouard VI, gentilhomme fortuné dont la faveur devait se continuer sous trois règnes, Henry Sidney, se chargea de procurer à la compagnie l'homme de mer en qui devait reposer le principal espoir du succès. A l'exemple des sénateurs romains, tout grand seigneur anglais se faisait gloire alors d'entretenir de nombreux clients. Il n'était guère de comte ou de baron qui, des bribes de sa table, des libéralités de sa bourse, ne nourrît, en même temps que le cortége armé qui l'accompagnait en tous lieux, des poëtes et des savants que l'aumône faisait vivre, inspirait souvent et n'humiliait pas. Dans la clientèle que Henry Sidney couvrait de son patronage se rencontra, par la plus heureuse des coïncidences, un pilote. Sidney l'amena devant le conseil. « Mes dignes amis, dit-il à l'assemblée de marchands qui l'écoutait avec une respectueuse déférence, je ne puis qu'approuver votre honorable projet. J'en attends un grand profit pour notre nation, un immortel honneur pour notre pays. La noblesse est toute disposée à vous seconder. Elle ne possède rien de si précieux qu'elle ne soit prête à le mettre au service d'une semblable cause. Pour moi, je me réjouis de pouvoir lui consacrer la haute intelligence dont jusqu'à cette heure j'ai pris soin. Voici l'homme qui me semble, sous tous les rapports, le plus capable d'aider à l'accomplissement de votre entreprise. Quand je me montre ainsi disposé à me séparer de Richard Chancelor, gardez-vous de penser que je ne l'apprécie pas à sa juste valeur ou que son entretien me soit devenu à charge ; jugez, au contraire, par ce sacrifice, jusqu'où peut aller pour vous mon bon vouloir. » La délibération fut courte : la réputation de Chancelor était faite depuis longtemps ; le conseil à l'unanimité lui déféra les fonctions de pilote-major. « Vous connaissiez l'homme par son beau renom, ajouta Sidney ; moi, je le connais pour avoir éprouvé son savoir. Maintenant n'oubliez pas à combien de périls il va s'exposer pour vous. Nous risquons dans cette aventure quelque argent, Chancelor y jouera sa vie, c'est-à-dire ce que tout être humain a de plus cher. Pendant que nous serons ici tranquilles, n'ayant autour de nous que des visages amis, il vivra au milieu de matelots grossiers et turbulents qu'il lui faudra sans cesse maintenir dans le devoir, ramener à l'obéissance. Nous continuerons d'habiter l'Angleterre, Chancelor ira visiter des royaumes inconnus, se livrer à la foi de peuples sauvages, affronter les monstrueux et terribles habitants des mers. Vous devez donc considérer à la fois la gravité des fonctions qu'il accepte et l'étendue des hasards qu'il encourt. Si le ciel vous le rend après un heureux voyage, il vous appartiendra de le récompenser suivant ses mérites. »

On possédait quelques renseignements sur le Cathay; on n'en avait pas sur le pays des Scythes, sur les régions glacées qui devaient border la nouvelle route. Seul, en 1529, un Portugais nommé Damien de Goës avait poussé à travers les Flandres, le Danemark, la Gothie, la Norvége, jusqu'au 70º degré de latitude nord. Quelques membres du conseil se souvinrent qu'il existait dans les écuries du roi deux palefreniers tartares dont un interprète s'offrait à traduire les paroles. On les fit comparaître, et l'on tenta de les interroger sur les conditions politiques de leur contrée natale, sur les mœurs et les goûts des habitants. Il fut impossible d'obtenir de ces êtres à demi sauvages le moindre éclaircissement. Comme l'un d'eux l'avouait avec ingénuité; « ils s'étaient toujours beaucoup plus occupés de vider des pots que d'étudier la constitution des États ou les dispositions morales des peuples ».

Dans les premiers jours de mai, Sébastien Cabot remit à Willoughby ses instructions : il lui recommandait de faire quotidiennement inscrire « par les marchands et autres personnes habiles en écriture la navigation du jour et de la nuit ». Ainsi fut institué, pour la première fois, dans cette occasion mémorable, « le journal de bord ». Sur ce journal, on devait noter les terres en vue, les observations de courants, l'état de l'atmosphère, les hauteurs du soleil, le cours de la lune et des étoiles. Une fois par semaine, le capitaine général assemblerait les maîtres et les pilotes. On comparerait les divers journaux, et s'il y avait discordance, on arrêterait, après un sérieux débat, la conclusion qui devrait être inscrite sur le grand livre commun à toute la flotte. Ce livre deviendrait le mémorial de la compagnie.

Passant à un autre ordre d'idées, Cabot faisait appel à sa propre expérience pour guider Willoughby au milieu des épreuves dont Henry Sydney avait décrit avec une généreuse émotion les dangers. « Il ne sera nullement nécessaire, lui disait-il, que vous fassiez devant les nations étrangères l'éclatante confession de votre foi religieuse. Mieux vaudra passer ce sujet sous silence, et vous conformer aux coutumes des pays où vous aborderez. Si vous pouvez attirer quelque habitant à bord, pour obtenir de lui des renseignements, usez de persuasion plutôt que de violence. La bière et le vin peuvent, mieux que les menaces, faire sortir les secrets des cœurs. Ne provoquez pas les peuples que vous rencontrerez par des marques de dédain ou par des railleries. Agissez toujours avec circonspection, et ne vous arrêtez pas longtemps au même endroit. Si vous voyez des gens occupés à ramasser des cailloux sur la plage, faites approcher doucement vos embarcations, afin de vous assurer si ce ne serait pas par hasard de l'or ou des pierres précieuses qu'on recueille. Donnez en même temps l'ordre à vos tambours de battre, à vos trompettes de sonner; la musique a généralement le don de captiver l'attention des sauvages. De toute façon, gardez-vous de montrer aucune intention hostile. » À ces sages conseils Sébastien Cabot ajoutait encore maint avis. Toutes ces prescriptions témoignent d'un esprit éminemment pratique et préoccupé avant tout de maintenir la propreté à l'intérieur du navire, la santé et le bon ordre dans les rangs de l'équipage.

Si endurcie qu'ait pu être son âme par cinquante années de vicissitudes, le vieux nocher, au moment de donner le signal du départ, ne put se défendre de quelque attendrissement. « On ne s'est pas fait faute, dit-il à Willoughby, de répéter aux quatre coins de Londres que ce voyage ne saurait réussir. Les uns ont insisté sur le climat rigoureux du pôle; d'autres ont nié avec véhémence l'existence d'un passage. Tous ces bruits ont porté les esprits hésitants à se retirer de notre entreprise et même à essayer d'en dissuader les autres. Quand vous aurez surmonté les dangers dont on vous menace, la grosse mer, les glaces, le froid intolérable, tâchez de nous en faire donner avis : S. M. le roi, les lords de son conseil, toute notre compagnie, vos femmes, vos enfants, vos parents, vos alliés, vos amis, vos connaissances mêmes, vont attendre avec impatience de vos nouvelles. »

Le navire amiral était la *Bona-Esperanza*. William Gefferson en fut le *master*, Roger Wilson le second ; 6 marchands, William Giltons, Charles Barett, Gabriel Willoughby, John Andrews, Alexandre Woodford, Ralph Chatterton, eurent la mission de veiller sur la cargaison et de procéder pendant le voyage aux échanges ; 1 maître canonnier, 1 maître d'équipage, 4 quartiers-maîtres, 2 charpentiers, 1 tonnelier, 1 purser, 2 chirurgiens, 1 coq, 6 aides, 12 matelots, complétèrent l'équipage au chiffre de 46 hommes. Ce fut sur ce bâtiment que s'embarqua sir Hugh Willoughby. Richard Chancelor monta l'*Édouard-Bonaventure* en qualité de capitaine et de pilote-major. La compagnie lui donna pour *master* Stephen Burrough, George Burton et Arthur-Edwards pour commis ; un ministre du culte réformé trouva place également à bord de l'*Édouard-Bonaventure*. L'effectif de ce second navire fut ainsi porté à 48 personnes. La

Bona-Confidentia n'était qu'un yacht de 90 tonneaux. Montée par 28 hommes, elle eut pour commandant un simple *master,* Cornélius Durforth.

Tout était prêt enfin : il ne restait plus qu'à recevoir le serment des deux capitaines et le serment distinct des *masters.* Sir Hugh Willoughby et Richard Chancelor jurèrent sur la Bible : d'agir en fidèles et loyaux sujets du roi, de mettre toute leur énergie, toute leur intelligence, au service de l'entreprise qui leur était confiée, de ne l'abandonner, de ne la suspendre même sous aucun prétexte, tant qu'il n'y aurait pas péril imminent pour la flotte. Ils s'engagèrent en outre à donner à la compagnie de bons, de sincères, d'honnêtes renseignements, et promirent, quoi qu'il pût arriver, de ne révéler à qui que ce fût au monde ses secrets.

Les *masters* vinrent ensuite et posèrent à leur tour la main sur le livre saint. Toute la science qu'ils pouvaient posséder, toute leur expérience de marin, devaient être employées à conduire à bon port le navire dont ils se trouvaient être, par l'autorité de la compagnie, « les maîtres après Dieu ». C'était à eux de le charger, de le décharger, de le recharger encore, d'y arrimer les nouvelles marchandises, le tout au plus grand profit de l'association. Il leur était surtout sévèrement interdit de se livrer à aucun trafic particulier ou de tolérer que d'autres à bord s'y livrassent.

Bien qu'on eût mis à la tête de l'expédition un homme de guerre, le voyage n'en restait pas moins purement et sans arrière-pensée un voyage commercial. Ni les souscripteurs qui en avaient fait les frais, ni le roi qui l'avait autorisé ne se proposaient d'accomplir la moindre conquête. Ils ne songeaient pas davantage à travailler à la conversion des infidèles. Édouard VI, « par la grâce de Dieu roi d'Angleterre, de France et d'Irlande », ne demandait « aux rois, princes, chefs, juges et gouverneurs » qu'il supposait habiter « les parties nord-est du globe terrestre, dans le voisinage du puissant empire du Cathay », que de favoriser des échanges qui ne pouvaient manquer d'offrir un égal avantage aux deux pays. Écrite en arabe et datée de l'an 5515 de la création du monde, la lettre royale fut, par surcroît de précaution, transcrite en langue grecque et dans la plupart des idiomes qui étaient alors connus. « Dieu avait inspiré à l'homme, disait Édouard VI, plus encore qu'à toute autre créature vivante, le désir de se mettre en communication avec ses semblables, le besoin d'aimer et d'être aimé, de donner et de recevoir. C'était un devoir pour tous les conducteurs de peuples d'encourager, d'accroître, s'il était possible, cette disposition. Il était juste surtout de montrer une spéciale bienveillance à ceux qui, mus par leur inclination sociable, venaient, pour la satisfaire, de pays lointains. Plus long était le voyage qu'ils avaient accompli, plus manifestement se montrait leur sympathie ardente. Entre tous ces hommes, il fallait surtout distinguer les marchands. Ceux-là parcouraient le monde et par terre et par mer pour apporter les produits de leur pays dans des régions éloignées, pour en rapporter les objets qui convenaient à leurs compatriotes; car le Dieu du ciel et de la terre, dans sa prévoyante sollicitude, n'a pas voulu que tous les objets dont l'humanité a besoin se trouvassent réunis dans un seul pays. Il fallait, pour que l'amitié s'établît entre tous les hommes, que les diverses contrées de la terre eussent besoin l'une de l'autre. »

N'est-il pas évident qu'un esprit nouveau vient de naître, et que le moyen âge, vivant encore quand Christophe Colomb partait de Palos, quand Vasco de Gama saluait d'un suprême adieu la tour de Belem, a enfin rendu le dernier soupir ? Tout se lie et s'enchaîne en ce monde. Le progrès des sciences mathématiques avait singulièrement favorisé l'essor des deux monarchies de la Péninsule ; par contre-coup, ce progrès servit la cause du catholicisme, intimement liée à la fortune des fervents destructeurs des Maures ; mais le quinzième siècle ne fut pas seulement l'âge de la boussole et de l'astrolabe, il fut aussi le siècle de l'imprimerie. Les réformateurs possédèrent à leur tour le moyen d'aller loin et de marcher vite. Rapidement propagés, grâce à l'invention de Guttemberg, des principes inconnus jusqu'alors se font jour; la lutte du libre examen et de la foi s'engage. C'en est fait à jamais des illusions naïves dont aime à se bercer la jeunesse des peuples.

Les temps ne seront pas moins féconds peut-être, ils seront assurément plus tristes. Dans l'astre pâle et terne qui monte à l'horizon, l'humanité inquiète ne reconnait plus son soleil; on dirait que la terre se refroidit. Ne nous flattons donc pas, en suivant la navigation hauturière dans son développement, de rencontrer rien qui soit comparable à ce cycle radieux qu'on voit s'ouvrir en 1415 sous les murs de Ceuta, se fermer un siècle plus tard au pied des remparts de Tenochtitlan [1], de Diù et d'Ormuz. La Providence s'était plu à marquer cette époque d'un caractère exceptionnel de grandeur, — inappréciable don que les races les plus favorisées ne reçoivent qu'une fois dans leur vie. Tout était à cette heure poésie et rayonnement. Pendant plus de cent ans, les marins de la Péninsule nous ont fait vivre en pleine épopée; d'autres navigateurs nous réservent des émotions plus sobres. La poésie s'évanouit peu à peu de l'histoire; la certitude, en revanche, y prend place. Nous n'avons plus de ces lettres pompeuses dont le lyrisme inspiré semble conserver à

---

[1] Tenochtitlan est le nom que portait encore la ville fondée par les Aztèques en 1325, quand Fernand Cortès la prit, le 30 août 1521, et en fit le centre de la domination espagnole au Mexique.

dessein quelque chose de l'obscurité sacrée des oracles ; nous possédons un document bien autrement sérieux, « le journal de bord ». Plus de doute sur la nature des épreuves traversées, plus d'indécision sur l'étendue de la tâche accomplie. Nous prenons la mesure exacte de nos héros.

De vaillants compagnons se sont engagés par un contrat à vouer leur énergie, leur existence jusqu'à son dernier souffle, au succès d'un lointain voyage. Ni l'incertitude de la route, ni les périls grossissants de l'heure présente ne les décourageront. Ils persévéreront sans phrases, sans éclat, souvent même sans la moindre apparence d'enthousiasme. Ils persévéreront parce qu'ils ont promis « aux intéressés » de persévérer. C'est l'héroïsme de la charte partie. Quand l'épreuve se prolonge, cet héroïsme peut devenir, dans sa ténacité, presque aussi digne d'admiration que l'autre[1].

---

[1] La pensée d'une intervention divine dans les événements de ce monde n'a pas cessé, d'ailleurs, à cette époque de dominer et d'élever les âmes. L'homme se croit toujours de bonne foi le roi de la création. Ce n'est pas au milieu du seizième siècle, c'est vers la fin du dix-huitième que nous verrons la majesté d'un univers inerte venir s'appesantir d'un poids cruel et lourd sur nos chétives épaules. En 1553, l'homme avait déjà mesuré avec une précision grossière, suffisante toutefois, l'étendue de sa prison ; il la trouvait bien grande encore, bien longue à parcourir, car il mettait plus de deux ans à en faire le tour. Aujourd'hui qu'il lui faut à peine quelques mois pour en toucher les parois extrêmes, il a pris la petitesse d'une pareille demeure en pitié. Ce n'est plus la terre, c'est l'espace au sein duquel le globe terrestre se meut et se balance que son esprit mesure. On l'accusait d'exagérer l'importance de l'infime grain de

Le 10 mai 1553[1], l'escadre appareilla de Ratcliffe[2] à l'heure du jusant, repartit le 11 de Deptford[3] et continua de descendre la Tamise. Chaque vaisseau, sous petites voiles, entraîné lentement par la marée, se faisait remorquer par ses deux embarca-

sable qu'il habite; il ne mériterait plus assurément ce reproche. La science ne lui a pas enflé le cœur; elle lui a peut-être révélé à l'excès son néant; la science heureusement n'a pas dit son dernier mot. Sans croire que la terre soit l'unique parcelle de l'œuvre immense où le Créateur ait rassemblé les conditions de la vie, sans vouloir faire de la résidence passagère qui nous fut assignée ce vase d'élection que rêvaient nos ancêtres, n'est-il pas permis d'espérer que, dans l'infini même, l'atome qui en conçoit l'idée, qui en comprend instinctivement la grandeur, n'a pas cette insignifiance sous laquelle un orgueil à rebours nous accable? Un vaste esprit s'est éteint hier : que cherchait-il dans ce glorieux spectacle de la voûte céleste dont son activité fiévreuse semblait se reprocher de n'avoir pas encore assez laborieusement sondé les secrets? Quelques masses égarées de matière cosmique manquant — faible déception — à ses longs calculs? Non, cet homme de foi, cet homme chez qui le travail eut toute l'âpreté de la vertu, ne vivait dans la contemplation perpétuelle de l'infini — nous en avons eu souvent pour gage sa propre parole — qu'avec le ferme espoir de nous rapporter des profondeurs où plongeait sa méditation ce qu'on nous a trop légèrement ravi et ce qu'il nous faudra tôt ou tard retrouver, sous peine de périr : nos lettres de noblesse.

[1] Le 10 mai est la date du journal de Willoughby; la relation de Chancelor, rédigée en latin par Clément Adams, dit « le 20 mai ». Willoughby se servait du calendrier adopté en 325 par le concile de Nicée; Clément Adams, du calendrier réformé en 1582 sous le pontificat de Grégoire XIII. L'équinoxe s'était avancé de dix jours entre ces deux époques; il coïncidait non plus avec le 21 mars, mais avec le 11. Pour lui restituer la date convenable, on réduisit à vingt jours un des mois de l'année où s'opéra l'indispensable réforme, et l'on introduisit dans la supputation du temps des modifications destinées à prévenir le retour d'un mécompte semblable.

[2] Ratcliffe, sur la rive gauche de la Tamise, à trois milles environ au-dessous de Charing-Cross.

[3] Deptford, sur la rive de la Tamise, à un mille et demi de Ratcliffe.

tions, — la pinnace et le boat. — La cour se trouvait en ce moment à Greenwich. Pour défiler devant le fils de Henry VIII, les matelots avaient revêtu les fameuses jaquettes bleues que leur fournissait la compagnie, costume de gala destiné, suivant les recommandations expresses de Sébastien Cabot, à ne voir le jour que dans les occasions solennelles. La flottille, qui emportait les vœux de l'Angleterre et du prince, ne tarda pas à être aperçue du palais. — Greenwich est à un mille à peine de Deptford. — A cette annonce, le conseil privé leva la séance et se porta aux fenêtres, les courtisans gravirent en hâte jusqu'aux plates-formes des tours; les plus jeunes coururent à la plage, où le menu peuple se pressait derrière eux. Insensiblement cependant les vaisseaux approchaient; on pouvait déjà distinguer les rameurs penchés sur leurs bancs, les avirons plongeant tous à la fois dans l'eau et en sortant avec un merveilleux ensemble. Un nuage de fumée a soudain enveloppé la flotte. Le bruit du canon éclate; la vallée renvoie en grondant l'écho lointain des salves. C'est le roi Édouard VI qu'on salue. A ce tonnerre joyeux, les matelots, debout dans les haubans, debout sur les hunes et sur les vergues, mêlent le bruit de leurs acclamations. Mille autres acclamations du rivage leur répondent. Les officiers, à bord de chaque navire, se sont rangés sur la poupe. Eux aussi, par leurs cris, par leurs gestes, ils envoient au jeune souverain, espoir de ce pays que Rome et l'Espagne en secret menacent, un dernier adieu. Ce sont, hélas! des condamnés à mort qui s'inclinent devant un mourant. « Le bon roi Édouard », en l'honneur de qui toute cette cérémonie était préparée, ne se trouvait pas là pour en jouir. Une cruelle maladie le retenait confiné dans sa chambre, et, peu de temps après ce départ triomphal, le lamentable accident de sa mort avait lieu [1].

Pour gagner le mouillage d'Harwich en dehors des bancs de la Tamise, c'est-à-dire pour parcourir une distance de 65 milles environ, les vaisseaux n'employèrent pas moins de dix-huit jours. Ils passèrent successivement devant Blackwall, Woolwich, Erith, Gravesend, Tilbury, Hole-Haven, Leigh, Saint-Osyth, Naze, s'arrêtant sur presque tous les points avant d'aller jeter l'ancre à l'embouchure de l'Orwell. C'est de ce mouillage qu'après avoir assemblé le conseil et délibéré longuement sur la route à suivre, Willoughby et Chancelor voulurent prendre, le 29 mai 1553, leur élan vers les mers polaires. Plus d'un regard, ce jour-là, se reporta involontairement en arrière, plus d'un œil se voila de larmes; mais l'émotion n'exclut pas les résolutions fermes; et les Anglais partaient bien décidés à mener leurs navires jusqu'en Chine. Ils n'allèrent

---

[1] Dans la seizième année de son âge et la septième de son règne.

pas cependant cette fois plus loin que Yarmouth ; un vent violent de nord-est les rejeta vers le sud, et le 23 juin ils étaient encore mouillés devant Orfordness. Enfin une belle brise de sud-ouest s'éleva, l'escadre mit sous voiles, la terre natale disparut à l'horizon. Le 27 juin, Chancelor se supposait à 42 lieues environ dans le sud-sud-est de la côte d'Écosse. Il avait l'intention de la reconnaître et de rectifier ainsi son estime ; mais le vent, en tournant insensiblement à l'ouest, la lui fit manquer. Au vent d'ouest succédèrent des brises incertaines et variables. L'escadre « traversant et croisant dans tous les sens la mer », gouvernant tantôt au nord-ouest et tantôt au sud-est, erra, sans voir autre chose que le ciel et l'eau, du 27 juin au 14 juillet. L'astrolabe indiquait 66 degrés environ de latitude. Le 14 juillet, la terre se montra enfin à l'orient ; les vaisseaux tournèrent sur-le-champ la proue de ce côté. Une chaîne de petites îles en quantité innombrable semblait défendre l'accès du continent. Le vaisseau amiral mit sa chaloupe à la mer et l'envoya explorer ce pays inconnu. Le planisphère de Sébastien Cabot devenait déjà d'un faible secours. L'embarcation poussa jusqu'à terre. Une trentaine de huttes, mais nul habitant, voilà tout ce que les matelots débarqués parvinrent à découvrir. Les pilotes estimaient que depuis le départ d'Orfordness, on devait avoir fait 250 lieues au nord quart nord-est. On en avait fait en réalité 275, et l'on était tombé au milieu de cette poivrière qui porte aujourd'hui sur nos cartes les noms d'îles Vegen[1] et d'îles Donnæs-öe[2]. C'était la portion de côte d'où venaient jadis les pirates normands et que le roi Alfred, instruit par les ennemis mêmes qu'il avait vaincus, désignait, à la fin du neuvième siècle, sous les noms d'Ægeland et de Halgeland. Après les îles Donnæs-öe vinrent les îles Trænen[3], enfin l'archipel de Rost par 67° 31′ de latitude[4]. Là, pour la première fois, on vit des habitants. Occupés à faucher et à faner leurs foins, les insulaires suspendirent leur travail pour se porter au-devant de la pinnace. L'apparence d'étrangers ne parut ni les effrayer ni les surprendre. Les Anglais mêmes se firent entendre sans peine et apprirent, à leur grande satisfaction, qu'ils venaient d'aborder sur les terres du roi de Danemark. Le vent cependant était alors contraire. Les vaisseaux jetèrent l'ancre, — car c'est le propre des navigations primitives de mouiller partout où l'on peut trouver fond; — ils restèrent trois jours entiers à ce mouillage.

Le 27 juillet, le vent redevint favorable et permit

---

[1] L'île Vegen est située par 65° 40′ environ de latitude, 9° 30′ de longitude orientale.

[2] L'île Donnæs-öe est située par 66° 7′ de latitude 10° 5′ de longitude est.

[3] Iles Trænen : par 66° 30′ de latitude nord, 9° 45′ de longitude est.

[4] Iles de Rost : par 67° 31′ de latitude nord, 9° 47′ de longitude est.

à l'escadre de remonter des îles de Rost aux îles
Lofoden ¹. On allait lentement, comme il convient
quand on marche sur un terrain peu sûr. Willoughby
désirait vivement rencontrer un port. Il n'avait
mouillé jusqu'alors qu'à l'abri de sa bouée. Ce fut
encore la pinnace qui fit cette découverte. Elle conduisit l'escadre au fond d'une de ces anfractuosités
que présentent sur divers points du groupe les îles
Lofoden. La *Speranza*, la *Confidentia*, le *Bonaventure* entrèrent l'un après l'autre dans le Steens
Fiord ². Les îles étaient très-peuplées, les habitants
remplis de courtoisie; on ne put toutefois tirer
d'eux que peu de renseignements. Ils semblaient
ignorer à quelle distance leurs îles se trouvaient de
la terre ferme. L'estime seule suffisait heureusement pour montrer que cet archipel était à 30 lieues
environ au nord-nord-est de Rost. On gagnait donc
peu à peu du terrain vers le nord. Pas à pas, on se
rapprochait de la contrée connue des pêcheurs écossais sous le nom de Finmark. Sir Hugh Willoughby
était un homme prévoyant. Avant de quitter le
mouillage de Steens Fiord, il arbora son pavillon,
signal convenu pour assembler le conseil. Ce conseil
avait été composé par la compagnie de douze membres. Il comprenait : sir Hugh Willoughby, Richard

---

¹ Îles Lofoden ou Lofoten : par 68° 15′ de latitude nord, 11° 30′ de
longitude est.
² Steens Fiord : par 68° 15′ de latitude nord, 11° 12′ de longitude est.

Chancelor, George Burton, le premier marchand ; — Richard Stafford, le ministre ; — un autre marchand, Thomas Langlie ; — un simple gentleman, James Delabare ; — les trois maîtres, William Gefferson, Stephen Burrough, Cornelius Durforth ; — les trois seconds, Roger Wilson, John Buckland, Richard Ingram. Il fut arrêté que si quelque séparation avait lieu, chaque vaisseau ferait tous ses efforts pour gagner Varduus, port et château que la carte indiquait comme une dépendance du royaume de Norvége. Le 30 juillet, vers midi, l'escadre reprit la mer, et, faisant route le long des îles, au nord-nord-est, elle ne cessa pas un instant de tenir la terre en vue. Une clarté presque perpétuelle favorisait, d'ailleurs, sa manœuvre. Exposée à tous les accidents qui sont le lot de semblables voyages, elle y échappa heureusement et put arriver sans encombre, le 2 août, par 69° 35′ de latitude, à 30 lieues environ de Steens Fiord. Willoughby crut devoir serrer alors de plus près la côte. Un esquif se détacha de terre et vint à sa rencontre. Willoughby trouvait encore là des sujets du roi de Danemark. L'île en vue se nommait Senien [1]; elle n'offrait d'autres marchandises que du poisson séché et de l'huile de poisson. Que pouvait-on attendre de plus

---

[1] Le phare de Hekkingen, au nord de l'île Senien, est situé par 69° 36′ de latitude nord, 15° 29′ de longitude est.

sous ces latitudes? Ce n'étaient pas, d'ailleurs, des objets d'échange que Willoughby voulait se procurer : c'était un pilote qui le conduisît au Finmark. Il le demandait avec instance. Des pilotes en état de conduire un navire au mouillage de Varduus n'étaient pas chose rare dans l'île de Senien; mais, pour obtenir ce secours, il ne suffisait pas de l'attendre au large, il fallait venir le chercher dans un port. L'île manquait-elle donc de bassins où l'on pût jeter l'ancre? L'escadre avait précisément sous la main un de ces *fiords* dont les murailles abruptes semblent avoir été tranchées d'un coup de hache dans le vieux granit scandinave. Willoughby fit passer sa chaloupe en avant, et les trois navires se disposèrent à la suivre. On se trouva bientôt engagé entre deux montagnes d'une grande hauteur. Il en descendait à chaque instant de si violentes rafales, de tels tourbillons de vent, que l'escadre, après avoir inutilement tourmenté ses voiles, pris d'un bord sur l'autre, risqué plus d'une fois d'aller se heurter à la côte, dut enfin céder à la brise qui la rejetait au large. Willoughby cria de sa voix la plus forte à Chancelor de ne pas s'éloigner, de n'abandonner la *Speranza* sous aucun prétexte. Comment Chancelor eût-il pu obtempérer à cet ordre? La marche de la *Speranza* était supérieure à celle de l'*Édouard-Bonaventure*, et Willoughby ne prenait aucune disposition pour ralentir sa fuite. Toujours couvert de voiles, il fut bientôt hors de vue. La *Confidentia* ne tarda pas non plus à disparaître. Quant à la chaloupe du vaisseau amiral, elle ne pouvait trouver de refuge qu'à bord de l'*Édouard-Bonaventure;* vers minuit, elle essaya d'accoster ce bâtiment, et vint se briser contre le bord. Tout l'équipage se noya sous les yeux de Chancelor, incapable, au milieu d'une telle tourmente, de lui porter le moindre secours. Varduus était le rendez-vous assigné par le conseil. Ce fut vers Varduus que se dirigea, dès qu'il se vit seul, le pilote-major de la flotte.

C'était aussi à ce mouillage connu que Willoughby prétendait, en ce moment, atteindre. Il avait mis le cap au nord quart nord-est pour remonter le long de la côte. La violence du vent le contraignit à faire ce que le soin de conserver l'escadre réunie eût probablement conseillé à un vieux marin d'exécuter plus tôt. Il serra toutes ses voiles, et, naviguant désormais « à mâts et à cordes », se laissa dériver, le travers à la lame, sans faire aucun effort pour assurer sa route. Bientôt le jour se fit, et la brume commença de se dissiper; Willoughby promena ses regards autour de lui. La mer était déserte. Ce fut un instant de consternation, la consternation qu'éprouva le fils d'Anchise dans la mer de Sicile. Par bonheur, au bout de quelques instants, on découvrit sous le vent un navire également en travers, ballotté à sec de voiles par la lame. La *Speranza* déploya sur-le-champ un coin de sa misaine et fit route vers ce compagnon retrouvé. Le navire qu'elle parvint ainsi à rejoindre était le yacht de l'escadre, la *Confidentia*. Quant à l'*Édouard-Bonaventure*, Willoughby n'était pas destiné à en avoir en ce monde des nouvelles.

La tempête cependant finit par s'apaiser. Le 4 août, la *Speranza* et la *Confidentia* avaient repris leur route vers Varduus. Quand Willoughby eut fait 50 lieues au nord-est, il donna l'ordre de sonder. La sonde rapporta 160 brasses. D'après tous les calculs, on eût dû se trouver plus près de la côte. « La terre n'était donc pas conforme à la mappemonde. » Willoughby changea de route le 6 août, et, bien résolu à rallier à tout prix Varduus, il mit cette fois le cap au sud-est quart sud. 48 lieues de chemin au sud ne conduisirent en vue d'aucun rivage; elles ne changèrent même pas la profondeur de l'eau. Les deux navires se retrouvèrent encore par 160 brasses. Où donc était la côte? Le 8 août, Willoughby, ne sachant plus à quel rhumb s'arrêter, se laissa d'abord dériver avec des vents d'ouest-nord-ouest, fit ensuite 25 lieues au nord-est avec des vents de sud-sud-est, puis 48 lieues au sud-est, quand la brise eut hâlé le nord. Enfin, le 11 août, un coup de sonde donna 40 brasses; le 14, après s'être avancé encore de 30 lieues à l'est, on reconnut la terre.

Willoughby n'avait plus de chaloupe pour l'envoyer à la découverte ; il lui restait son canot. Le canot ne put arriver à la plage, tant la côte était sur ce point encombrée de glaces. Aucune trace, d'ailleurs, d'habitation sur cette terre inconnue, dont la latitude fut trouvée de 72 degrés.

Les pilotes revirent soigneusement leurs calculs : ils estimaient avoir fait, depuis le départ de Sienen, 160 lieues environ à l'est quart nord-est. Augmentons cette distance d'un tiers, nous serons plus près de la vérité. Les pilotes ne tenaient en effet aucun compte du temps considérable pendant lequel ils étaient restés à la merci du vent. Les courants polaires avaient mis ce temps à profit pour entraîner l'escadre dans la direction du nord-est, et Willoughby, en cherchant Varduus, venait de découvrir la partie méridionale de la Nouvelle-Zemble. Quelle terre s'imaginait-il avoir rencontrée ? Se crut-il arrivé au fameux promontoire que doublèrent jadis les Indiens recueillis par le roi des Suèves ? Le journal de la *Speranza* n'en dit rien. On voit cependant les deux navires, qui sont venus butter contre l'impassible obstacle, s'acharner pendant quelque temps à le franchir. Le 15, le 16, le 17 août, ils essayent de remonter au nord. Le 18, le vent passe au nord-est, la *Confidentia* fait eau. Il faut chercher un port avant de songer à pousser jusqu'en Chine. Une nouvelle odyssée commence. Essayons d'en tracer les tours et les détours sur la carte de l'océan Arctique, non pas la carte de Sébastien Cabot, mais celle qu'en 1872 ont dressée, à l'aide de toutes les explorations modernes, les hydrographes de Washington. Parties de la terre de l'Oie, — côte occidentale de la Nouvelle-Zemble, — la *Speranza* et la *Confidentia*, après avoir fait 70 lieues au sud-sud-est, jettent enfin la sonde par 10 et par 7 brasses. Nulle terre n'est en vue. Les Anglais ont rencontré la côte basse que visitent parfois les Samoïèdes, à l'est de l'île Kolguev[1], non loin du golfe formé, sous le 68ᵉ degré de latitude, par les alluvions de la Petchora[2]. Ce n'est plus vers la Chine que les voyageurs lassés se dirigent. A dater de ce jour, tous leurs efforts tendent vers l'Occident. Tantôt le vent du nord-est les favorise, tantôt le vent d'ouest s'oppose à leurs progrès. Ils vont ainsi, de bordée en bordée, circulant autour de l'île Kolguev, rasant le cap Kanin[3], traversant à leur insu l'entrée de la mer Blanche. Le 12 septembre, ils ont gagné la côte de la Laponie. C'est là, si l'on en croyait Sébastien Cabot, que doivent vivre les Scythes hippophages, *los que cavalgan en ciervos y los monstruos de las grandes*

---

[1] Ile Kolguev ou Kolgouev : par 69° 0′ de latitude nord, 46° 30′ de longitude est.

[2] L'embouchure de la Petchora est située par 68° 15′ de latitude nord, 52° 0′ de longitude est.

[3] Le cap Kanin, — Kanin Noss, — à l'entrée de la mer Blanche, est situé par 68° 40′ de latitude nord, 41° 8′ de longitude est.

orejas. Partout cependant le pays semble inhabité. Le 14 septembre, après avoir jeté l'ancre à deux lieues de terre par un fond de 60 brasses, Willoughby envoie son canot explorer la côte.

Le canot revient : il a trouvé « deux ou trois bons ports »; nul être humain pourtant ne s'est encore montré. L'escadre reprend la mer. Elle cherche des conseils, du combustible, des vivres. Après deux jours de lutte, il lui faut se résigner à revenir sur ses pas. Le vent d'ouest reporte en quelques heures les Anglais au point qu'ils ont quitté le 15 septembre. Le 18, Willoughby entre dans le port; il y mouille sur un fond de 6 brasses. Le havre qu'il a choisi s'enfonce de deux lieues environ dans les terres. Pas de Scythes, il est vrai, mais des veaux marins et « d'autres grands poissons » en abondance, des ours, des renards, des rennes, des animaux étranges, des êtres aussi merveilleux qu'inconnus.

La fortune des hommes de mer s'incline sous le moindre souffle qui vient de l'horizon. Willoughby devait aux vents d'ouest la découverte de la Nouvelle-Zemble. Ces mêmes vents décidaient de son sort et lui fermaient à jamais l'accès de l'Angleterre, en le retenant à 65 lieues à peine de Varduus. Le havre dans lequel l'escadre se réfugiait n'était autre que l'entrée de la Varsina [1], située par 68° 21' de

---

[1] La rivière Varsina tombe dans la partie occidentale du golfe de No-

latitude nord — 36° 7' de longitude à l'est du méridien de Paris. Willoughby n'avait voulu chercher qu'un abri temporaire ; la rigueur de la saison l'enchaîna par malheur à ce fatal mouillage. Neige, grêle, verglas, tout se réunissait pour le dissuader d'aller braver de nouveau la tempête au large. Après une semaine d'hésitation, il prit son parti, et les deux bâtiments se disposèrent à passer l'hiver sous un climat dont nul Européen n'avait encore affronté les rigueurs.

Abandonnons un instant à la solitude qui les environne la *Speranza* et la *Confidentia*. Une heureuse séparation a préservé l'*Édouard-Bonaventure* d'une communauté de fortune qui n'eût été probablement qu'une communauté de désastre. L'*Édouard-Bonaventure* a désormais sa destinée distincte, et cette destinée est de découvrir l'empire russe.

kouëf. L'embouchure en est assez large et forme une espèce de baie au milieu de laquelle on trouve de 30 à 10 mètres, fond de roche. Dans la rivière même, il n'y a aujourd'hui que 4 pieds d'eau à marée basse ; mais la montée du flot sur la barre est de 3 mètres. Les lodias (barques du pays) entrent dans cette rivière à mer haute et vont s'échouer sur la rive gauche dans une petite anse à l'abri de tous les vents. Sur la rive droite, à un kilomètre de l'embouchure de la rivière, se trouve un village d'été que viennent habiter les Lapons de la paroisse des Sept-Iles. En hiver, ces mêmes Lapons vivent à cent kilomètres de la côte, près des lacs d'où sort, suivant eux, la Varsina. Ils sont au nombre de vingt-cinq chefs de famille.

CHAPITRE III

RICHARD CHANCELOR

Ni Sébastien Cabot ni le conseil privé d'Édouard VI ne paraissent avoir soupçonné l'immense extension qu'avait prise en 1553 la principauté de Moscou. L'ombre du Grand Khan s'interposait encore, plus d'un siècle après que le Grand Khan lui-même avait disparu, entre la Russie d'Ivan IV et le regard troublé du pilote-major de Séville. Comme un continent longtemps submergé, la terre des Varègues et des Slaves renaissait lentement à la lumière du jour. Pendant près de deux cents ans, le flot de l'invasion n'avait cessé d'en bouleverser le sol, la couvrant, la quittant, la reprenant tour à tour. Quelle inondation se montra jamais plus tenace et marqua par de plus terribles vestiges chacun de ses assauts? Dans les premières années du treizième siècle, nous apprennent les chroniques épouvantées du temps, « une immense nation, sortie des déserts qui s'étendent au delà des limites extrêmes de la Chaldée », apparut tout à coup sur les bords du Volga[1] : soixante mille éclai-

---

[1] Chronique de Mathieu Paris.

reurs la précédaient, souillant et dévastant tout sur leur passage, « horde de démons, dont les vautours, suivant l'énergique expression d'un contemporain, dédaignaient les restes ». La bande maudite arrivait soudainement et disparaissait de même. La moindre apparence de résistance suffisait souvent à déterminer sa retraite. C'est ainsi qu'on la vit s'évanouir des champs de Neustadt[1], le jour où ses vedettes, du haut de la montagne sur laquelle on les avait postées, découvrirent au loin dans la plaine le duc d'Autriche, le roi de Bohême, le patriarche d'Aquilée, le duc de Carinthie et le comte de Bade, avec leur vaillante armée rangée en bataille. Sous Bâti[2] comme sous Djinghis-khan, les Mongols tentèrent moins des conquêtes que des irruptions; mais ces invasions rapides suffisaient à noyer des contrées entières dans le sang et à effacer à jamais la splendeur des cités détruites. La nation moscovite se trouvait, par un voisinage funeste, de toutes les nations de l'Europe la plus exposée à ces désastreuses visites. Elle ne put reprendre le cours interrompu de ses destinées que lorsque la nation mongole se fut dis-

[1] La ville de Neustadt, dont il est ici question, paraît être Wienerisch-Neustadt, place forte des États autrichiens, située par 48° 49′ de latitude nord et 13° 55′ de longitude est.
[2] Djinghis-khan était mort en 1227, laissant pour héritier Oktaï, son fils aîné. Oktaï, après avoir conquis les provinces septentrionales de la Chine, envoya son neveu Bâti soumettre les provinces au nord de la mer Caspienne.

soute. Le khan de Samarkande, le terrible Tamerlan, faillit même encore en ce moment l'envelopper dans l'inimitié dont il poursuivait le chef de la grande horde, réfugié à Kief. Après un instant d'hésitation, l'armée tartare se détourna vers le sud. De 1397 à 1404, Tamerlan laboura en tous sens l'Orient; il n'approcha plus de la Russie.

Délivrée des Mongols, la principauté de Moscou ne pouvait cependant se dire complétement affranchie de la crainte d'un joug étranger. Il lui restait à défendre son indépendance contre les Lithuaniens. Longtemps idolâtre, quand tout autour d'elle subissait la loi de l'Évangile, la Lithuanie avait fini par devenir à son tour chrétienne. Unissant son sort à celui de la monarchie polonaise, elle éteignit en 1382 le feu sacré entretenu jusqu'alors avec soin dans ses temples, donna un époux à la fille de Louis de Hongrie, et reçut en échange, des mains de la princesse Hedwige, la blanche robe du baptême. Par la conversion des Jagellons, le rit latin s'étendit jusqu'à Kief et aux pays situés sur le Dniéper. Cette nouvelle conquête de la papauté opposait une barrière infranchissable au schisme de Photius[1]; le peuple russe n'en fut que plus porté à repousser des pratiques religieuses derrière lesquelles un ennemi poli-

---

[1] Les Russes, je dois le dire, n'admettent pas cette expression. Pour eux, s'il y a un schisme, ce n'est pas le schisme de Photius, c'est celui du pape Nicolas.

tique semblait abriter ses prétentions. Le duché de Moscou était devenu le centre de l'Église orthodoxe ; son prince avait désormais le métropolitain pour complice : au tronc mutilé se rattachèrent peu à peu des membres dispersés de l'empire des Varègues.

Il est difficile d'arrêter les nations sur la pente de la décadence ; tout conspire alors à leur nuire. Les peuples, au contraire, pour qui est enfin venue l'heure du plein développement auquel toute race sur ce globe aspire, ont à peine besoin qu'un effort humain les seconde. Les erreurs populaires et les fautes des princes tournent à leur profit ; les colères du ciel les atteignent, sans paraître retarder d'un instant leur croissance. Ils grandissent, comme le flot coule, comme le blé mûrit, par un phénomène naturel. Dans cette loi fatale, le philosophe est libre de ne voir que l'inanité de nos grands projets et le peu que nous sommes ; l'homme d'État se doit d'en observer avec attention les effets et d'y accommoder, autant qu'il le peut, sa politique. La puissance militaire de la Russie date du règne d'Ivan III, qui monta sur le trône en 1462. Cette puissance fut fondée le jour où le fils de Vasili l'Aveugle mit sa personne sous la garde des strélitz, comme Orkhan avait mis la sienne sous la protection des janissaires. Les peuplades remuantes qui s'attardaient sur le sol évacué par les petits-fils de Djinghis-khan éprouvèrent, les premières, le poids du nouveau glaive. Ivan III les refoule étonnées dans Kazan, puis s'en va vers le nord soumettre Novgorod, conquérir Vologda, reculer jusqu'aux monts Ourals la domination moscovite. Maître de Pskof[1], rentré en possession de Smolensk, qui depuis cent dix ans subissait l'occupation étrangère, Vasili IV, le successeur d'Ivan III, a cessé d'être aux yeux de l'Allemagne le chef d'un peuple à demi sauvage. Le titre oriental dont les princes de Moscou se sont revêtus suffit pour abuser l'envoyé de Maximilien. Il y a de nouveau deux Césars et deux empereurs dans le monde.

En vain Vasili IV a-t-il payé la conquête de Smolensk par la plus sanglante des défaites, en vain a-t-il consenti à rendre un humiliant hommage au khan de Crimée; le baron Herberstein n'en décerne pas moins au tsar moscovite le nom auguste devant lequel les fronts de tous les rois s'inclinent. Dans les actes acceptés par la chancellerie germanique, Vasili IV marchera de pair avec Charles-Quint. Pour qu'une pareille illusion fût possible, il n'avait pas seulement fallu la dispersion de la nation mongole; il n'était pas moins nécessaire que la chute de Constantinople précédât le règne d'Ivan III. Étourdi de ce coup funeste, le vieil Orient cherchait partout un refuge.

---

[1] Pskof ou Pleskof, à 270 kilomètres sud-sud-ouest de Saint-Pétersbourg, par 59° 49′ de latitude nord et 26° de longitude est.

Il crut l'avoir trouvé dans la seule cour que Rome n'était pas encore parvenue à séduire. En moins d'un demi-siècle, Moscou, la ville de bois, se transforme. Elle aura désormais ses forteresses de briques et ses basiliques de pierre. D'illustres bannis lui ont apporté les arts, le luxe, la civilisation de Byzance. L'Allemagne, le Danemark, la Turquie, ont fait partir pour la capitale du grand-duché leurs ambassadeurs; la Bohême y expédiera bientôt ses ingénieurs militaires; l'Italie n'a pas attendu ce moment pour y envoyer ses architectes. Le nouvel empire n'en reste pas moins ignoré de la majeure partie de l'Europe. Il grandit à l'écart, pendant que Luther prêche devant l'électeur de Saxe « contre les vices des hommes qui font le commerce des indulgences », pendant que Gustave Vasa, devenu roi de Suède, introduit la réforme dans ses États, pendant que le grand maître de l'ordre Teutonique, Albert de Brandebourg, renonce aux statuts de son ordre. L'archevêque de Riga et ses suffragants n'arrêteront pas, malgré tous leurs efforts, le progrès des nouvelles doctrines. De la Prusse ducale, la contagion a gagné Danzig et Kœnigsberg; elle s'empare maintenant des domaines du roi de Danemark. Le rite latin demeure, dans le nord, sans appui. Le successeur de Vasili IV s'en trouvera plus à l'aise pour lutter contre la Pologne.

Ce successeur est un enfant de trois ans appelé au

trône par la mort subite de son père; mais l'enfant doit mériter un jour et garder à jamais dans l'histoire le surnom d'Ivan *le Terrible*. Ou terrible ou cruel, peu importe; c'est un fondateur. Toutes les forces de l'esprit national se sont tournées vers lui; il emploiera ce dévouement aveugle à la façon de Louis XI et de Henri VIII. La Russie moderne n'est pas le seul État qui ait dû sa grandeur à la sauvage rudesse ou à la politique peu scrupuleuse de ses princes; combien de royaumes, au contraire, ont péri par les vertus aimables d'un Louis XVI ou par les qualités chevaleresques d'un François Ier! Ivan IV n'avait pas atteint sa treizième année qu'il éprouvait le besoin de se débarrasser d'une tutelle importune et se jetait brusquement sur les rênes que les boydars s'efforçaient en vain de lui dérober. Cette précoce tentative laissait derrière elle une sanglante empreinte : les griffes poussent de bonne heure aux lionceaux. En 1552, Ivan Vasilévitch avait vingt-deux ans; un sacre solennel venait d'affermir sur son jeune front la couronne; le roi de Pologne, Sigismond Ier, s'acheminait, fatigué, vers la tombe; le moment était favorable pour porter le dernier coup à la nation mongole. L'armée moscovite alla camper sous les murs de Kazan. Le 2 octobre, on eût vainement cherché des Tartares indépendants en Russie. La Horde d'or avait subi le joug des anciens vassaux de la Grande Horde. Le prince de Kazan n'était plus qu'un des voïvodes d'Ivan IV. Quelques mois plus tard la prise d'Astrakan étendait la puissance des Slaves jusqu'aux bords de la mer Caspienne. C'est à l'époque même où ce nouveau succès devait porter au comble l'orgueil du jeune tsar qu'un messager parti de Colmogro [1] vint annoncer au prince, récemment rentré à Moscou, l'apparition d'un navire anglais sur les côtes septentrionales du gouvernement de Vologda. Jamais, on va le voir, nouvelle inattendue ne fut plus opportune; jamais courrier n'eut lieu de se promettre accueil plus favorable à la cour d'Ivan IV.

Les villes hanséatiques ne s'étaient nullement préoccupées des convulsions intérieures qui fondaient, aux dépens des anciens apanages, l'unité politique de l'État moscovite. Que Novgorod fût fief ou province, c'était toujours avec Novgorod que Lubeck et Hambourg entretenaient leurs habituelles relations de commerce. Par cette voie arrivaient sans cesse les armes à feu et les autres engins de guerre que les arsenaux de Moscou ne savaient pas encore fabriquer. Tant que le grand-duché ne fut pour l'Europe qu'un boulevard contre le retour

---

[1] Kholmogori, dans le gouvernement d'Arkhangel, bâtie à 100 verstes de la mer, sur une île de la Dwina. Cette ville compte aujourd'hui 500 habitants. Nous lui conserverons le nom de Colmogro, sous lequel nous l'ont fait connaître les Anglais, qui la plaçaient alors par 64° 25′ de latitude nord, d'après les observations de Stephen Burrough.

des Mongols, qu'un frein nécessaire aux ardeurs belliqueuses de la Lithuanie, les Hanséates crurent pouvoir sans danger le favoriser dans son développement; mais lorsqu'ils s'aperçurent que le colosse, ayant déjà un pied sur la Caspienne, prétendait poser l'autre sur les bords de la Baltique, ils songèrent à restreindre les importations où s'alimentait l'inquiétante vigueur de ce corps gigantesque. Le commerce des armes ne se fit plus avec la Russie que par contrebande. Impatient de trouver dans l'industrie nationale les ressources que lui refusait la navigation étrangère, Ivan Vasilévitch résolut alors de faire venir d'Allemagne une centaine d'ouvriers dont la main exercée saurait donner le branle à ses manufactures.

Un Saxon nommé Schlit s'occupait activement de recruter cet utile renfort. Instruit de son projet, l'empereur Charles-Quint n'y faisait nul obstacle. Tout marchait donc à souhait, quand une rumeur étrange se répand à Moscou. Schlit vient d'être arrêté, par ordre de la ligue hanséatique, à Lubeck. On devinera sans peine l'indignation d'Ivan IV. La Hanse se proposait deux choses bien difficilement compatibles : elle eût voulu maintenir la Russie dans un état de sujétion commerciale, d'incapacité militaire, et garder néanmoins les bonnes grâces du tsar. Le marché de Novgorod lui semblait à bon droit un des débouchés les plus importants que la navigation de Lubeck, de Hambourg et de Brême pût offrir aux draps de l'Angleterre, des Flandres et de la Hollande. C'était également de ce marché qu'arrivaient dans les ports de Narva, de Riga, de Dorpat, de Revel, la plupart des objets que les fabriques de l'Occident mettaient journellement en œuvre : le lin, le chanvre, les cuirs, sans compter la cire et le miel. Comment les mauvais procédés des Hanséates n'avaient-ils donc pas fini par amener la suppression de ce vieux privilége, dont les profits auraient dû faire au moins accepter les charges? Le tsar souffrait tout des villes hanséatiques, parce qu'il eût été plus pernicieux encore de vouloir se passer de leur égoïste et exigeant concours. La Prusse, la Pologne, la Suède, l'ordre reconstitué des chevaliers porte-glaive, que l'ordre Teutonique avait, en se dissolvant, laissé comme une épave sur les plages de la Livonie, l'entouraient de toutes parts d'un blocus hermétique. Rompre avec les navigateurs et les négociants de Lubeck, c'eût été se laisser rejeter brusquement vers l'Asie. Or l'ambition avouée de la nation russe était déjà de redevenir ce qu'elle avait été à deux reprises différentes, sous les Goths et sous les Varègues, au quatrième et au neuvième siècle, une puissance européenne. Ivan ne pouvait donc que ronger son frein en silence, et la ligue, resserrant peu à peu les liens qui l'assujettissaient, s'applaudissait tout bas des heureux effets de sa politique prévoyante; mais les plus sages calculs sont souvent déjoués par un incident futile. La ligue avait compté sans l'*Édouard-Bonaventure*.

Lorsque, dans la nuit du 3 au 4 août 1553, Chancelor eut été séparé de ses compagnons, ce fut, nous l'avons dit, vers le point qui venait de lui être assigné pour lieu de rendez-vous qu'il prit le parti de se diriger. Il s'était cramponné, dès le début de la tempête, à la côte; il n'eut qu'à la suivre de près pour atteindre le mouillage que Willoughby, revenant du large, s'évertuait vainement à chercher. Durant sept jours entiers, l'*Édouard-Bonaventure* attendit au port de Varduus la *Speranza* et la *Confidentia*. Willoughby et Durforth étaient, à cette heure, plus près de l'embouchure de la Petchora que du fiord où Chancelor avait espéré les rejoindre. Le temps était précieux; Chancelor ne voulut pas s'attarder davantage. Le sort le laissait seul; il poursuivrait seul le voyage. Les barques écossaises visitaient quelquefois les côtes du Finmark. Elles ne se hasardaient jamais au delà de Varduus. C'était à ce port que finissait, pour les marins les plus aventureux, le monde connu, l'Océan navigable. Il fallait s'être nourri, comme Sébastien Cabot, de la lecture de Strabon, de Pline, du poëte Denys, de Solin, de Cornelius Nepos, de Pomponius Mela pour entretenir une autre opinion. Par un heureux hasard, des

Écossais se trouvaient encore à Varduus quand Chancelor vint y jeter l'ancre. Le capitaine du *Bonaventure* n'eut pas besoin de s'ouvrir à eux de son grand projet d'aller au Cathay pour provoquer de leur part les plus énergiques objections ; il lui suffit de laisser percer l'intention de dépasser la forteresse danoise. L'effrayant tableau des périls de tout genre qu'il allait courir n'eut pas heureusement le pouvoir d'ébranler son âme. Avait-il donc, lui, le pilote-major choisi par la compagnie, le droit de s'affranchir d'instructions délibérées en conseil? Oserait-il bien faillir à l'héroïque dessein qui avait amené l'*Édouard-Bonaventure* jusque dans ces parages? Peut-être en ce moment tout l'espoir de l'expédition restait confié à sa persévérance. Qu'étaient devenus Willoughby, Gefferson et Durforth? « Que le naufrage les eût engloutis ou qu'ils fussent destinés à traîner une vie misérable au milieu de peuples étrangers », le devoir de celui qui leur survivait n'en était pas moins tracé. « Les intéressés » ne pouvaient avoir fait en vain les frais d'un pareil armement. Chancelor partit donc. « Il alla si loin qu'il arriva enfin à un point où il n'y avait plus de nuit du tout [1]. » Pressé de rentrer dans le sillon

---

[1] Sous le parallèle de 70 degrés, le soleil reste sur l'horizon sans se coucher; du 16 mai au 26 juillet, il se couche un instant et reparaît aussitôt. Du 26 juillet au 18 septembre, le soleil se couche de plus en plus tôt et se lève de plus en plus tard ; mais la nuit réelle n'est jamais

tracé par Cabot, le prudent pilote se hâta de redescendre au sud; il réussit ainsi à gagner l'entrée d'une grande baie dont il ne devait découvrir que beaucoup plus tard l'autre rive.

Cette vaste ouverture, Willoughby l'avait aussi traversée, mais il l'avait traversée à son insu. Un sort plus favorable guida le vaisseau de Chancelor. L'*Édouard-Bonaventure* avait dépassé la baie de Kola, le havre de Jarishna, les coupures successives que présente la côte de Laponie. Il ne dépassa pas la mer Blanche. Mouillés sur la côte occidentale de cet immense bassin, le 23 août 1553 (vieux style), les Anglais jetaient de tous côtés leurs yeux irrésolus. Un bateau pêcheur apparaît. Un bateau! quelle aubaine pour des voyageurs qui ne savent pas même si la terre où ils ont abordé nourrit des êtres humains ou des monstres! Chancelor s'était jeté de sa personne dans la chaloupe du *Bonaventure*; soudainement alarmé, le bateau avait déjà pris chasse, et la lourde chaloupe ne réussit pas sans peine à l'atteindre. La capture en elle-même n'eût certes pas valu ce vigoureux effort. Construite pour la pêche, la barque dont les Anglais

complète. Quand l'astre disparaît, il laisse derrière lui une lueur crépusculaire dont la teinte va s'assombrissant jusqu'à minuit, et s'éclaircit de nouveau graduellement depuis minuit jusqu'au lever du soleil. L'obscurité à l'heure de minuit gagne de jour en jour en intensité, sans jamais devenir totale. Le 18 septembre, à minuit, on peut observer un instant de nuit réelle.

venaient de s'emparer n'était qu'un pauvre bateau
à fond plat; au lieu de les clouer, on s'était contenté d'en unir les bordages par une grossière couture. Les hommes qui montaient ce primitif produit d'un art à demi sauvage, avec leurs yeux bridés, leurs pommettes saillantes, leur aspect trapu et leur face aplatie, pouvaient être aussi bien des Hindous que des Scythes. Chancelor tenta sans succès de résoudre les doutes qui sur ce point assiégeaient son esprit. Les malheureux pêcheurs, à demi morts d'effroi, fixant sur l'être étrange au pouvoir duquel ils étaient tombés des yeux où se peignait non moins d'étonnement que de crainte, demeuraient sans répondre, prosternés à ses pieds. Chancelor ne s'obstina pas à prolonger un interrogatoire inutile; il se souvint à temps des sages et prudentes instructions de Cabot. Au lieu de chercher à frapper de terreur les premiers naturels que le ciel plaçait sous ses pas, il trouva préférable de les séduire par sa mansuétude. D'un geste plein de clémence, comme un roi qui refuse les hommages dus aux dieux, il les releva de leur humble posture et leur fit comprendre par ses signes qu'ils étaient libres de regagner la côte. Sortis sains et saufs d'une si chaude aventure, les pêcheurs en allèrent sans retard conter tous les détails à leurs compagnons : « Des hommes au teint coloré, à la haute stature, venaient, sur un immense vaisseau, de jeter l'ancre à l'entrée

de la baie. La douceur de ces étrangers semblait égaler leur force et leur puissance. Tout dénotait en eux des êtres bienfaisants ; leurs procédés différaient trop de ceux dont ont coutume d'user les malins esprits ou les pirates pour qu'on pût avoir à redouter de leur part la moindre violence. » Répété bientôt de proche en proche, ce récit ne manqua pas d'enhardir d'autres barques. On les vit peu à peu sortir et s'éloigner tout doucement du port. Le *Bonaventure* ne fit aucun mouvement. Les barques se rapprochèrent insensiblement du vaisseau. Il en fut qui poussèrent la confiance jusqu'à l'accoster. Elles ne retournèrent à terre que pour en rapporter des vivres. La glace était rompue et l'effroi dissipé. A force de patience, on s'expliqua enfin. Le pays dont les marins du *Bonaventure* voyaient se perdre au loin, dans la direction du sud-ouest et du sud, les dunes sablonneuses, s'appelait la Russie ou la Moscovie. Ivan Vasilévitch le gouvernait. Le nom de ce monarque ne pouvait être complétement inconnu du pilote, qui avait vécu dans la familiarité d'un des seigneurs les plus éclairés de la cour d'Édouard VI ; mais Chancelor ne se fût jamais attendu à retrouver la domination moscovite à une telle distance de Moscou. Sébastien Cabot ne l'avait préparé à rien de pareil. Qu'importait, après tout ? Quel que fût le maître légitime de ces lieux, on ne lui apportait que la branche d'olivier; on ne lui demandait que la faculté de commercer librement et en paix. Honnête et modeste requête, à coup sûr, venant d'un vaisseau aussi bien pourvu de mousquets, de piques et de canons que l'était le vaisseau de Richard Chancelor. « Les barbares promirent de transmettre cette requête à leur roi. » Bien des jours cependant se passèrent; la réponse du roi ne cessait pas de se faire attendre. Chancelor, irrité, menaçait de poursuivre sa route, quand on vint lui offrir, à sa grande surprise, de le conduire en personne à Moscou. Le pilote-major de la Compagnie des lieux inconnus eût pu suspecter sous cette proposition subite quelque embûche. Il n'en voulut voir que le côté avantageux et en dédaigna les périls. La saison était trop avancée pour lui laisser l'espoir d'arriver, avant le retour d'un nouveau printemps, à la cour de l'empereur du Cathay. Pouvait-il mieux utiliser l'hiver qu'en allant rendre visite à l'empereur de toutes les Russies?

Tel était en effet un des titres, le titre suprême, de ce souverain dont les États s'étendaient déjà du 46ᵉ au 69ᵉ degré de latitude nord. Les pauvres riverains des bouches de la Dwina ne le désignaient jamais que sous le nom imposant de tsar[1]. Ivan IV

---

[1] Otesara; suivant les Anglais, un roi qui ne paye de tribut à personne.

était un tsar en effet, le seul tsar que reconnût désormais le majestueux ensemble des territoires compris entre la Caspienne et l'océan Glacial. Le Grand Khan avait disparu. Il ne restait plus en face de l'Allemagne, de la Lithuanie, de la Suède, que le seigneur de Vladimir, de Moscou et de Novgorod, roi de Kazan et d'Astrakan, maître de Pskof, grand-duc de Smolensk, de Tver, de l'Ingrie, de la Permie et de la Livonie, commandeur de la Sibérie et des parties septentrionales du globe.

Chancelor commença par conduire son vaisseau au fond de l'immense golfe que nous connaissons aujourd'hui sous le nom de mer Blanche, golfe qui à cette époque recevait son nom d'un monastère placé sous l'invocation de saint Nicolas. Ce monastère occupait le point où la branche occidentale de la Dwina, traînant après elle de vastes alluvions, vient se décharger dans la baie qu'elle obstrue chaque jour de nouveaux bancs de sable. Des bouches de la Dwina aux deux caps, séparés par un intervalle de 100 milles environ, qui marquent, l'un à l'ouest, l'autre à l'est, l'entrée et les limites de cette mer intérieure, on ne compte pas moins de 80 lieues. L'espace fut rapidement franchi par le *Bonaventure,* et Chancelor, après avoir pris les dispositions nécessaires pour mettre autant que possible à l'abri des tempêtes, des courants et des glaces, le navire qu'il allait laisser pendant plusieurs mois sur la foi de ses ancres, après en avoir recommandé l'équipage aux soins fraternels des bons habitants du village de Nenoksa [1], désigna pour l'accompagner cinq ou six hommes choisis, et s'abandonna entièrement à la conduite de ses guides. Du monastère de Saint-Nicolas, situé en face de Rose-Island (l'île Jagry), au monastère de Saint-Michel, près duquel devait bientôt s'élever Arkhangel, on compte 20 milles marins environ. Il y en a près de 30 entre le couvent de Saint-Michel et Colmogro. Une barque de 20 tonneaux, que dirigeaient cinq ou six mariniers, franchit ces 50 milles en moins de trois jours. Colmogro n'était pas, comme Nenoksa, un village, près duquel on eût pu passer sans se douter que des hommes respiraient au fond de ses taupinières. Colmogro était une ville, s'il est permis de se figurer quelque chose qui mérite ce nom dans la rude contrée affectée par Sébastien Cabot à la résidence des « Scricfini ». Tous les ans, le jour de la Saint-Nicolas, on y tenait un marché célèbre où ne manquaient jamais d'accourir les sauvages chasseurs de morses que les cosmographes de l'époque nous représentent « vivant de poisson

---

[1] Le village et le port de Nenoksa se trouvent à 20 milles dans l'ouest du monastère de Saint-Nicolas. Plus habiles encore que nous ne le sommes nous-mêmes à défigurer les noms étrangers, les Anglais ont appelé ce village russe le village de Newnox. Le *Bonaventure* fut mis en hivernage dans la baie de Ouïsk, 120 verstes à l'ouest du golfe de Saint-Nicolas.

cru sur les bords du lacus Albus ». De Colmogro partaient, dès les premiers jours de l'hiver, le sel et le poisson salé destinés à l'approvisionnement de Novgorod, de Vologda, de Moscou. Le parcours total, suivant la déclaration des guides, ne pouvait être estimé à moins de 1,500 verstes [1] — 860 milles marins environ. — Les Anglais n'avaient pas accompli le quart de ce trajet qu'ils rencontrèrent le messager dont ils avaient pendant plus d'un mois attendu le retour. Ce messager s'était tout simplement égaré en revenant de Moscou à travers les boues de l'automne. Il avait par bonheur soigneusement préservé, au milieu de toutes ses vicissitudes, les lettres que lui avait confiées le tsar. Ivan IV invitait les honnêtes étrangers, dont il venait d'apprendre l'apparition soudaine et les procédés pacifiques, à se rendre sans perdre de temps à sa cour. Des chevaux de poste leur seraient gratuitement fournis. Si les Anglais reculaient devant les fatigues d'un pareil voyage, l'empereur [2] autorisait dès ce jour ses sujets à commercer avec eux. A l'effet que produisit sur les Russes la seule exhibi-

---

[1] La verste russe est de 1,067 mètres ; le mille marin, de 1,852.
[2] L'histoire russe nous apprend que les souverains moscovites n'ont pris le titre d'empereur que depuis le règne de Pierre le Grand ; mais nous suivons ici le récit des Anglais, et, d'accord avec le comte Sigismond Herberstein, les Anglais donnent toujours au tsar un titre qui semble devoir relever encore, aux yeux de leurs compatriotes, la valeur de leur découverte.

tion du sceau impérial, Chancelor put juger du pouvoir absolu d'Ivan Vasilévitch et apprécier l'incroyable ascendant que son nom redouté exerçait jusque dans les parties les plus reculées de l'empire. A chaque relais, si l'on n'y eût mis bon ordre, il y aurait eu non-seulement querelle, mais bataille, tant les Russes montraient d'empressement à seconder les désirs du tsar et à servir les hôtes qu'il daignait appeler à comparaître en sa souveraine présence. C'était à qui s'emparerait des traîneaux pour y attacher le premier ses chevaux; celui dont l'attelage était refusé ou arrivait trop tard semblait en éprouver une mortification profonde.

Chancelor avait, sans s'arrêter, traversé Vologda, dépassé Jaroslaf et Rostof[1]; il ne lui restait plus qu'une centaine de milles à parcourir pour atteindre Moscou. L'aspect du pays changeait à vue d'œil; tout indiquait déjà les approches d'une grande capitale. La terre gardait encore les traces d'une soigneuse culture et avait dû porter d'abondantes moissons. Presque à chaque pas s'offraient de petits

---

[1] Rostof, ville du gouvernement de Jaroslaf sur la rive nord-ouest du lac Néro, ancienne capitale du pays des Tchouds, si l'on en croyait les dictionnaires de géographie. Le prince Ouchtomski, capitaine de vaisseau de la marine russe et préfet maritime d'Arkhangel, ne partage pas cette opinion. « J'ai fait dernièrement, a-t-il bien voulu m'écrire, beaucoup de recherches sur les Tchouds; je n'ai rien rencontré qui pût me donner à penser que Rostof ait jamais été leur capitale. Ce serait plutôt Sheikursk, petite ville du gouvernement d'Arkhangel, qui aurait jadis eu ce rôle. »

villages semés dans la plaine, ou rangés, à la suite l'un de l'autre, sur la route. Autour de ces ruches, toutes gonflées de la population la plus dense qu'on puisse imaginer, bourdonnaient sans cesse sept ou huit cents traîneaux, apportant du nord leurs chargements de poisson salé ou charriant vers les provinces lointaines le blé qui leur avait été livré en échange. Moscou apparut enfin, mais sous quel aspect ! Chancelor eut peine à retenir une exclamation dédaigneuse. La capitale d'Ivan IV n'était pas, en effet, au temps où la visitèrent les marins du *Bonaventure,* cette ville à demi orientale, à demie uropéenne, qui dressait en 1812, devant les soldats de la grande armée, « les flèches et les coupoles dorées de ses temples ». Prise en masse, la cité fondée en 1147 par George Dolgorouki n'était encore en 1553 qu'un immense assemblage de cabanes disséminées sans ordre. Des troncs de sapin grossièrement équarris, des toits chargés, en guise de chaume, d'un épais lit d'écorces, protégent mieux contre le vent et la pluie que la tente de feutre du Tartare. Pour des yeux habitués au spectacle des nobles constructions dont l'architecture normande décora, du onzième au treizième siècle, les bords de la Tamise, ce vaste bûcher qui semblait appeler la torche et provoquer à plaisir l'incendie n'en devait pas moins garder l'apparence d'un campement plutôt que celle d'une ville. Les rues de Londres étaient, dès cette époque, pavées; les rues de Moscou n'offraient, suivant la saison, qu'un océan de boue, un miroir de glace ou des flots mouvants de poussière. Deux civilisations distinctes se disputaient encore la Russie. La Zemlianoï-Gorod, — ainsi se nommait l'agglomération confuse que traversait en ce moment Chancelor, — était une ville mongole. Un long rempart de terre l'enveloppait sur un périmètre de 17 milles marins environ d'étendue. On y entrait par trente-quatre portes de bois. Une autre cité, le Kremlin [1], cité non plus mongole, mais byzantine, occupait sur une éminence le centre de cette première enceinte. On l'avait entourée d'un rempart de briques qui n'avait pas moins de 18 pieds d'épaisseur, 16 portes, et 2,000 pas de circuit. Cette vaste citadelle renfermait le palais du tsar, 9 églises de pierre et de nombreux couvents. La plupart des villes du Céleste Empire, Canton entre autres, offrent au voyageur une disposition analogue. La cité de guerre y est inscrite dans la cité marchande, la ville tartare dans la ville chinoise.

Le prince Dolgorouki avait bien choisi, en 1147, le site où devait s'élever, deux siècles plus tard, la rivale de Novgorod, de Kief, de Tver et de Vladimir. Trois rivières, la Neglina, la Jaouza et la Moscova, arrosent le territoire qu'une impénétrable forêt cou-

---

[1] Kreml, disent les Russes.

vrait encore au début du douzième siècle. Ces rivières portèrent à la capitale nouvelle un large tribut d'eaux courantes. La Neglina traversait Moscou du nord au sud, la Jaouza y avait accès du côté de l'est, la Moscova embrassait d'un double repli deux quartiers et un populeux faubourg. En 1308, Daniel Alexandrovitch adossait à la rive gauche de la Moscova la face méridionale de la forteresse qu'il bâtissait en bois et que, vers 1370, Dmitri Donski, le vaillant précurseur d'Ivan III, fit reconstruire en pierre. Sur ses trois autres faces, le Kremlin était défendu par un fossé profond ou par le cours de la Neglina : sacres, demi-sacres, fauconneaux, coulevrines, garnissaient d'ailleurs à l'envi les créneaux et les embrasures ouvertes sur la plaine. Le Kremlin, si l'on considère les moyens d'attaque dont on disposait alors, passait à bon droit pour inexpugnable. Le flot de l'invasion, les bouillonnements séditieux de la populace, les flammes où tant de fois on vit la Zemlianoï-Gorod se tordre et se débattre dans sa chemise de terre, tous ces fléaux dont les princes de Moscou n'avaient pu réussir encore à prévenir le retour périodique expiraient impuissants au pied des boulevards du haut desquels la droite du grand-duc et la crosse bénie du métropolitain semblaient les conjurer.

Chancelor dut se résigner à contempler de loin cet inviolable asile et à en mesurer des yeux les remparts. Jamais, en effet, étranger n'a franchi, sans l'autorisation expresse de l'empereur, les portes où, nuit et jour, veillent les strélitz. Avertis par leurs guides qu'ils devaient attendre patiemment « le plaisir du duc », les Anglais trouvèrent doux, après plus de deux mois de bivac, de reposer enfin sous un bon toit de planches. L'hospitalité moscovite ne leur réservait pas cependant les lambris dorés d'un palais; mais une chaumière, quand un vaste poêle y fait circuler partout une égale chaleur, peut avoir son prix, surtout en hiver et sous le 56° degré de latitude. Pour être formées d'énormes madriers serrés l'un contre l'autre, au lieu de présenter un épais massif de briques ou de pierres, les maisons de Moscou n'en restaient pas moins inaccessibles à la température extérieure. Il n'était pas en effet un interstice de ces gros madriers, « aussi hauts que des mâts », qu'on n'eût bourré de mousse, comme le fer du calfat remplit chez nous d'étoupe les coutures d'un navire. Dans ce bloc de bois, carrément assis sur sa base, d'étroites ouvertures mettaient, pendant l'été, l'intérieur de l'habitation en communication avec l'atmosphère du dehors. En toute autre saison, on tenait les fenêtres hermétiquement fermées par des feuilles de talc ou par des peaux devenues à peu près transparentes, tant on les avait amincies. Le plus grossier cristal eût mieux valu sans doute; ce luxe, familier à la ville de Londres, était ignoré à Moscou. On s'y contentait des lames de la roche désignée aux Anglais sous le nom de *sluda*, et connue aujourd'hui sous le nom de « verre fossile ». L'ameublement de la maison russe ne démentait pas, d'ailleurs, la rustique simplicité des parois et de la couverture. Pour couche, on y trouvait des bancs ; pour matelas, des peaux d'ours ; pour oreiller, une selle. « D'où vient donc, se disaient entre eux les marins du *Bonaventure*, que les Moscovites se résignent à de pareils lits ? Le duvet et les plumes pourtant ne leur manquent pas. Ils craindraient sans doute, s'ils cessaient de coucher ainsi sur la dure, de s'amollir le corps et de se rendre impropres à supporter les rigueurs de leur affreux climat. »

Grâce aux interprètes que renfermait la cour d'Ivan IV, les Anglais voyaient, d'heure en heure, des notions plus exactes succéder à la connaissance confuse que la mappemonde de Sébastien Cabot leur avait donnée du lointain et mystérieux duché de Moscovie. Aucun de ces truchemans n'aurait pu sans doute s'exprimer en anglais ; l'allemand était un pont tout trouvé pour passer d'une langue à l'autre. Chancelor était depuis une douzaine de jours à Moscou, quand « le secrétaire des étrangers » le fit appeler pour lui signifier les ordres du tsar. Le capitaine du *Bonaventure* allait être admis à porter sa requête, avec ses hommages, au pied même du trône. Il verrait de ses propres yeux le plus puissant monarque, le plus grand souverain qui eût jamais, suivant les expressions de la lettre d'Édouard VI, « gouverné les parties nord-est du globe terrestre dans le voisinage de l'empire du Cathay ». Le parchemin royal, par une chance heureuse, avait pu arriver tout droit à son adresse. Le moment était donc venu pour les hôtes d'Ivan IV de produire ce document précieux, gage indispensable de leur sincérité, titre unique de l'importante mission dont ils se disaient investis. Chancelor serait reçu, — ainsi l'avait ordonné l'empereur, — en audience solennelle, pour y présenter, devant les boyards réunis, « les lettres du roi son maître ». Si, par une précaution dont il faut faire honneur à la vieille expérience de Sébastien Cabot, Chancelor n'eût pas été muni au départ d'un double des instructions et des lettres royales confiées à sir Hugh Willoughby, la situation des Anglais n'eût pas laissé d'être assez délicate, car les marchands allemands de Novgorod, menacés, ainsi que nous l'avons dit, de perdre leur privilége, venaient précisément d'envoyer, de leur côté, une ambassade à Moscou. Cette ambassade, on le comprendra de reste, n'était pas d'humeur à favoriser, dans sa concurrence, la navigation étrangère. Des Anglais en Russie! Ils n'y pouvaient être venus de l'aveu de leur prince. Les traités conclus sous plus d'un règne entre la ligue allemande et les.

souverains de la Grande-Bretagne ne réservaient-ils pas par une clause formelle le commerce de la Baltique aux Hanséates? Les marins du *Bonaventure* ne devaient donc pas être accueillis à Moscou sans contrôle. Pirates, il fallait les pendre; aventuriers sans mandat, les chasser. Nul pacte, il est vrai, ne fermait aux navires d'Édouard VI ces domaines redoutés de l'éternelle nuit sur les bords desquels Chancelor, au dire de ses introducteurs, était descendu. Ce point admis, s'ensuivait-il qu'on eût réellement affaire à des gens respectables, accrédités par le fils de Henri VIII? Est-ce par une telle route qu'un souverain sensé eût acheminé vers Moscou ses ambassadeurs? Le seing même et le sceau d'Édouard VI ne seraient pas de trop pour dissiper les légitimes soupçons que tant de considérations faisaient naître.

Des marchands et des officiers mariniers composaient toute la suite du pilote-major. Ils lui firent de leur mieux cortége quand le secrétaire des étrangers l'introduisit dans l'impériale demeure. Les regards de Chancelor avaient plus d'une fois contemplé à la dérobée la splendeur de la cour britannique. Ils ne furent pas éblouis par la pompe du Kremlin. L'ancien familier de Henry Sidney, le neveu de Christophe Frothingham, semble avoir gardé une impression juste de tous les objets qui s'offrirent alors à sa vue. « Nous avons mieux chez nous », murmurait-il sans cesse aux oreilles de ses compagnons. Le palais de l'empereur ou du duc, si l'on veut employer le titre sous lequel les Anglais s'obstinaient à désigner le tsar, parut à Chancelor « une immense et lourde bâtisse, ramassée sur elle-même, assez semblable aux vieilles constructions anglaises avec leurs petites fenêtres ». Chancelor ne fut pas immédiatement conduit, comme il s'y attendait, en présence d'Ivan IV. On le laissa quelque temps dans une longue galerie où se trouvaient rassemblés plus de cent gentilshommes, tous couverts de draps d'or. L'attente, d'ailleurs, fut courte. Chancelor et ses compagnons reçurent l'ordre d'avancer : l'empire russe, dans sa majesté, posait devant eux. Tout autour de la nouvelle salle se tenaient rangés les principaux seigneurs et les grands officiers du palais. Au fond avait pris place le vainqueur de Kazan, implacable et fastueuse idole, que des millions d'hommes, sans l'avoir jamais entrevue, se faisaient un devoir d'adorer comme un Dieu, d'aimer et de vénérer comme un père. Ivan Vasilévitch portait ce jour-là une longue robe brochée et lamée d'or. Il en possédait de plus riches toutes garnies de perles, brodées de saphirs et d'autres pierres précieuses; mais ces vêtements étaient d'un tel poids que le tsar les tirait rarement du trésor qui gardait ses principaux joyaux. La couronne sur la tête, un sceptre de cristal et d'or dans la main droite, l'autre main appuyée sur le bras d'un vaste fauteuil également chargé de dorures, le jeune fils de Basile, du haut de ce siége, beaucoup plus élevé que les siéges des boyards, dominait immobile l'imposante et grave assemblée. C'est ainsi que la mappemonde de Sébastien Cabot avait représenté le Grand Khan, « empereur des Tartares, roi des rois, seigneur des seigneurs ». C'est ainsi que, mieux informée, elle eût dû, en 1553, nous montrer le grand-duc de Moscovie, pendant deux siècles tributaire des Mongols, à cette heure héritier de la puissance sous laquelle jusqu'en 1390 ses ancêtres étaient restés asservis.

Quand Chancelor eut fait son salut et remis au chancelier la lettre d'Édouard VI, le chancelier, tête nue, la présenta au tsar. Ivan IV prit la lettre, souhaita au capitaine du *Bonaventure* la bienvenue et lui demanda des nouvelles de son maître. « Le roi, répondit Chancelor, sans se laisser troubler par la nouveauté des fonctions qu'il se trouvait appelé à remplir, se portait bien au moment de mon départ, et j'espère qu'il en est toujours de même. » La cérémonie était close ; le pilote-major n'avait plus qu'à se retirer, car il lui avait été strictement recommandé par ses introducteurs « de ne pas parler au duc, tant que le duc ne lui parlerait pas ». Le soir même, les Anglais, — honneur rare et insigne, — dîneraient « avec Sa Grâce ». Le temps leur eût manqué pour retourner chez eux, et ce fut dans la chambre du secrétaire qu'ils allèrent attendre l'heure du repas. Le moment venu, on les conduisit dans un autre palais. Les Russes appelaient ce palais « le palais doré ». A quel titre ? Chancelor n'avait-il pas vu, sur les bords de la Tamise, maint palais « infiniment plus beau sous tous les rapports ? » Bien décidé à ne rien admirer qui ne fût de tous points réellement admirable, ce voyageur difficile à séduire ne laissa pas d'éprouver un certain étonnement quand il pénétra dans la pièce qui donnait de plain-pied accès à la salle du festin.

Là demeurait assis, devant le plus merveilleux assemblage de vaisselle d'or massif qu'ait jamais étalé la pompe orientale, le grand maréchal du palais, sa petite baguette blanche à la main. Les Anglais saluèrent et passèrent dans l'appartement voisin. Le duc était à table. Ivan Vasilévitch avait dépouillé son riche costume du matin. Il ne portait plus qu'une simple robe d'argent, mais il gardait encore la couronne impériale sur la tête. Deux cents convives environ, tous habillés de blanc, occupaient de longues tables dressées sur les estrades qui garnissaient le pourtour de la salle. Le duc dînait seul. Deux gentilshommes, la serviette sur l'épaule, le bonnet sur le chef, tenant à la main une coupe d'or enrichie de perles et de pierreries, n'attendaient qu'un regard pour lui présenter l'hydromel. Ces coupes ne servaient qu'au duc. « Quand il était bien disposé, il les vidait d'un trait. » Quatre brocs d'or et d'argent, du plus riche travail, gigantesques chefs-d'œuvre de ciselure, qui ne mesuraient pas moins de quatre ou cinq pieds de haut, contenaient la boisson destinée au tsar comme aux autres convives. Dans ses moindres détails, le service révélait une opulence inouïe. Les plats étaient d'argent, les coupes d'or massif : seulement coupes et plats demeuraient encore vides. L'empereur seul pouvait rompre le charme qui retenait les valets inactifs, les boyards silencieusement affamés sur leurs siéges. Ce charme, Ivan IV le rompit enfin. A chacun de ses deux cents convives il envoya successivement un grand morceau de pain. Le porteur appelait par son nom celui à qui le morceau était destiné, et lui disait : « Ivan Vasilévitch, empereur de Russie et grand-duc de Moscovie, t'envoie ce morceau de pain. » Tous les assistants alors se levaient, et chaque fois que ces paroles étaient prononcées, ils se levaient encore. Le dernier morceau fut donné par l'empereur lui-même au grand maréchal. Le grand maréchal le porta vivement à ses lèvres, en mangea une bouchée, fit sa révérence et se retira.

Cette première distribution fut suivie « du service des cygnes ». Chaque cygne était dressé sur un plat séparé. Le duc distribua les cygnes comme il avait distribué le pain. Les autres plats arrivèrent à leur tour, toujours présentés à l'empereur, toujours répartis avec un cérémonial identique. Les coupes mêmes ne furent, dans le cours du repas, remplies et offertes que sur l'ordre de l'empereur. Pour terminer, Ivan, de ses propres mains, donna aux officiers qui l'avaient servi un plat d'abord, une coupe pleine ensuite. « C'est ainsi, dit-on à Chancelor, que le prince fait connaître à tous quels sont ses serviteurs. Malheur à qui oserait, après ce témoignage, s'attaquer à eux et tenter de leur nuire ! » Les convives, nous l'avons dit, étaient à peu près au nombre de deux cents. Ivan les appela tous devant lui par leurs noms, sans oublier un seul de ses invités. Ils s'approchèrent, firent un humble salut et sortirent de la salle. Chancelor fut ensuite reconduit en grande pompe jusqu'à sa résidence par les serviteurs du palais, portant les mets nombreux que le tsar envoyait encore à ses hôtes. Il était une heure de la nuit.

Toutes les manœuvres hostiles, toutes les insinuations malveillantes des envoyés de Novgorod devaient échouer contre l'impression favorable que, dès cette première entrevue, produisit la contenance ouverte de Chancelor. Les Hanséates conservèrent leur antique privilége, mais ils en payèrent la confirmation par une contribution de trente mille roubles. Quant à Chancelor, le 2 février 1554 —

(vieux style), an 7060 de la création, au compte de la chancellerie russe, — on lui remettait une lettre écrite en moscovite « avec des caractères ressemblant beaucoup aux lettres grecques ». Un large sceau pendait de ce pli impérial, et sur la cire se dessinait l'image d'un guerrier à cheval, armé de pied en cap, combattant un dragon.

Au texte moscovite, les conseillers d'Ivan avaient pris soin de joindre une traduction allemande. Voici la réponse que le grand-duc envoyait au roi d'Angleterre : « Au milieu de la vingtième année de notre règne, lui disait-il, est arrivé sur nos côtes un navire monté par un certain Richard Chancelor. Ce Richard nous a déclaré qu'il désirait pénétrer dans notre empire. A sa requête, il a vu Notre Majesté et nos yeux. Il nous a fait connaître alors le désir de Votre Majesté. Vous demandez que vos sujets puissent aller et venir dans nos domaines, fréquenter nos marchés, y porter leurs marchandises, y prendre les nôtres. Richard nous a remis les lettres qui contenaient ces demandes. Nous avons donné l'ordre que partout où votre fidèle serviteur, Hugh Willoughby, débarquerait sur nos terres, on lui fît bon accueil; Willoughby n'est pas encore arrivé, comme Chancelor pourra vous l'apprendre. Nous ne laisserons pas néanmoins tomber cette affaire. Nous désirons que vous nous envoyiez vos navires aussi souvent qu'ils pourront traverser la mer, et, le plus tôt possible, un de vos conseillers pour arrêter les conditions auxquelles les marchands de votre pays seront admis à commercer avec le nôtre. »

Le *Bonaventure* avait passé l'hiver en sûreté, au milieu des glaces de la Dwina, grâce à l'assistance et aux excellents conseils des habitants du village de Nenoksa. Quelques matelots restèrent seuls à bord, le plus grand nombre put s'installer à terre. Ceux qui eurent la pénible charge de garder le vaisseau souffrirent affreusement de la dureté du climat ; leur unique ressource était de se calfeutrer durant des jours entiers dans les cabines. S'aventuraient-ils à paraître sur le pont, ils ne couraient pas seulement le risque d'avoir les membres gelés, il pouvait leur arriver de tomber immédiatement suffoqués par le froid. Et cependant d'autres régions connaissent les rigueurs de climats infiniment plus âpres. Willoughby et ses compagnons avaient peut-être été entraînés jusque sous ces latitudes « où l'eau ne s'échappe du bois humide placé sur le foyer que pour se congeler à l'instant, où l'on peut voir, sur le même tison, — phénomène incroyable, — la braise et la glace vivre de compagnie, le froid et le chaud s'accommoder ensemble ». Soumis à de telles épreuves, comment les équipages de la *Speranza* et de la *Confidentia* n'y auraient-ils pas succombé ? Ils n'avaient pas appris à se creuser ces demeures souterraines où vont s'enfouir, pendant les longs hivers, les habitants des rivages arctiques ; ils ignoraient l'art plus difficile et plus compliqué encore de construire des poêles, de ménager, vers le sommet du toit, une issue à la fumée, de boucher soigneusement, au contraire, toute autre ouverture. Sans ces précautions cependant, résultat d'une longue et pénible expérience, combien de marins du *Bonaventure* survivraient pour attendre aux bords de la Dwina le retour de leur capitaine ? Tous ces marins allaient, il est vrai, sortir de leurs huttes sains et saufs ; mais les moyens mêmes auxquels ils devaient leur salut n'étaient-ils pas l'indice du sort des malheureux auxquels de semblables instruments de préservation avaient probablement fait défaut? On se fût en vain efforcé d'écarter le funèbre présage ; il eût fallu, après les souffrances subies, après les récits alarmants des Russes, vouloir fermer obstinément les yeux à la lumière. La chose était à peu près certaine : si l'Océan n'avait pas englouti dans ses profondeurs la *Speranza* et la *Confidentia*, on parviendrait peut-être à les retrouver un jour; on pourrait rendre à la compagnie un bon *ship* et un *yacht;* aux veuves et aux mères, on ne rapporterait jamais que soixante-dix cadavres.

Chancelor avait hâte de regagner l'Angleterre; il tenait à y porter le plus tôt possible « aux intéressés » la nouvelle importante de sa grande découverte, au roi Édouard VI la lettre d'Ivan IV. Un nouveau printemps venait de succéder à l'hiver; Chancelor refit en traineau, par Peroslav, Rostov et Jaroslav, le tiers environ de la route qui l'avait conduit des bords de la mer Blanche à Moscou. Arrivé à Vologda, il s'abandonna au fil de la Dwina et de ses affluents, et bien qu'il dût changer plusieurs fois de barque, — à Totma d'abord, puis à Veliko-Ousting et à Colmogro, — il n'en franchit pas moins assez rapidement les onze cents verstes qui le séparaient encore du mouillage de Rose-Island. Là, il trouva le *Bonaventure* et ne s'occupa plus que de préparer son vaisseau à subir les épreuves de la grande traversée de la mer du Nord. Quant à Willoughby et à ses compagnons, il laissa aux Russes le soin d'en rechercher les traces.

Dès les premiers jours de l'été, l'*Édouard-Bonaventure* reprenait la mer. S'aidant habilement des courants de marée, jetant l'ancre souvent, mais ne négligeant jamais un souffle favorable, Chancelor franchit sans encombre les quatre-vingts lieues qui éparent le fond de la baie de la péninsule des Kola. La traversée dès lors s'annonçait facile. Des corsaires flamands arrêtèrent cependant sur la route Chancelor et se permirent de mettre son navire au pillage. De pareils épisodes devaient toujours entrer, à cette époque, dans les prévisions du navigateur. Il n'y avait qu'un capitaine novice qui eût pu s'en montrer surpris ou s'en émouvoir. La fâcheuse rencontre n'a pas trouvé place dans le récit de Clément Adams ; les annales de la compagnie seules en font mention. Détail de peu de valeur, en effet, car l'été de 1554 ne se passa pas sans que Chancelor eût réussi à ramener sous les quais de Ratcliffe le vaisseau qui le premier dépassa le port de Varduus et fixa le contour des parties septentrionales du globe terrestre.

Quel est le marin qui, au moment où il perdait de vue les côtes de la patrie, ne s'est pas demandé, avec un certain serrement de cœur, ce que le retour lui réservait? Quel est celui qui, déjà vieilli dans la carrière, le front penché sur de douloureux souvenirs, s'éloigne avec la pleine confiance de retrouver, quand il pourra de nouveau fouler le sol natal, « les hommes et les choses à leur place » ? Chancelor n'avait pas cette heureuse fortune. Non-seulement ce n'était plus le même souverain qui occupait le trône, mais il était à craindre qu'un esprit différent dominât à la cour. Consumé par une lente affection de poitrine, Édouard VI était mort au mois de juillet 1553; Jane Grey avait régné quelques jours à peine. Chère au protestantisme, sa jeune tête ensanglantait, le 12 février 1554, le fatal billot. Le catholicisme triomphait, et c'était la fille de Catherine d'Aragon, la reine Marie Tudor, qui allait recevoir des mains du capitaine du *Bonaventure* la lettre adressée par Ivan Vasilévitch au fils de Jeanne Seymour.

En 1552, le parlement avait paru comprendre la nécessité de soustraire l'industrie et le commerce de la Grande-Bretagne à une tutelle dont les exigences croissaient de jour en jour. Il supprima le privilége de la compagnie teutonique. Ce privilége, qu'on eût pu croire dès lors aboli à jamais, Édouard VI en accorda, aux instances des villes de Lunebourg et de Wismar, le rétablissement. La concession cependant ne fut pas gratuite. Un droit considérable frappa les marchandises que la compagnie pouvait continuer d'exporter. La reine Marie maintint d'abord la clause par laquelle Édouard VI avait tenté de couvrir sa faiblesse. Au mois d'août 1554, quand elle fut devenue l'épouse de Philippe II, les villes hanséatiques la trouvèrent moins sourde à leurs obsessions. La reine les affranchit pour trois ans de la taxe imposée en 1552. N'était-il pas à craindre que la marine allemande ne recouvrât ainsi, de délai en délai, par un accord tacite, son ancien monopole et n'étouffât la navigation britannique, au moment même où cette navigation, par un heureux hasard, voyait s'ouvrir devant elle un champ inexploré? Sébastien Cabot cependant ne se découragea pas. Les curieux récits de Chancelor eussent peut-être été superflus pour entretenir son ardeur; ils ne l'étaient pas pour réchauffer le zèle un peu attiédi de la Compagnie des lieux inconnus.

« J'ai eu l'heureuse fortune, racontait le pilote-major de l'expédition destinée au Cathay, de rencontrer sur ma route les parties septentrionales de la Russie et de pouvoir me rendre des bords de l'océan Glacial à Moscou. La Russie est un pays très-riche et très-peuplé. Les Russes sont de grands pêcheurs de saumons et de petites morues. Ils récoltent également beaucoup d'huile de baleine. C'est principalement sur les bords de la Dwina qu'ils la fabriquent. Ils en font aussi ailleurs, mais en moindre abondance. La production du sel donne lieu à un commerce fort actif. Au nord de ce pays s'étend la contrée d'où viennent les fourrures : zibelines, martres, castors, renards blancs, noirs et rouges, menus vairs, hermines, petit-gris. C'est de cette région encore que l'on tire les dents d'un poisson appelé morse. Les pêcheurs de morses habitent pour la plupart les rives de la Petchora. Ils apportent leur pêche sur des cerfs d'abord à Lampas, puis de Lampas la voiturent à Colmogro. A l'ouest de Colmogro se trouve Gratanove, — dans notre langue Novogorod. — Là pousse beaucoup de lin et de chanvre. On y recueille en même temps de la cire et du miel. Les marchands allemands ont un comptoir à Novogorod. Un troisième marché, celui de Vologda, fournit du suif, de la cire et du lin. La contrée où notre vaisseau a pu aborder est un pays généralement plat, à peine semé, de distance en distance, de quelques collines. Vers le nord, on rencontre de grands bois de sapins. Ces bois sont remplis de buffles, d'ours et de loups noirs. Les Russes chassent les buffles à cheval, les ours à pied avec des épieux. Le duc de Moscovie est maître et empereur de cette province lointaine. Le pouvoir de ce monarque est d'ailleurs prodigieusement étendu : il peut mettre en campagne trois ou quatre cent mille hommes. Il ne va jamais à la guerre de sa personne avec moins de deux cent mille soldats. Sur les frontières de la Livonie, il laisse quarante mille hommes; soixante mille font face à la Lithuanie, quarante mille autres tiennent en respect les Tatars Nogaïs. Et cependant jamais on ne voit en campagne ni chef de famille ni marchand. L'armée se compose presque tout entière de cavalerie. Si le grand-duc admet dans ses rangs quelques hommes de pied, ce n'est que pour le service de l'artillerie et le service des routes. Ces fantassins sont au nombre de trente mille. Les cavaliers sont munis d'arcs à la façon des Turcs et, comme les Turcs, portent les étriers courts. Pour seule armure, ils ont une cotte de mailles avec un morion sur la tête. Quelques-uns dissimulent en outre leur cotte de mailles sous une robe de velours ou sous un somptueux vêtement de drap d'or. Le duc surtout déploie, quand il part pour la guerre, une splendeur incroyable.

Sa tente est recouverte de drap d'or et d'argent, et ce drap est encore enrichi de maintes pierres précieuses. J'ai vu les tentes du roi d'Angleterre et celles du roi de France ; elles sont belles sans doute, mais non pas comparables à la tente du duc. Quand les nobles de ce pays vont visiter les pays étrangers ou reçoivent en Russie des visites étrangères, ils tiennent à se montrer avec le plus grand éclat. En toute autre occasion, le duc lui-même affecte une grande simplicité. Pendant que j'étais à Moscou, il envoya deux ambassadeurs au roi de Pologne. Ces ambassadeurs étaient accompagnés d'au moins cinq cents cavaliers. Leur magnificence dépassait toute imagination ; hommes et chevaux ne semblaient former qu'une masse de drap d'or et d'argent ; habits et harnachements ruisselaient de perles.

« Sur le champ de bataille, — la chose est certaine, — les Russes ne savent garder aucun ordre. Ils chargent en troupes, mais en réalité livrent rarement bataille ; généralement ils se contentent de harceler l'ennemi. Je ne crois pas qu'il existe sous le soleil d'hommes plus durs aux intempéries. Aucun froid ne semble avoir le pouvoir de les incommoder. Ils passent deux mois en campagne, dans une saison où la glace a un mètre d'épaisseur, et le soldat, sans tente, dort à la belle étoile. Le seul abri dont le soldat russe fasse quelquefois usage consiste dans une feuille de feutre. On dresse ce feutre du côté du vent. Quand la neige tombe, on l'abat, puis on allume du feu, et chacun se réchauffe de son mieux à la braise. Chaque homme doit porter un mois de provisions pour sa personne et pour son cheval. Le soldat se nourrit de farine d'avoine délayée dans de l'eau ; le cheval, quand on n'a plus rien autre à lui offrir, mange du bois vert. Y a-t-il parmi nos fameux guerriers beaucoup d'hommes qui seraient capables de tenir ainsi la campagne pendant un mois ? Que ne pourrait-on faire avec de pareils soldats, s'ils étaient disciplinés, rompus aux manœuvres, habitués à combattre en ordre, comme le font les nations civilisées ! Supposez que le duc eût dans ses États des hommes capables d'instruire à cet égard ses sujets, croyez-vous que deux des plus puissants princes de la chrétienté, unissant leurs forces, fussent de taille à se mesurer avec lui ? Le duc possède non-seulement le peuple et les chevaux les plus aguerris, mais l'entretien de ses armées lui coûte peu. Il ne paye personne, si ce n'est les étrangers ; ses sujets font la guerre à leurs dépens. Les arquebusiers seuls reçoivent une petite solde pour s'approvisionner de poudre et de balles. Quand le prince veut récompenser ses soldats des services qu'ils lui ont rendus, il leur donne une pièce de terre. En échange, le propriétaire doit être prêt à le rejoindre au premier appel, avec autant d'hommes que le duc exige. Le duc estime ce que la terre concédée peut fournir.

« Si quelque gentilhomme vient à mourir sans descendance mâle, le duc saisit sa terre. Le plus souvent il la donne à un autre gentilhomme, se contentant de laisser aux filles une petite portion pour les marier. Qu'un homme riche, un fermier, se trouve accablé par l'âge ou mis dans l'impossibilité de servir par suite d'accident, un autre gentilhomme plus valide vient trouver le duc, et lui dit : « Votre
« Grâce a tel tenancier incapable de servir ; nous le
« voyons cependant vivre dans l'opulence pendant
« que d'autres gentilhommes qui peuvent encore
« aller à la guerre sont pauvres et manquent de tout.
« Votre Grâce devrait aviser et engager ce riche inva-
« lide à venir en aide à ceux qui n'ont rien. » Immédiatement le duc fait venir le gentilhomme qui lui a été ainsi désigné. Il s'informe de sa fortune, et lui dit : « Mon ami, vous avez beaucoup de superflu, et
« cependant vous êtes inutile à votre prince. Moins
« vous suffira, et le reste sera distribué à d'autres
« qui se trouvent plus aptes à servir. » Ceci dit, on met sous le séquestre les biens du gentilhomme, sauf une petite quantité qu'on lui laisse pour assurer sa subsistance et celle de sa femme. Et il ne faut pas qu'il murmure ! Il doit au contraire répondre : « Je
« n'ai rien à moi : tout appartient à Dieu et au duc. »
Personne en ce pays ne peut dire, comme nous en Angleterre, quand nous possédons quelque chose :
« Voilà notre bien ; il est à Dieu et à nous. »

« On dira que ces hommes doivent vivre dans des appréhensions perpétuelles, que leur servitude est grande, exposés qu'ils sont à perdre en un jour ce qu'ils ont laborieusement amassé pendant toute leur vie, parce que tel est le bon plaisir du prince. Que nos opiniâtres rebelles ne sont-ils un instant soumis à semblable régime! Cela leur apprendrait leur devoir envers leurs souverains. Ce n'est pas en Russie qu'on pourrait tenir le langage que nous rencontrons si souvent dans la bouche de nos fainéants : « Je voudrais bien trouver un homme qui pût servir « la reine à ma place. » Non! non! dans ce pays si différent du nôtre, chacun sollicite humblement la faveur de servir le duc en personne. Celui qu'il choisit pour l'envoyer à la guerre se considère comme le plus favorisé. Et pourtant, je l'ai déjà dit, il n'est pas question ici de solde. Si ces gens-là connaissaient leur force, aucun peuple ne pourrait aller de pair avec eux, et leurs voisins n'auraient pas un instant de repos. Telle n'a pas été heureusement la volonté du ciel. Je ne puis comparer les Russes qu'à un jeune cheval. Ce cheval, un enfant le conduit avec un fil de soie. Qui viendrait à bout de le maîtriser, s'il avait le moins du monde conscience de sa vigueur? »

Tel était le tableau que, avec une naïveté qui nous paraît avoir encore son charme, Chancelor, il y a aujourd'hui trois cent vingt-cinq ans, déroulait sous les yeux de ses compatriotes. Le maire Guiton ou Abraham Duquesne n'auraient pas autrement parlé de l'empire russe, de son souverain et de ses boyards. Des observateurs de cet ordre vous jugent un État comme ils apprécieraient un navire. Ce qu'il leur faut avant tout, c'est que le vaisseau soit bien tenu, le service ponctuel et la route correcte. Leur philosophie politique ne va pas au delà. Bonne et prompte justice, voilà ce qu'ils admirent, et l'on ne s'aperçoit que trop, en plus d'un passage, qu'ils ont appris la justice dans le code de Wisby ou dans les rôles d'Oléron. Et cependant ce sont des partisans des nouvelles doctrines; ils ont répudié le joug de Rome, mais non pas la liane et le chat aux neuf queues. « Chaque gentilhomme, en Russie, nous apprend Chancelor, a le droit de justice sur ses fermiers. Si les serviteurs de deux gentilshommes sont en désaccord, les deux gentilshommes examinent l'affaire, appellent les parties devant eux et prononcent la sentence. Arrive-t-il qu'ils ne puissent résoudre entre eux le débat, chacun des gentilshommes conduit son serviteur devant le grand-juge du pays. On les présente et l'on expose l'affaire. Le plaignant dit : « Je réclame la loi. » On la lui accorde. Survient alors un officier de justice qui arrête l'autre partie et la traite contrairement aux lois de l'Angleterre, car il fait attacher l'homme et ordonne qu'il soit fustigé jusqu'à ce qu'il ait trouvé caution. S'il ne peut la fournir, on lui lie les bras autour du cou et on le promène dans la ville, en continuant de le battre et de le soumettre à d'autres châtiments excessifs. Le juge lui demande enfin, — en supposant qu'il s'agisse d'une dette : — « Devez-vous telle somme au « plaignant ? » Répond-il : « Non ! » le juge ajoute alors : « Êtes-vous capable de le prouver ? De quelle façon ? « — Par serment », répond le défendant. Le juge commande de cesser de le battre jusqu'à nouvelle épreuve. Sous certains rapports, ce système présente des avantages. Il n'y a pas d'hommes de loi, dans ce pays, pour plaider devant la cour. Chacun plaide sa propre cause. Les plaintes ont la forme de suppliques et sont adressées au duc. On les lui remet en main propre, et le duc rend lui-même les arrêts, conformément à la loi. Pratique admirable, qui oblige le prince à prendre la peine de veiller en personne à l'administration de la justice. Il n'y en a pas moins de grands abus, car le duc est constamment trompé. Cependant, si les officiers sont convaincus d'avoir déguisé la vérité, leur châtiment est exemplaire.

« La loi contre les félons et les voleurs diffère aussi de la loi anglaise. On ne peut pendre ici un homme pour sa première offense. On le retient longtemps en prison ; quelquefois on le fouette, et il reste en prison jusqu'au jour où ses amis peuvent venir à son aide. Si c'est un voleur ou un félon, — et il y en a beaucoup en ce pays, — la seconde fois qu'il est pris, on lui coupe un morceau du nez et on lui brûle le front; la troisième fois, il est pendu. De cette façon, la paix règne dans le pays. Les Russes, par nature, sont portés à la fraude; il n'y a que le fouet qui les puisse tenir en bride. Les pauvres sont innombrables. J'en ai vu se nourrir de la saumure des harengs. Il n'est poisson si pourri qu'ils ne mangent. Dans mon opinon, il n'existe pas sous le soleil un peuple aussi dur. »

Un peuple dur, un souverain rigide, voilà ce que Chancelor semble avoir vu avec moins de pitié ou d'indignation que d'envie. Dans Ivan le Terrible, il a pressenti la grandeur des Romanof. La simplicité de cœur s'allie plus qu'on ne pense à la lucidité et à la droiture du jugement. Placez en face d'Ivan Vasilévitch, ou Grotius, ou Érasme; vous serez peut-être moins bien renseigné que vous venez de l'être par le brave et honnête pilote de la Compagnie des lieux inconnus. L'empire russe en 1553 n'avait pas encore dévié de sa route. Sa civilisation lui appartenait tout entière; à la tradition slave il avait tout au plus mêlé quelque emprunt byzantin. Ce ne fut pas Ivan le Terrible qui se chargea de le germaniser. Ivan le Terrible eut pour premier souci, au contraire, de se débarrasser de la tutelle allemande. Les Anglais l'y aidèrent pendant près de trente ans, et jamais politique ne fut mieux inspirée, plus conforme à l'intérêt commun des deux peuples. L'année 1554 se passa toutefois sans que la Compagnie pût s'occuper d'une nouvelle expédition en Russie. Le mariage de la reine avec un prince dont on redoutait à la fois les projets ambitieux et l'intolérance religieuse n'était pas un de ces événements qui fussent de nature à imprimer un plus vif élan aux entreprises lointaines. La guerre existait alors entre l'Espagne et la France. L'Angleterre craignait, non sans raison, d'y être malgré elle engagée, ou d'avoir tout au moins à prêter à l'Espagne l'appui de ses finances. Quand on vit, au contraire, le parlement refuser à Philippe le droit de porter la couronne, dénier obstinément à ce prince le titre d'héritier présomptif, rejeter en outre toutes les demandes de subsides que lui soumit la reine, l'opinion publique reprit insensiblement confiance, et la Compagnie des lieux inconnus trouva plus de facilités à faire un second appel de fonds.

Au mois d'avril 1555, une charte royale constitua définitivement l'association. Les intéressés devaient élire vingt-huit conseillers qui choisiraient eux-mêmes quatre consuls. Quant à Sébastien Cabot, il avait été le premier instigateur du voyage; le roi Philippe et la reine Marie voulurent qu'il fût aussi le premier gouverneur de la compagnie. La jouissance de cet office lui fut assurée, sa vie durant, « sans qu'on pût, sous aucun prétexte, l'en priver ».

L'*Édouard-Bonaventure* ne fut pas seulement mis en état de reprendre la mer, on lui adjoignit un autre navire, le *Philippe-et-Marie*. Deux agents, Richard Gray et George Killingworth, s'embarquèrent avec Richard Chancelor, grand pilote de la flotte, sur le premier de ces bâtiments. L'*Édouard-Bonaventure* devait seul pénétrer au fond de la mer Blanche : le *Philippe-et-Marie* n'irait pas plus loin que Varduus. On espérait pouvoir lui procurer dans ce port même, entrepôt de la Laponie danoise, un complet chargement. La compagnie, d'ailleurs, ne se résignait pas à considérer dès ce jour la *Speranza* et la *Confidentia* comme irrévocablement perdues. Elle prescrivait à ses agents de ne rien négliger pour en retrouver les traces. Si l'on apprenait qu'un de ces bâtiments fût parvenu à gagner un mouillage qui se pût atteindre soit par terre, soit par mer, il faudrait sur-le-champ diriger de ce côté des secours. Sir Hugh Willoughby et ses compagnons n'avaient-ils pas le droit, quel qu'eût été leur sort, de compter sur la sollicitude de la compagnie ? Un des marchands, John Brooke, fixerait sa résidence à Varduus ; John Buckland, le maître de l'*Édouard-Bonaventure*, John Howlet et John Robins, le maître et le pilote du *Philippe-et-Marie*, aviseraient aux moyens de venir en aide à la *Speranza* et à la *Confidentia* ; Richard Gray et George Killingworth se rendraient, sous la conduite de Richard Chancelor, à la cour du tsar pour lui présenter la réponse que LL. MM. le roi et la reine d'Angleterre, à défaut d'Édouard VI, faisaient aux ouvertures apportées de Moscou. Datée du palais de Westminster, cette réponse fut écrite en grec, en polonais et en italien. Philippe et Marie, par la grâce de Dieu roi et reine d'Angleterre, de France, de Naples, de Jérusalem et d'Irlande, défenseurs de la foi, princes d'Espagne et de Sicile, archiducs d'Autriche, ducs de Bourgogne, de Milan et de Brabant, comtes de Hapsbourg, de Flandre et de Tyrol, annonçaient à Ivan Vasilévitch le retour de l'*Édouard-Bonaventure* dans la Tamise. « Nous sommes informés, écrivaient au tsar les souverains anglais, par le rapport de notre digne et bien-aimé sujet Richard Chancelor, que Votre Majesté a daigné l'appeler en son impériale présence; qu'elle l'a traité et festoyé avec une incroyable courtoisie. Nous avons en même temps reçu les lettres expédiées de votre palais de Moscou au mois de février 1463. Nous venons maintenant vous prier de nommer des commissaires qui puissent s'aboucher avec Richard Chancelor, George Killingworth et Richard Gray, porteurs de notre réponse. »

L'*Édouard-Bonaventure*, le *Philippe-et-Marie* firent voile pour la côte du Finmark dans les premiers jours du mois de mai. Vers la fin de l'année 1555, on les vit tous les deux rentrer en Angleterre;

non plus sous la conduite de Richard Chancelor, mais sous le commandement de l'ancien maître du *Bonaventure*, Stephen Burrough. Richard Chancelor, George Killingworth, Richard Gray, Henry Lane et Arthur Edwards avaient remonté la Dwina et ses tributaires jusqu'au 59° degré environ de latitude. Le 11 septembre 1555, la troupe anglaise débarquait dans la ville de Vologda, ayant fait près de onze cents verstes sans sortir de sa barque, « tous en bonne santé, grâce à Dieu, à l'exception de William, le coq, qui, en partant de Colmogro, tomba du bateau dans le fleuve et ne reparut pas ». Le 28 septembre, les voyageurs se remettaient en route pour Moscou. La boue, cette boue tenace où les voitures entrent jusqu'au moyeu, les contraignit bientôt à revenir sur leurs pas. Il fallut décharger « le sucre de l'empereur. » Au temps de la gelée, le transport de ce don royal offert au tsar par la compagnie ne serait plus qu'un jeu pour les traîneaux. En automne, il était impossible de se frayer un chemin dans la fange avec un tel bagage. Le convoi allégé laissait fort à faire encore aux pauvres chevaux de poste; mais rien n'est impossible en Russie quand le tsar commande. Les Anglais étaient annoncés, attendus à Moscou. Ils y firent leur entrée le 4 octobre 1555. Le 10, on les introduisait dans le château « rempli d'arquebusiers », puis du château dans le palais ducal. Killingworth nous a laissé le récit de cette seconde entrevue; sa déposition confirme de tout point celle de Chancelor. Ainsi que dans l'audience de 1553, les envoyés de la compagnie eurent à traverser plusieurs salles où se tenaient rangés de graves personnages aux longues robes tissues d'or. Sous ces somptueux vêtements, ces bonnets de fourrures, ces joyaux et ces chaînes, Chancelor avait cru reconnaître le personnel habituel de la cour. Killingworth fut plus perspicace. De questions en questions, il finit par apprendre qu'il avait sous les yeux non pas des courtisans, mais de vieux bourgeois de Moscou, des marchands en crédit que la garde-robe impériale s'était fait un devoir d'ajuster de son mieux pour cette cérémonie. Dans la salle même où trônait l'empereur, l'assistance était autre. Là figuraient vraiment, sans avoir eu besoin de demander au trésor du tsar un éclat emprunté, les premiers dignitaires de l'empire. Tous se levèrent quand le secrétaire des étrangers fit entrer les Anglais. Le prince seul continua de rester assis. Ivan ne se soulevait lentement de son siége que quand le nom du roi ou de la reine était prononcé. Les interprètes traduisirent le discours que lui adressèrent en anglais les envoyés de la compagnie, et le tsar, avant de congédier les sujets de Philippe et de la reine Marie, daigna leur témoigner le plaisir qu'il éprouvait à les voir à sa cour en leur donnant sa main à baiser. Cette fois encore l'audience fut suivie d'un dîner que présida Ivan Vasilévitch.

Nous connaissons déjà par la relation de Chancelor la cérémonie toute patriarcale de ces banquets. Désignés par les Russes sous le nom de *ghosti carabelski,* c'est-à-dire « étrangers des vaisseaux », les Anglais furent placés à une table dressée au milieu de la chambre. Ils faisaient ainsi face au prince. A chaque instant, Ivan leur envoyait de grands plats d'or massif, désignant celui à qui le plat était destiné par son nom de baptême : Richard, George, Henry, Arthur. Le dîner terminé, l'empereur fit approcher ses hôtes et, de sa propre main, offrit à chacun d'eux une coupe qu'il avait fait remplir d'hydromel jusqu'au bord. La barbe de Killingworth, barbe épaisse, large et rousse, dont la longueur atteignait 5 pieds 2 pouces anglais, pendait en ce moment au-dessus de la table. L'empereur la prit dans sa main, la souleva comme pour la peser, puis la passa en riant au métropolitain. L'évèque, lui, ne rit pas ; il bénit gravement la barbe de Killingworth, et se contenta d'ajouter ces simples mots en russe : « Ceci est un don de Dieu. » Les Anglais furent ensuite reconduits à leur logis, ainsi que l'avait été deux années auparavant Chancelor. Un nombreux et brillant cortége les accompagnait, pendant que toute une armée de valets portait devant eux les pots de boisson et les plats de viande destinés à leur usage.

Dès le lendemain de cette entrevue, Richard Gray et George Killingworth dressèrent par écrit la demande de leur privilége. Les lettres patentes du tsar ne leur furent pas délivrées avant la fin du mois de novembre; mais, pour s'être fait attendre, la réponse n'en était pas moins de nature à satisfaire pleinement la compagnie. Rien dans l'acte auquel le tsar venait d'apposer sa signature n'avait été omis de ce qui pouvait garantir la sécurité ou les intérêts des sujets de la reine. A dater de ce jour, les Anglais pouvaient hardiment débarquer sur les côtes de l'empire russe, s'établir où il leur conviendrait, à Vologda ou à Colmogro, aller même plus avant, circuler à leur gré, soit à l'est, soit à l'ouest, trafiquer partout, en un mot, sans droits et sans entraves, — pourvu que ce fût au nom de Sébastien Cabot, de sir George Barnes et des autres consuls de la Compagnie moscovite, — car tel était le nom que porterait désormais la Compagnie des lieux inconnus.

Charte plus libérale, concession plus complète, ne furent pas souvent obtenues par une société de commerce. A Moscou comme à Londres, il avait fallu peu de temps pour comprendre l'intérêt capital des deux peuples et des deux couronnes à seconder par une mutuelle bonne foi le développement des relations nouvelles. Les attaques des pirates, les accidents de mer, les naufrages, si ces événements avaient lieu sur les côtes relevant de l'autorité du tsar, étaient autant de risques que les lettres patentes s'efforçaient d'atténuer. Le tsar restituerait ce que la mer n'aurait pas englouti ; il ferait réparation des dommages causés par ses sujets. Cet engagement était à peine signé qu'Ivan IV trouvait l'occasion de montrer la fidélité qu'il entendait mettre à le remplir. Les pêcheurs russes venaient en effet de découvrir dans la Varsina les deux navires qui s'y étaient réfugiés au mois de septembre 1553.

L'hiver polaire avait fait son œuvre. Ni sur la *Speranza,* ni sur la *Confidentia,* il ne restait un seul être vivant. Le journal de sir Hugh s'arrêtait aux premiers jours d'octobre. Le vaillant homme de guerre eût-il eu le courage de décrire heure par heure la lente agonie de son équipage ? Probablement il n'en eut pas la force. La lutte pourtant fut longue. Au mois de janvier 1554, le neveu de sir Hugh, Gabriel Willoughby, signait encore d'une main défaillante un testament qui fut retrouvé avec son cadavre sur la *Speranza.* Les Anglais, quelques Anglais du moins, avaient donc résisté, pendant plus de trois mois, à une température qui faisait reculer les Lapons eux-mêmes jusqu'aux lacs où ils vont, dès la fin de l'automne, se blottir et se cacher sous terre. Fut-ce la faim ou le froid qui acheva les malheureux marins ? Les annales de la compagnie sont muettes à cet égard. Willoughby et ses compagnons souffrirent sans témoins, moururent sans laisser à leurs compatriotes la suprême et amère douceur de savoir au moins comment ils étaient morts. Où reposent leurs dépouilles? Ce n'est probablement pas sur une terre anglaise. Le gouvernement russe cependant avait tenu parole. A peine avisé de la désastreuse découverte, il s'était empressé d'en faire part à George Killingworth, et George, de son côté, en avait transmis de Moscou la nouvelle à Londres. « La compagnie pouvait envoyer prendre, dans le havre de la Varsina, à quelques lieues à l'orient de Kegor [1], les deux navires anglais, les cadavres de ceux qui les avaient montés et la majeure partie des marchandises fort heureusement échappées au pillage. » Au moment où cette lettre parvenait à sa destination, l'*Édouard-Bonaventure*, le *Philippe-et-Marie*, rentrés dans la Tamise, se préparaient déjà pour une troisième campagne. Sur les informations données par Killingworth, on mit en supplément à bord de ces navires des maîtres et des matelots destinés à ramener en Angleterre les deux vaisseaux restitués à la compagnie. Les tristes prévisions de

---

[1] Kegor, — aujourd'hui baie de Vaid, — près de la pointe Kekowski et du cap Nametski, est une petite baie d'un mille environ de profondeur, jadis très-fréquentée par les pêcheurs de la côte de Laponie. Stephen Burrough y mouilla le 30 juin 1557. La latitude du cap Nametzki est de 69° 58′, la longitude 29° 34′ est.

sir Henry Sidney s'étaient réalisées : dans l'entreprise si longtemps méditée par Sébastien Cabot, les intéressés avaient mis quelque argent, les marins avaient joué leur vie; près des deux tiers l'avaient perdue. Que de deuils dans ces quelques mots! En pareille occurrence, les chefs seuls ont la chance de revivre tôt ou tard pour la postérité. Les autres meurent sans nom ; mais on s'abuserait étrangement si l'on croyait que leur mort n'a pas fait aussi couler quelques larmes. A tout ce qui tombe répond sur cette terre un gémissement. *Nothing dies but something mourns.* Nous l'oublions trop quand nous racontons des batailles, des naufrages ou des catastrophes comme celle qui atteignit en 1554 les deux vaisseaux de Willoughby.

Sébastien Cabot ne voyait que le succès déjà obtenu ; il ne voulait pas songer au prix dont il avait fallu le payer. Loin de renoncer à son premier projet, il s'y opiniâtrait, le reprenait au point où l'avait conduit l'*Édouard-Bonaventure* et recommandait encore à Killingworth, le marchand drapier de Londres, « de s'enquérir de la façon dont on pouvait passer de Russie par terre ou par mer au Cathay ». Il faisait plus, il confiait à Stephen Burrough le soin de reconnaître les ports de la côte de Norvége, la baie Saint-Nicolas, le pays des Lapons et celui que les Samoïèdes habitaient, disait-on, sur les bords de l'Oby.

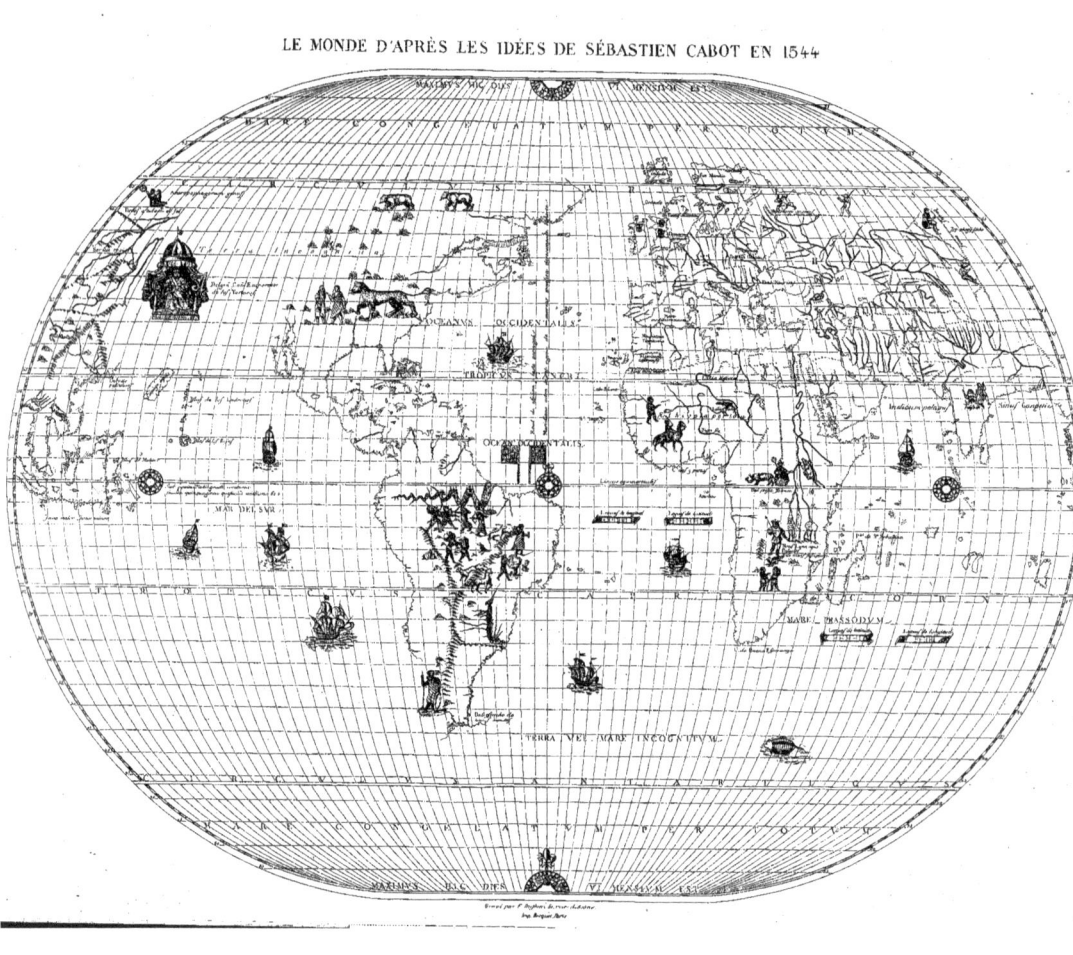
LE MONDE D'APRÈS LES IDÉES DE SÉBASTIEN CABOT EN 1544

TABLE DES MATIÈRES

DU PREMIER VOLUME

PREMIÈRE PARTIE

LES ORIGINES DE LA NAVIGATION MODERNE

Chapitre I^r.	— La navigation hauturière..................	1
Chapitre II.	— Découvertes des Portugais...............	55
Chapitre III.	— Découvertes des Espagnols..............	75
Chapitre IV.	— Rapides progrès de la marine anglaise......	97
Chapitre V.	— La grande Armada.....................	115
Chapitre VI.	— Les grands arsenaux du Nord............	151
Chapitre VII.	— Les ordonnances de Richelieu............	181
Chapitre VIII.	— La tactique navale des Anglais et des Hollandais...................................	199

DEUXIÈME PARTIE

LA MAPPEMONDE DE SÉBASTIEN CABOT

Chapitre I^r.	— Les deux Cabot et les villes hanséatiques....	207
Chapitre II.	— Sir Hugh Willoughby...................	235
Chapitre III.	— Richard Chancelor.....................	265

FIN DE LA TABLE DU PREMIER VOLUME

PARIS. TYPOGRAPHIE DE E. PLON ET Cie, RUE GARANCIÈRE, 8.

En vente à la même Librairie :

Voyage de la corvette la Bayonnaise dans les mers de Chine, par le vice-amiral JURIEN DE LA GRAVIÈRE. 3ᵉ *édition*, enrichie de deux cartes et de dix dessins. 2 vol. in-18.   8 fr.

La Station du Levant, par le vice-amiral JURIEN DE LA GRAVIÈRE. Deux volumes in-18 jésus, avec deux cartes spéciales.   8 fr.

Les Villes mortes du golfe de Lyon. Illiberris, Ruscino, Narbon, Agde, Maguelone, Aiguesmortes, Arles, les Saintes-Marie, par Charles LENTHÉRIC, ingénieur des ponts et chaussées. In-8° anglais avec 15 cartes et plans. 2ᵉ *édition*.   5 fr.

La Grèce et l'Orient en Provence, par M. Charles LENTHÉRIC. Petit in-8° anglais, avec 15 cartes et plans. Prix. . . .   5 fr.

Aux Antilles, par Victor MEIGNAN. Ouvrage enrichi de gravures. Un volume in-18. Prix. . . . .   4 fr.

Dix-huit mois dans l'Amérique du Sud, le Brésil, l'Uruguay, la république Argentine, les Pampas, et voyage au Chili, par le comte Eugène DE ROBIANO. Un volume in-18. Prix.   3 fr.

La Hollande pittoresque. — Le Cœur du Pays. Voyage dans la Hollande méridionale, la Zélande et le Brabant, par Henry HAVARD, avec gravures. Un volume in-18 jésus. Prix.   4 fr.

Excursions autour du monde : Pékin et l'intérieur de la Chine, par le comte DE ROCHECHOUART. Un volume in-18, enrichi de gravures. Prix. . . . .   4 fr.

Inde et Himalaya. Souvenirs de voyage, par le comte E. GOBLET D'ALVIELLA. Un volume in-18, avec cartes et gravures.   4 fr.

Sahara et Laponie, par le comte E. GOBLET D'ALVIELLA. Un volume in-18, avec gravures. 2ᵉ *édition*. Prix. . . . .   4 fr.

L'Ile de Cuba : *Santiago, — Puerto-Principe, — Matanzas, — la Havane*, par H. PIRON. In-18, avec gravures.   4 fr.

Une visite à Khiva. Aventures de voyage dans l'Asie centrale, par F. BURNABY, capitaine aux Royal Horse Guards. Traduit de l'anglais. Un volume in-18, avec cartes et gravures.   4 fr.

Valence et Valladolid. Nouvelles études sur l'Espagne, par M. Antoine DE LATOUR. Un volume in-18. Prix.   4 fr.

www.ingramcontent.com/pod-product-compliance
Lightning Source LLC
Chambersburg PA
CBHW060452170426
43199CB00011B/1181